유럽 도시 기행

1

유럽도시기행 1

초판 1쇄 발행 2019년 7월 9일
초판 8쇄 발행 2022년 9월 28일

지은이 유시민
사 진 한경혜

펴낸이 이상순 **주간** 서인찬 **편집장** 박윤주 **제작이사** 이상광 **기획편집** 박월 · 김한솔 · 최은정 · 이주미 · 이세원
디자인 유영준 · 이민정 **마케팅홍보** 이병구 · 신희용 · 김경민 **경영지원** 고은정

펴낸곳 (주)도서출판 아름다운사람들 **주소** (10881) 경기도 파주시 회동길 103 **대표전화** (031) 8074-0082
팩스 (031) 955-1083 **이메일** books777@naver.com **홈페이지** www.books114.net

생각의길은 (주)도서출판 아름다운사람들의 교양 브랜드입니다.

ISBN 978-89-6513-558-6 03900

이 도서의 국립중앙도서관 출판예정도서목록(CIP)은 서지정보유통지원시스템 홈페이지(http://seoji.nl.go.kr)와
국가자료종합목록구축시스템(http://kolis-net.nl.go.kr)에서 이용하실 수 있습니다. (CIP제어번호 : CIP2019023407)

유시민

Athenae

Roma

Istanbul

Paris

유럽 도시 기행 1

일러두기

1. 띄어쓰기와 맞춤법은 국립국어원의 《표준국어대사전》을 기준으로 삼았습니다.

2. 한글로 표기된 외래어는 외래어 맞춤법에 맞게 고쳤으나,
   일부 지명이나 인명의 표기는 여행지에서 통용되는 친숙한 용어를 그대로 사용하였습니다.

3. 한자와 원어는 의미상 필요한 경우에만 한글 옆에 병기하였고,
   생소한 어휘는 독자들의 이해를 돕기 위하여 설명을 달아두었습니다.

4. 수록된 지도와 사진을 활용하면 여행의 경로를 이해하는 데 도움이 됩니다.
   보다 자세한 지도와 사진이 필요하시면 검색엔진을 활용해보세요.

낯선 도시에게
말 걸기

아테네 플라카지구, 로마의 포로 로마노, 이스탄불 골든 혼, 파리 라
탱지구, 빈의 제체시온, 부다페스트 언드라시 거리, 이르쿠츠크 데카
브리스트의 집, 이런 곳에 가고 싶었다. 다른 대륙에도 관심이 없지는
않았지만, 스무 살 무렵부터 내 마음을 설레게 만든 곳은 주로 유럽
의 도시들이었다. 그곳 사람들이 훌륭한 사회를 만들어 좋은 삶을 산
다고 생각했기 때문이다.

그들은 어떻게 더 자유롭고 너그럽고 풍요로운 사회를 만들 수
있었을까? 이 질문에 대한 답을 찾으려고 닥치는 대로 책을 읽다가
소설보다 더 극적인 역사의 사건들을 만났고, 그 주인공들이 살고 죽
은 도시의 공간을 알게 되었다. 삶의 환희와 슬픔, 인간의 숭고함과
비천함, 열정의 아름다움과 욕망의 맹목성을 깨닫게 해주었던 사람
과 사건의 이야기를 그곳에 가서 들어보고 싶었다.

그렇지만 기회가 없었다. 1980년대 이전 대한민국의 이십 대 남
자는 정부의 허가를 받아야 나라 밖으로 나갈 수 있었다. 삼십 대에
는 제법 긴 시간 독일에 살았지만, 어린 딸이 있는 유학생 부부에게
는 여행할 만한 시간과 돈이 없었다. 정치를 직업으로 삼았던 10년
동안은 여행 가방을 꾸릴 엄두조차 내지 못했다.

그러다가 글 쓰는 일로 돌아온 후, 뜻밖의 유럽 도시 기행 집필

제안을 받았다. 원래부터 여행을 좋아했던 아내 한경혜 씨는 이 프로젝트를 위해 사진을 배웠다. '우리'는 몇 해 전부터 수첩과 카메라를 들고 유럽의 도시들을 탐사하고 있다. 함께 자료를 살폈고, 가고 싶은 도시를 가려 뽑았으며, 일정과 경로를 꼼꼼하게 설계했고, 알맞은 숙소와 교통편을 알아보았다. 이 책에서 '우리'는 나와 한경혜 씨 두 사람을 가리킨다. 한경혜 씨가 본문에 자신이 따로 나오는 것을 원치 않아서 그렇게 했다.

유럽 도시 기행 시리즈의 1권인 이 책에는 각기 다른 시대에 유럽의 문화수도 역할을 했던 아테네, 로마, 이스탄불, 파리 이야기를 담았다. 이 네 도시에 살았던 사람들이 이룩한 정치적·사회적·문화적 성취는 유럽뿐만 아니라 인류 문명 전체를 크게 바꾸었다. 앞으로는 지리적으로 가까운 도시 넷을 한 권에 묶으려고 한다. 특별한 사유가 생기지 않는다면, 2권은 빈, 프라하, 부다페스트, 드레스덴을 다루게 될 것이다.

써놓고 보니 뭐라 말하기 곤란한 책이 되었다. 관광 안내서, 여행 에세이, 도시의 역사와 건축물에 대한 보고서, 인문학 기행, 그 무엇도 아니면서 조금씩은 그 모두이기도 한 이 책은 도시와 사람에 대한 이야기이다. 독자들은 각각의 도시에서 벌어진 일련의 사건(history)과 그 도시에 뚜렷한 흔적을 남긴 사람의 생애(story)를 듣게 될 것이다. 여행 정보(information)라고 말할 만한 것은 많지 않은데, 그 도시를 여행하려는 독자에게 조금이라도 쓸모가 있기를 바라는 마음으로 넣었다.

낯선 도시를 여행하는 데는 저마다의 이유가 있다. 나는 도시가 품고 있는 이야기를 들으면서 새로운 것을 배운다. 나 자신과 인간과 우리의 삶에 대해 여러 감정을 맛본다. 그게 좋아서 여행을 한다.

그러려면 도시가 하는 말을 알아들을 수 있어야 한다. 건축물과 박물관, 미술관, 길과 공원, 도시의 모든 것은 '텍스트(text)'일 뿐이다. 모든 텍스트가 그러하듯 도시의 텍스트도 해석을 요구하는데, 그 요구에 응답하려면 '콘텍스트(context)'를 파악해야 한다. 콘텍스트는 '텍스트를 해석하는 데 필요한 모든 정보'를 말한다. 도시의 건축물과 공간은 그것을 만든 사람의 생각과 감정과 욕망, 그들이 처해 있었던 환경에 관한 정보를 담고 있다. 누가, 언제, 왜, 어떤 제약 조건 아래서, 어떤 방법으로 만들었는지 살피지 않는 사람에게, 도시는 그저 자신을 보여줄 뿐 친절하게 말을 걸어주지는 않는다.

나는 건축과 예술을 모르며, 유럽 역사를 연구하지도 않았고, 여

행 경력도 변변치 않다. 이런 책을 써도 되는지 불안한 마음을 안고
여행을 다녔다. 다만, 책 읽고 글 쓰는 사람으로서 견지해 온 원칙을
적용하면 될 것이라고 믿었다. 문자 텍스트를 읽을 때, 나는 콘텍스트
를 함께 살피려고 노력한다. 그 텍스트를 쓴 사람이 언제, 어떤 환경
에서, 어떤 목적을 품고, 왜 하필 그런 방식으로 썼는지 알아본다. 그
러면 글쓴이와 깊게 교감할 수 있다. 여행하면서 알게 되었다. 도시의
텍스트도 다르지 않다는 것을.

　　여행을 다니는 동안 컴퓨터와 인터넷을 만들고 이동통신 기술을
개발한 과학자와 엔지니어, 검색엔진을 제공한 기업인들이 늘 고마
웠다. 26년 전 유럽에 첫발을 들였을 때는 전적으로 책과 지도에 의
지해서 다녔지만 지금은 스마트폰만 들고 다닌다. 검색엔진으로 언
제 어디서든 모든 것에 대한 정보를 얻을 수 있기 때문이다.

　　그렇다고 해서 책이 전혀 필요 없었다는 건 아니다. 도시의 역사
와 구조를 전체적으로 이해하려면 책을 읽어야 한다. 그러나 특정한
건축물과 공간과 사건과 사람에 관한 세부 정보를 찾을 때는 포털 사
이트와 검색엔진이 비할 바 없이 편리했다. 이동 경로와 시간 계획을
짜고 교통편을 물색할 때도 그랬다. 전혀 알지 못했던 사람이나 건물
과 마주쳤을 때는 말할 것도 없었다. 여행에서 돌아와 메모를 보면서

글을 쓰다가도 수시로 검색엔진을 가동했다.

유럽의 어느 도시에 장기 체류하거나 같은 도시를 여러 번 여행하는 한국인은 그리 많지 않다. 보통은 오래 벼른 끝에 어렵게 장만한 돈으로 유럽 여행을 떠나며, 그렇기 때문에 한꺼번에 되도록 많은 도시를 방문하려고 한다. 여행사들이 거의 날마다 가방을 풀었다 묶었다 하면서 엄청난 거리를 이동하는 패키지여행 상품을 제공하는 이유다. 하지만 점점 더 많은 사람이 혼자 또는 몇몇이서 자유롭게 다니는 쪽을 택하고 있다. 나는 다양한 스타일의 유럽 여행자들을 생각하면서 이 책을 썼다. 사정이 허락지 않아 책으로라도 유럽의 도시를 만나고 싶어 하는 독자를 위해서 사진은 정보보다 도시의 분위기를 보여주는 것을 골랐다.

나는 평범한 한국인이 하는 방식으로 유럽 도시를 여행했고, 그런 여행자에게 필요한 정보를 중심으로 이야기를 꾸몄다. 한 도시에 머무르는 기간은 4박 5일을 기본으로 했으며, 항공편과 숙소만 미리 잡고 나머지는 모두 현지에서 결정했다.

매진 가능성이 있는 오페라나 실내악 공연은 시간 여유를 두고 인터넷으로 예약했다. 식당은 발품을 팔고 눈과 코로 탐사해 그때그때 마음에 드는 곳을 찾았고, 확신이 들지 않을 때는 인터넷에서 방문 후기를 찾아보았다. 시내에서는 자동차를 빌리거나 택시를 타지 않고 지하철, 노면전차, 버스를 이용했다. 사진을 찍어야 해서 주로 걸어 다녔는데, 영어가 짧아 때로 어려움을 겪었지만 가이드를 쓰지는 않았다. 다만 치안이 다소 불안한 이스탄불에서는 여행사가 추천해준 현지 가이드의 도움을 받았다.

도시는 대형서점과 비슷하다. 무작정 들어가도 마음에 드는 책을 발견할 수는 있다. 하지만 책이 너무 많아서 여기저기 둘러보다 보면 시간이 걸리고 몸도 힘들며, 적당한 책을 찾지 못할 위험도 있다. 그렇다고 해서 구매할 책을 미리 정하고 가서 그것만 달랑 사고 돌아온다면 현명한 처사가 아니다. 인터넷서점에 주문하면 되지 무엇 하러 굳이 서점까지 간단 말인가.

대형서점의 가장 큰 장점은 '뜻밖의 발견'을 할 수 있다는 것이다. 그런 즐거움을 맛보려면 서점의 구조를 미리 파악하고, 어떤 분야의 책을 살펴볼지 계획을 세워야 한다. 사려고 마음먹었던 책이 신간 안내나 서평에서 본 것처럼 정말 괜찮은지 확인하는 건 기본이고, 신간 코너와 베스트셀러 진열대, 스테디셀러 판매대, 기획 도서 진열대, 귀퉁이 서가까지 다니면서 이 책 저 책 들춰보는 여유를 누리는 것은 덤이다. 나는 이런 방식으로 낯선 도시를 여행했다. 찍어둔 곳을 빠뜨리지 않았고 몰랐던 공간을 발견하는 즐거움도 맛보았다.

그러나 나는 내 방식대로 낯선 도시를 여행하면서 들었던, 정확하게 말하면 '들었다고 생각하는' 이야기를 여기에 적었을 뿐이다. 그것이 가장 좋은 여행법이라거나 제일 중요한 이야기라고 주장할 생각은 조금도 없다. 같은 시간 동안 같은 도시를 다녔다 해도, 다른 사람들은 다른 것을 눈여겨보고 다른 이야기에 귀 기울였을 것이다. 따라서 글쓴이로서 내가 독자들에게 기대하는 반응은 하나뿐이다. "흠, 이 도시에 이런 이야기도 있단 말이지. 나름 재미있군." 이것 말고는 없다.

이 시리즈를 기획한 지 5년이 되었다. 독촉하지 않고 기다려주면서 여러 지원을 아끼지 않았던 생각의길 출판사의 모든 분들에게 감사의 마음을 전한다.

2019년 7월

유시민

로마,

뜻밖의 발견을
허락하는 도시 ● 90

이스탄불, 단색에 가려진 무지개 ● 166

파리, 인류 문명의 최전선 • 242

아테네, 멋있게 나이 들지
못한 미소년

로마, 뜻밖의 발견을
허락하는 도시

이스탄불, 단색에 가려진
무지개

파리, 인류 문명의
최전선

살로니카

메테오라 ● 라리사

그리스

델피

아테네
마라톤 평원
아르고스 살라미스
수니온 곶

스파르타

산토리니

로도스

크레타

나의 아테네 여행지

● 국립 고고학 박물관
● 아테네공과대학교

● 리카비토스 언덕

● 오모니아 광장

케라메이코스

신타그마 광장 ● ● 국회의사당(그리스 의회)

국립정원 ●

고대 아고라 ● ● 로만 아고라
메르쿠리 기념관
플라카

아레이오스파고스 언덕 ● 파르테논
신전
아크로폴리스 ● 하드리아누스 아치
디오니소스극장 ● 제우스 신전
프닉스 언덕 ● 판아테나이코
올림픽스타디움
● 아크로폴리스 박물관

아테네,
멋있게 나이 들지
못한 미소년

아크로폴리스의 존재감

'괜히 온 거 아닌가? 아무것도 없잖아!' 아테네를 처음 대면했을 때 든 생각이다. 하늘에서 본 아테네국제공항 근처에는 밋밋한 언덕에 아무렇게나 자리 잡은 올리브 나무들과 희끗희끗 얼굴을 내민 땅바닥뿐, 숲이라고 할 만한 게 없었다. 나중 기차를 타고 수도원으로 유명한 북부 테살리아 지역의 메테오라에 가면서 보았더니 아테네만 그런 게 아니었다. 어디를 가든 그리스의 대지는 인생의 모진 풍파를 견디고 이겨내느라 기운을 다 써버린 사람을 떠올리게 했다.

공항철도 승강장으로 가려면 짐을 끌고 계단을 오르내려야 해서, 굳이 그럴 필요가 없고 거리 풍경도 볼 수 있는 X95 리무진 버스를 탔다. 그런데 도시의 중심인 신타그마 광장까지 가는 한 시간 내내 특별한 것은 하나도 보이지 않았다. 대량생산과 대량소비가 지배적 문화양식으로 자리 잡은 대도시가 다 그렇듯, 야단스러운 간판에 덮인 회백색의 콘크리트 건물만 끝없이 다가오고 멀어졌다. 아테네의 명성은 무엇이었나. 직항 노선이 없어 두바이에서 긴 대기 시간을 쓰면서 비행기를 갈아타고 왔는데, 왜 아직 아무것도 보이지 않는단 말인가.

아테네의 잘못이 아니었다. 도시의 역사를 제대로 알아보지 않고 찾아간 내 잘못이었다. 아테네라는 이름을 들으면 여러 가지가 떠오른다. 잔혹 스릴러와 난잡한 멜로가 뒤섞인 고대의 신화, 소크라테스의 철학과 플라톤의 정치학, 솔론의 개혁과 페리클레스의 민주주의, 헤로도토스와 투키디데스의 역사서, 소포클레스의 비극과 아리스토파네스의 희극, 디오니소스 축제와 공연예술의 탄생, 제1회 근대올림픽, 배우 멜리나 메르쿠리의 울림 깊은 목소리, 미키스 테오도라키스의 노래 〈기차는 여덟 시에 떠나네〉, 니코스 카잔차키스의 소설 《그리스인 조르바》와 배우 앤서니 퀸의 비틀거리는 춤사위.

비행기 표를 예약했을 때는 이런 정보와 이미지가 머릿속을 떠다녔는데, 정작 아테네에 발을 딛자 그 무엇도 볼 수 없을 것 같은 불안감이 들었다. 아테네 여행자들이 무턱대고 아크로폴리스부터 찾는 것은 이런 불안감을 얼른 해소하고 싶어서일지도 모른다.

아테네는 괜찮은 동네에 있는 역사 전문 서점이라고 할 수 있다. 크지 않아서 비교적 짧은 시간에 둘러볼 수 있고, 주변의 특색 있는 카페와 '가성비' 좋은 식당들에서 자잘한 즐거움을 맛볼 수도 있다.

사람들이 이 도시에 가는 것은 무엇보다도 고대 유적을 보기 위해서인데, 고대 유적은 대부분 신타그마 광장에서 아크로폴리스 가는 쪽에 몰려 있다. 여기를 '과거의 공간'이라고 하자. 그 반대쪽 오모니아 광장 방면의 도심과 외곽은 시민들이 일상생활을 영위하는 '현재의 공간'이다. 중간지대라고 할 수 있을 신타그마 광장 부근과 플라카지구는 과거와 현재가 뒤엉긴 '혼합 공간'이다. 이름난 대형 호텔과 작지만 숙박료는 무척 비싼 부티크 호텔, 식당과 술집, 카페, 기념품점이 빼곡하다. 여행자들의 대부분은 낮에는 '과거의 공간'을 탐사하고 밤에는 '혼합 공간'에서 먹고 마시고 잠을 잔다. 나도 그렇게 했다.

　　이틀 정도면 아테네의 역사 공간을 거의 다 볼 수 있다. 그래서 더 길게 머무르는 여행자들은 미노타우루스의 미로를 품고 있는 크레타섬, 포세이돈 신전의 기둥만 남은 수니온곶, 신탁(神託)의 전설이 떠도는 델피 신전 같은 곳으로 당일치기 소풍을 간다. 아테네 관광청은 온오프라인으로 다채로운 당일치기 여행 정보를 제공하고, 한국 여행사들은 아테네를 베이스캠프로 삼아 기차를 타고 북쪽 내륙 메테오라의 수도원들을 방문하거나, 흰색 담벼락과 푸른색 지붕으로 유명한 산토리니섬으로 날아가 와인 투어와 생선 요리를 즐기는 일정을 권한다. 메테오라와 산토리니는 가볼 만한 곳이긴 했지만, 아테네 여행과는 아무런 관계가 없기 때문에 따로 말하지는 않겠다.

　　첫날 아침 신타그마 광장에서 '해피트레인'을 타고 아크로폴리스를 본 다음 아고라를 거쳐 플라카지구로 내려와 점심을 먹었다. 광장 모퉁이에서 출발하는 '해피트레인'은 조그만 전기자동차에 폭이 좁고 지붕이 없는 나무 객차를 여러 개 단 꼬마열차인데, 주요 관광지마다 정류장이 있었고 플라카의 좁은 골목길을 누비는 재미가 쏠쏠했다. 오후에는 큰길을 다니는 '홉온-홉오프' 시티투어 버스를 이용해 아크로폴리스 박물관과 국립 고고학 박물관, 국립 아테네공과대학교를 보았다. 정류장이 해피트레인보다 많고 더 먼 곳까지 갈 뿐만 아니라 2층은 지붕이 없어서 거리가 잘 보였다.

　아크로폴리스에서 낯선 도시에 왔음을 확실하게 느꼈다. '그래. 바로 이서야. 사진으로 수없이 보았던 아크로폴리스!' 5월의 아크로폴리스 매표소 앞은 인산인해였다. 짙푸른 지중해의 하늘에서 쏟아져 내리는 햇살을 받으며 지구촌 모든 곳에서 온 사람들이, 정치체제가 다르고 숭배하는 신과 종교의 이름이 상이하며 외모와 나이와 피부색도 제각각인 여행자들이, 어깨를 부딪쳐가며 가파른 돌계단을 오르고 있었다. 저마다의 언어로 아크로폴리스의 이야기를 대신 들려주는 가이드의 목소리가 곳곳에서 들렸다. 프랑스 말을 쓰는 아프리카 단체 관광객도 있었고, 중국 사람과 일본 사람도 많았다.

　한국인 여행자야 말할 것도 없다. 경제 발전을 이루고 해외여행의 자유를 얻은 1990년대 이후 한국인은 세계의 모든 이름난 도시를 무리 지어 또는 홀로 탐사하는 중이다. 20만 년 전 아프리카에서 출현한 사피엔스는 7만 년 전쯤 처음으로 아프리카를 벗어났다는데, 우리의 조상들은 몇만 년 동안 대를 이어가며 유라시아대륙을 걸어서 횡단했거나 뗏목을 타고 바다를 건너 한반도에 들어왔을 것이다. 그들의 후손인 한국인에게는 '역마살 유전자'가 있는 게 분명하다. 그렇지 않다면야 이토록 미친 듯이 지구 표면의 모든 이름난 도시를 쏘다니겠는가.

　아크로폴리스의 신전들은 민주주의 정치제도나 철학과는 관련이 없다. 당시 아테네 시민들이 자기네가 믿는 신을 숭배하기 위해 먼 곳에서 가져온 대리석으로 지은 집일 뿐이다. 부서지고 퇴락한 그 신전들은 여행자를 친절하게 대하지 않았다. 감탄할 만한 예술작품도 아니었으며 만든 사람들의 생각과 감정을 읽어내기도 쉽지 않았

아크로폴리스는 아테네 여행의 출발점일 뿐,
그리 많은 것을 보여주지는 않았다.

다. 아크로폴리스는 여행자에게 이렇게 말하는 것 같았다. "나랑 얘기
하고 싶어? 그렇다면 나에 대해서 충분히 알아보고 와서 상상력을 최
대로 펼쳐 봐!"

서구 문명의 슈퍼스타, 파르테논

아크로폴리스는 '도시(폴리스)의 가장 높은 곳'이다. 지금의 아테네에
서 가장 높은 곳인 리카비토스 언덕은 고대 성벽 밖에 있어서 도시에
속하지 않았다.

　현대 도시는 가장 높은 곳에 관광용 전망대가 있는 게 보통이지
만, 고대에는 그런 곳에 군사 요새가 있었다. 아테네 시민들은 아크
로폴리스에 식량과 무기를 쌓아놓고 침략자의 동향을 살피며 다가올
전투를 준비했다. 올라가 보니 과연 그럴만했다. 석회암이 평평하게
깔린 아크로폴리스에서는 도심과 주변 지형뿐만 아니라 해상 관문인
피레우스 항구와 바다까지 훤히 볼 수 있었다. 그리스 국기가 나부끼
는 언덕 동쪽 끝 관측소에서 사방을 둘러보니 코발트색 하늘과 올리
브나무 빼고는 온통 회색이었다. 도심의 콘크리트 건물을 다 지워버
려도 마찬가지가 아닐까 싶었다. 자연이 아름다운 도시는 분명 아니
었다.

　우리가 아는 고대 아테네는, 보이는 것이든 보이지 않는 것이든,
대부분 B.C.5세기에 만들어졌다. 페르시아전쟁에서 이기고 '델로스
동맹(델로스섬에 공동 금고를 두었던 도시국가들의 군사 동맹)'을 이끌었던 아

테네의 시민들은 동지중해의 패권을 장악하고 경제적 번영을 누렸던 그때 대리석으로 거대한 집을 지어 자기네가 믿는 신을 모셨다. 승리의 여신을 받드는 니케 신전, '처녀신 아테나'에 봉헌한 파르테논 신전, 전설의 아테네 왕에게 바친 에레크테이온 신전을 다 그 시기에 지었다. 파르테논 귀퉁이의 니케 신전은 작아서 눈에 잘 띄지 않았지만 에레크테이온은 파르테논 맞은편에서 나름 독자적인 존재감을 과시하고 있었다.

땅 위에 선 아테네의 고대 유적은 신전뿐이고 시민들이 살았던 흔적은 모두 없어져 땅 밑에만 남아 있다. 아크로폴리스 박물관 초입에 강화유리를 깔아 생활 시설 발굴 현장을 볼 수 있게 해둔 것은 달리 그런 것을 보여줄 방법이 없어서일 것이다. 아테네뿐만 아니라 그리스 전체가 다 그랬다. 영토가 작고 인구가 적었기 때문에 도시의 지배자들은 규모가 큰 주거시설을 지을 수 없었다. 게다가 전성기의 아테네는 민주정이어서 왕이 없었다. 정치 지도자와 귀족들도 흙벽돌을 쌓고 나무로 지붕을 올린 소박한 집에 살았으며, 오직 신전만 대리석으로 지었다.

가파른 돌계단 위의 신전 현관 '프로필라이아'를 지나 슈퍼스타 파르테논을 '알현'했다. 간략하게 관련 정보를 제공하는 영문 안내판이 있었지만 사람과 신의 이름, 건축 관련 전문용어를 몰라서 이해하기 힘들었다. 8천 킬로미터를 날아가서 사진만 찍고 돌아오는 게 억울해서 검색엔진을 불러냈고, 스마트폰 액정 화면과 파르테논을 번갈아 보면서 신전의 구조를 대략 파악했다.

철근과 콘크리트, 강철과 강화유리가 건축자재로 등장하기 전에

는 살림집이든 신전이든 다 비슷한 방식으로 지었다. 건축은 중력에 대한 투쟁이다. 건축물은 사체의 하중을 시냉하고 바람을 비롯한 외부 충격을 견뎌야 한다.

파르테논을 만든 이들은 언덕의 바닥을 평평하게 고르고 다져 넓은 돌을 깔고 기둥을 세웠다. 기둥 위에 반듯하게 다듬은 석판을 놓고 지붕을 올렸으며 비와 눈이 잘 흘러내리게 하려고 지붕의 가운데를 높였다. 기둥 사이에는 벽돌을 쌓고 문과 창문을 냈으며 밖에는 출입문으로 가는 계단을 설치했다. 아래에서 1/3 지점이 가장 두터워지게 한 '배흘림기둥'을 직사각형 신전의 좁은 쪽에는 8개, 긴 쪽에는 17개 세웠다. 기둥을 안쪽으로 살짝 기울여 연장선이 허공의 한 점에서 교차하도록 했다고 들었지만, 육안으로는 알아볼 수 없었다.

고대 그리스 건축물의 핵심은 돌기둥이 아닐까 싶다. 길이, 모양, 재질이 무척 다양한데 특히 주두(柱頭, 기둥의 윗부분)의 스타일에 저절로 눈길이 갔다. 주두를 매끈하게 다듬기만 하거나, 부드럽게 부풀려 문양을 음각하거나, 꽃잎 모양의 장식이 밖으로 나오게 깎은 돌기둥들을 감상하는 것은 독일 아우토반을 달리는 승용차의 차종을 알아맞히는 놀이만큼 재미가 있었다.

그런데 돌기둥의 다양성을 감상하기에 최적인 공간은 그리스가 아니라 터키에 있다. 돌기둥 수백 개가 천장을 받치고 있는 '지하궁전'인데, 자세한 이야기는 이스탄불 편에서 하겠다.

아크로폴리스에서 '내 마음의 돌기둥'을 만났다. 에레크테이온 신전의 '카리아티드(고대 그리스 신전 건축에서 여신상으로 만든 돌기둥)'였다.

누더기처럼 기워 놓은 돌기둥은 파르테논 신전이 겪었던
기구한 운명을 몸으로 증언하고 있다.

옷자락을 부드럽게 늘어뜨리고 다리 하나를 살짝 구부린 채 현관 지붕을 이고 선 6개의 여인상은 얼굴이 훼손되어 표정을 알 수 없고 팔꿈치 아래가 떨어져 나갔지만 서로 다른 옷과 머리 모양과 뒤태가 저마다의 개성을 드러내고 있었다.

카리아티드가 '카리아의 여인'이라는 해석이 있다. 아테네군은 페르시아와 손잡았던 카리아로 쳐들어가 남자는 모두 죽이고 여자를 노예로 만들었는데, 그걸로도 부족해서 카리아의 여인들에게 에레크테이온의 지붕을 이고 서 있도록 벌을 주었다는 것이다.

이 이야기는 믿기 어려웠다. 남자들 대신 징벌을 받는 여인들을 뭐 하러 그렇게 멋진 형상으로 빚는단 말인가. 카리아티드의 모델이 누구였는지는 분명치 않다. 그러나 돌기둥을 여인의 형상으로 조각한 창의적 발상이 사람들의 마음을 움직였다는 것은 확실해 보인다. 유럽 도시에서는 철근 콘크리트 공법을 썼기 때문에 돌기둥이 전혀 필요하지 않은 현대식 건물에도 카리아티드를 연상시키는 여인상을 부조해 놓은 경우를 흔히 볼 수 있다.

파르테논 신전의 내부는 출입 금지였다. 얼마나 대단한 집인지 느껴보고 싶어서 아크로폴리스 박물관에 갔을 때 신전을 실물 크기로 재현해 놓은 3층을 둘러보았다. 밖에서 보는 것과는 달리, 정말 실물 크기인지 의심스러울 정도로 파르테논은 크고 높았다. 그렇지만 이 신전이 보여주는 것은 당시 아테네 시민들의 신앙심의 크기가 아니라 도시국가 아테네가 행사했던 권력의 위세라고 해야 할 것이다.

신전을 만든 기술자들은 높은 수준의 공학 지식과 건축술, 미학적 상상력을 보유하고 있었지만, 그것만으로 파르테논을 지은 것은

옷과 머리 모양과 자세가 저마다의 개성을 지닌 카리아티드는
왠지 아련한 슬픔을 느끼게 한다.

결코 아니었다. 먼 곳에서 캔 대리석을 배로 실어와 도시의 가장 높은 곳으로 운반하는 작업, 그것을 깎아 다듬고 짜 맞추는 일, 지붕 아래 생긴 공간을 정교한 조각품으로 장식하는 과정에 엄청난 돈과 인력이 들어갔다. 그런 것을 조달할 힘이 있었기에 도시국가 아테네는 파르테논을 지을 수 있었다. 그렇지만 그 힘을 그런 식으로 행사한 탓에 도시도 신전도 사람도 참담한 비극을 맞았다.

도시의 몰락, 신전의 비운

아테네 시민들은 저마다의 신을 섬겼고 각자의 방식으로 신심(信心)을 표출했다. 아크로폴리스에 아테나와 니케를 모신 것은 그 둘이 시민 모두가 숭배한 신이어서였을 것이다. 그들은 폴리스의 영광과 번영이 영원하기를 바라는 마음을 담아 파르테논을 지었다. 그러나 이 신전은 사회와 국가의 운명을 좌우하는 것은 '신의 권능'이 아니라 '사람의 지혜와 능력'임을 다툴 여지조차 없을 정도로 확실하게 증명해 보였다.

파르테논은 아테네가 스파르타에 패하는 순간 빛을 잃었다. 로마 제국이 기독교를 국교로 선포하자 아테나 여신은 파르테논에서 쫓겨났다. 그게 끝이 아니었다. 기독교 예배당이 되었던 파르테논은 오스만제국의 술탄 메메트 2세가 그리스 본토를 정복한 후 이슬람 사원으로 바뀌었다.

모시는 신만 달라진 게 아니었다. 오스만제국의 권력이 흔들리자 아테네 인근 지역에는 종종 전쟁의 먹구름이 몰려왔고, 마침내 큰 벼락이 떨어졌다. 1687년 베네치아 군대가 아크로폴리스의 오스만제국 병력을 향해 쏜 포탄이 화약 더미에 떨어져 폭발하는 바람에 신전의 기둥 14개가 무너지고 지붕이 통째로 날아간 것이다. 그로부터 200년이 더 지났을 때 영국 외교관 엘긴이 정신을 잃고 쓰러져 있는 파르테논의 품을 뒤져 마지막까지 남아 있던 지갑을 털어갔다. 아테네가 그리스왕국의 수도로 부활한 19세기 중반까지 파르테논은 한적한 시골 마을 언덕 위의 무너진 돌덩어리 상태로 버려져 있었다. 이보다 더 참혹한 비운을 겪은 건축물을 나는 알지 못한다.

아크로폴리스 박물관의 파르테논 축소 모형을 보면서 엘긴이 무엇을 뜯어갔는지 확인해 보았다. 파르테논은 돌기둥 위에 긴 직사각형 석판을 깔고 지붕을 올렸기 때문에 지붕 아래 석판의 바깥 면이 밖으로 노출되었다. '엔타블러처(entablature)'라고 하는 신전 측면의 노출면은 세 부분으로 구분하는데, 기둥 바로 위 좁은 면은 '아키트레이브', 가운데 넓은 부분은 '프리즈', 지붕 바로 아래 두른 띠 모양의 석판은 '코니스'라고 한다. 또한 신전의 정면과 후면에는 지붕의 경사 때문에 '페디먼트(pediment)'라고 하는 이등변삼각형이 생긴다. 이것은 그리스 신전 건축의 두드러지는 특색으로 유럽 고전 건축의 가장 중요한 요소가 되었다.

파르테논 설립자들은 프리즈에 신화와 역사의 주인공들을 부조하고 페디먼트에 조각상을 설치했다. 코니스와 처마 끝에도 아기자기한 조각상을 붙였으며 건물 전체에 금박과 단청을 칠해 한껏 멋을 냈다. 엘긴은 부조가 있는 프리즈를 통째로 뜯어냈고 페디먼트에 남

아 있던 조각상을 잘랐으며, 이오니아식 신전인 에레크테이온의 카
리아티드도 하나 끊어갔다. 지금 런던 대영박물관이 〈엘긴의 대리석〉
이라는 이름을 붙여 전시하고 있는 것이 바로 엘긴이 털어간 '파르테
논의 마지막 귀중품'이다.

스코틀랜드 귀족 엘긴은 19세기 초 이스탄불 주재 영국 대사로
나와 있는 동안 고대 그리스의 '돌덩이'에 별 관심이 없었던 오스만제
국 관료들을 구워삶아 문화재 조사에 대한 허가를 받아냈다. 그리고
그것을 내세워 파르테논의 대리석을 뜯어냈고, 그리스의 다른 지역
에서도 고대 미술품을 대량 수집했다. 영국 정부는 군함을 동원해 엘
긴의 수집품을 런던으로 실어 날랐다. 아테네를 열렬히 사랑했던 영
국 시인 바이런이 정부의 추악한 외국 문화재 약탈행위를 맹렬하게
비난했지만, 영국 왕실은 개의치 않고 엘긴의 약탈품을 사들였다.

그리스는 1980년대 이후 엘긴의 대리석을 반환하라고 요구했지
만 영국 정부는 언제나 냉정하게 거절했다. 그리스가 인류의 귀중한
문화재를 보존할 능력이 없어서 반환하지 않겠다는 영국 정부의 말
에 분개한 그리스 정부가 아크로폴리스 박물관을 신축했지만 소용이
없었다.

고대 아고라에서 플라카지구로 내려오는 골목길을 걷다가 우연
히 메르쿠리 기념관을 보았다. 고즈넉한 살림집을 개조해 만든 이 기
념관은 멜리나 메르쿠리의 사진과 서신 등 유품을 전시하고 있었다.
민주화운동의 전사였고 세계적인 배우였던 메르쿠리는 문화부장관
으로 일하면서 '엘긴의 대리석'을 돌려받으려고 분투했다. "'엘긴의
대리석'이란 것은 세상 어디에도 존재하지 않는다. 대영박물관에 있

메르쿠리 기념관에서 빛바랜 사진들을 보고 있으면
배우, 민주화 투사, 문화부장관 멜리나 메르쿠리의 웅숭깊은 목소리가 들리는 것 같다.

는 것은 '파르테논의 대리석'이다." 파르테논을 본 직후여서 그런지, 메르쿠리의 생각과 감정이 절절하게 다가왔다.

나는 아직 런던에 가보지 않았기에 '엘긴의 대리석'은 사진으로만 보았다. 한때 세계를 호령했던 대영제국의 부질없는 영광을 자랑하는 것 말고 거기에 무슨 의미가 있단 말인가? 대영박물관이나 루브르 박물관의 그리스, 아시아, 아프리카, 라틴아메리카 전시실은 그들이 저질렀던 약탈행위를 증언하는 '외국 문화재 포로 수용소'에 지나지 않는다. 귀중한 인류의 문화유산이 파괴되는 것을 막으려고 그랬다는 엘긴의 말이 진심이었다면, 그리스가 문화재를 관리할 능력이 없어서 반환하지 않겠다던 영국 정부의 주장이 진심이었다면, 지금이라도 그것을 돌려주어야 하는 게 아닐까.

고대 그리스 사람들이 신전을 짓는 일에 그리도 집착한 것은 순수한 종교적 열정 때문이었을까? 그것만은 아니었을 것이다. 동서고금을 막론하고, 종교는 믿는 자에게는 진리이고 믿지 않는 자에게는 헛소리이며 권력자에게는 쓸모가 있다. 평범한 시민들은 신을 찬양하고 복을 빌었겠지만, 권력자들은 신전을 '신탁(神託)'이라는 정치 이벤트의 무대로 활용했다. 예컨대 조공 바치기를 거부하는 이웃 도시국가를 상대로 전쟁을 벌일 것인지 여부를 결정할 때 그들은 이런저런 신탁을 근거로 들어 자신의 견해를 뒷받침하곤 했다.

신탁으로 가장 유명한 곳은 델피 신전이다. 아테네 북서쪽으로 그리 멀지 않은 곳에 있는 파르나소스산 중턱의 아폴론 신전은 기둥 몇 개만 남은 폐허이지만 '공간의 배열'을 살피면 신탁의 절차와 의미를 짐작할 수 있다.

가파른 산비탈을 올라 신전 앞에 도착한 신탁 신청자는 동물을 죽여 제의를 지내고 두둑한 복채를 낸 다음에야 여사제를 만날 수 있었다. 권력자일수록, 복채를 많이 낼수록 신속하게 신탁을 받았으리라. 술과 환각제에 취한 여사제가 무어라 '신의 대답'을 읊조리면 글을 아는 다른 사제가 적어 '고객'에게 전달했다. 여사제의 말은 뜻이 분명하지 않았기 때문에 불가피하게 '해석 투쟁'이 벌어졌다.

내가 당시 그리스의 권력자라면, 돈을 듬뿍 주고 원하는 결론을 도출할 수 있는 신탁의 문장을 받아내어 내가 내린 결정에 신의 권위를 덧씌웠을 것 같다. 살라미스해협에서 페르시아 해군을 몰살했던 테미스토클레스도 이런 방식을 쓰지 않았을까? 아테네 근교에서 대규모 은광을 발견했을 때 시민들은 그 돈을 어디에 쓸지를 두고 민회에서 격렬한 논쟁을 벌였는데, 집정관이었던 테미스토클레스는 '나무 성벽이 아테네를 지켜줄 것'이라는 델피의 신탁을 내세웠다. 만약 그 돈으로 해군의 신무기 '삼단노선(Trireme, 노가 3단으로 된 고대의 군용선)' 수백 척을 건조하지 않았다면 아테네는 페르시아제국에게 완전히 짓밟혔을 것이고, 파르테논은 태어나지도 않았을 것이다.

인간의 질문에 일일이 대답하는 신이 있다고는 믿지 않는 사람으로서 해본 추측이다.

아고라, 이성과 감정의 격전지

파르테논과 작별하고 돌계단을 내려오자 오른쪽으로는 아레이오스파고스(아레스의 언덕)가, 아래쪽으로 아고라와 프닉스 언덕이 보였다. 신화에 따르면 제우스의 아들인 전쟁의 신 아레스는 자신의 딸 알키페를 겁탈하려고 한 포세이돈의 아들 할리로티오스를 때려죽였지만 거대한 석회암 덩어리 위에서 열린 신들의 재판에서 무죄 판결을 받았다. 이 신화는 아레이오스 파고스가 오래전부터 법정으로 사용되었을 가능성을 시사한다.

예수를 믿는 여행자들은 울퉁불퉁한 이 바위 언덕을 그냥 지나치지 않는다. 예수가 죽은 후 50년 정도 지났을 때 사도 바울이 아테네 사람 누구도 들은 적 없는 이야기를 했던 곳이기 때문이다. 생물학적인 아버지 없이 태어나 로마 총독의 박해를 받아 죽었으며, 죽은 지 사흘 만에 부활해 승천했다는 유대인 남자의 말과 행동에 관한 이야기를 그리스 사람들은 누구보다 먼저 받아들였다. 바위 아래쪽에 심은 동판에는 바울이 아테네 사람들의 종교적 심성을 칭찬하면서 하나님의 존재를 알려 주겠노라 말했다는 〈사도행전〉 17장 22~34절이 새겨져 있다. 그리스말이라 읽을 수는 없었다.

아고라와 프닉스 언덕은 민회를 열어 공적인 의사결정을 내렸던 아테네 민주주의의 무대였고, 자기 돈으로 무장한 남자들이 군사훈련을 한 연병장이기도 했다. 소크라테스에게 사형을 선고한 종교재판은 프닉스 언덕에 나지막하게 펼쳐진 바위절벽 아래 강당에서 열렸다. 그가 독 당근즙을 마시고 죽은 감옥도 근처에 있었다고 한다.

아고라와 프닉스 언덕은 별 것이 없는 완만한 비탈에 지나지 않지만 고대에는 그렇지 않았다. 최고 권력자 페리클레스가 단청과 금박을 입힌 파르테논의 후광을 받으며 민회에서 열변을 토하는 장면을 상상해보라. 이곳이 바로 서구 문명의 '빅뱅'이 일어난 현장이다. 그때 여기서 태어난 '표현의 자유' 관념과 '다수결의 원리'는 우주배경복사처럼 현대 민주주의 제도에 스며들어 있다.

해피트레인은 고대 아고라와 로마 아고라 바깥 경계를 따라 플라카지구로 내려왔다. 플라카는 도시국가 시절에도 번화한 상업 중심지였으며, 가구점, 제화점, 옷가게, 도살장, 시장, 홍등가와 술집이 모두 여기에 있었다. 아고라에서 민회를 열거나 군사훈련을 할 때, 프닉스 언덕의 법정에 배심원으로 참여할 때, 파르테논과 니케 신전에 제물을 바치고 복을 빌 때, 시민들은 필요한 모든 것을 플라카에서 조달했다.

소크라테스가 맨발에 허름한 튜닉을 걸치고 배회하면서 사람들을 귀찮게 한 곳도 여기였다. 그는 가구를 보러 온 손님을 붙잡고 물었다. "좋은 가구를 구하려면 어떻게 하는가?" 그럼 손님은 답한다. "솜씨 좋은 장인한테 주문을 넣지요." "그럼 좋은 정치를 보려면 어떻게 해야 하는가?" 이런 식으로 질문을 해대는 사람을 누가 좋아했겠는가? 그런데도 그리스 세계 전역에서 부잣집 청년들이 소문을 듣고 찾아왔으며, 플라톤과 크세노폰 같은 제자들은 졸졸 따라다니면서 그의 언행을 기록했다. 소크라테스는 낮술을 마시기도 했고, 사창가에도 드나들었으며, 페리클레스 같은 유력자들이 자택에서 열었던 '향연'에 가서 좋은 음식을 얻어먹기도 했다. 어디서든 고상한 '철학 배틀'을 벌이면서.

플라카의 번잡한 골목에서 그리스 사람들의 심성과 인생관을 어렴풋이 보았다. 그리스는 그리 큰 나라가 아니다. 국토는 대한민국보다 약간 크지만 대부분 산과 언덕이고 넓은 평야는 거의 없다. 인구는 1천만 명 조금 넘는데 대부분 도시에 산다. 아테네도 아주 큰 도시는 아니다. 교외 지역을 포함한 '아테네 광역시' 면적은 서울의 2/3 정도이고 인구는 300만 명쯤 되는데, 광역시 면적의 10%에 불과한 '시내'에 70만 명이 산다.

그리스는 1인당 국민소득이 우리나라와 비슷해서 유럽에서는 가난한 편에 속한다. 게다가 정부가 국내총생산의 두 배에 육박한 대규모 국가 채무의 존재를 회계 분석으로 장기간 숨겨온 사실이 밝혀진 2009년에 국가 부도 위기를 맞은 뒤로 실업률이 20%를 넘나드는 등 심각한 후유증을 앓았다. 해운업자를 비롯해 부자가 많지만 세금을 제대로 걷지 못해 정부는 만성적 재정 적자에 허덕인다.

그런데도 아테네 사람들은 돈을 벌려고 아등바등 애쓰는 기색이 없었다. 모두가 '조르바'처럼 극단적으로 느긋하게 살지는 않겠지만 악착같이 무언가를 해보려는 분위기를 감지할 수 없었다. 한국 같으면 누군가 틀림없이 플라카 초입에 튜닉과 가죽 샌들 대여점을 냈을 것이다. 서울 서촌이나 전주 한옥마을, 경주 대릉원의 한복 대여점처럼. 그리고 시 정부는 아마도 외국어를 능숙하게 하는 '소크라테스 복장'의 문화해설사를 투입해 지나가는 관광객을 붙들고 "좋은 구두를 구하려면 어떻게 하슈?" 따위의 질문을 던지게 했을 것이다. 분명 대박이 날 것 같은데, 플라카에는 그런 낌새조차 없었다.

디오니소스 극장은 아고라 반대편의 아크로폴리스 절벽 아래에 있기 때문에 해 질 무렵 저녁밥을 먹으러 가는 길에 따로 들렀다. 아테네 시민들이 축제를 열고 공연을 즐긴 곳이지만, 다 무너져 있어서 '극장 터'라고 하는 게 적당할 듯했다. 원래 모습도 한국의 복합 상영관이나 뉴욕 브로드웨이 극장과는 완전히 달랐다. 비탈진 땅에 무대를 설치하고 반원형으로 객석을 배치한 야외 공연장에 지나지 않았다. 극장에는 아테네 '남자 시민'만 들어갈 수 있었다. 여자, 노예, 외국인은 출입 금지였다는 말이다. 남자 시민들은 단순히 오락을 즐기기 위해서가 아니라 주권자로서 권리를 누리고 시민으로서 의무를 다하려고 극장에 갔다. 거기서 희비극 공연을 보는 일은 예술 감상이자 사회생활이었으며 정치 행위이기도 했다.

이 극장에서 극작가, 배우, 합창단, 작곡가, 시인, 무대 기술자를 비롯한 공연예술 관련 직종이 출현했다. 아이스킬로스, 소포클레스, 에우리피데스, 아리스토파네스 등의 작품을 실감 나게 공연하려고 무대장치, 조명, 분장, 의상을 개발했다. 드라마의 소재는 신화와 역사뿐만이 아니었다. 희극 작가들은 당대의 정치인과 유명인사들을 풍자하고 조롱했다.

어둠이 내리는 디오니소스 극장 터에 눈을 감고 섰다. 타오르는 횃불, 불빛에 흔들리는 배우들의 얼굴이 보였고 술기운 오른 관객들의 함성과 박수 소리가 들렸다. 언젠가 보았던, 지금은 제목도 기억하지 못하는 영화 장면들이었을 것이다. 소크라테스도 가끔 극장에 갔다는데, 자신을 허풍쟁이라고 조롱하는 아리스토파네스의 희극을 보았을지도 모른다. 어떤 기분이었을까? 아름답다고 할 수는 없을지 모르지만, 아테네가 상상력을 부추기는 도시인 건 틀림없다.

시간 여행자의 박물관 산책

아크로폴리스 박물관과 아테네 국립 고고학 박물관은 아크로폴리스의 '별책부록'이다. 고대 도시국가 아테네를 온전하게 그려보려고 별책부록을 보는 데 오후 시간을 다 집어넣었다.

아크로폴리스 박물관은 전시품이 적지 않았지만, 눈길을 끈 것은 세 가지였다. 첫째는 아크로폴리스 신전의 축소 모형. 이것을 먼저 보고 아크로폴리스에 올라갔다면 파르테논의 원래 모습을 더 실감 나게 상상해볼 수 있었을 것이다. 둘째는 파르테논을 실물 크기로 재현한 건물의 3층. 엘긴이 뜯어간 프리즈의 부조와 페디먼트 조각상의 위치와 모양을 빈 공간으로 표시해 놓았다. 파르테논의 대리석을 반드시 되찾고야 말겠다는 의지를 그런 방식으로 드러낸 것이다. 셋째는 2층 가장 잘 보이는 자리에 세워둔 5개의 진품 카리아티드.

사람들은 복제품보다는 진품을 귀하게 여기지만 카리아티드만큼은 복제품이 진품보다 나았다. 진품이 복제품 같았고, 복제품이 오히려 진품 같았다. 바닥을 딛고 현관 지붕을 인 에레크테이온의 카리아티드 복제품은 그 모습이 힘차고 우아했지만, 머리에 아무것도 이지 않는 채 박물관 바닥 위에 한 뼘 높게 떠 있는 진품의 모습은 흔한 고대 조각상에 지나지 않았다. 산성비와 지진의 위험 때문에 진품을 박물관에 둔 것은 충분히 이해할 수 있지만, 에레크테이온의 현관 지붕과 바닥도 복제품을 만들어서 진품과 함께 전시했다면 진품이 더 진품다웠을 것 같아 아쉬웠다.

박물관에서 가장 마음에 들었던 공간은 2층의 테라스 카페였다.

아크로폴리스 박물관 초입의 발굴 현장. 언덕 위의 대리석 신전은 만신창이가 되었으나
살아남긴 했다. 그러나 그 신전을 세운 사람들의 흔적은 이처럼 땅 밑에서만 찾아볼 수 있다.

디오니소스 극장과 아크로폴리스의 남동쪽 경사면 전체가 한눈에 들어오는 테라스에서 프라페를 마시는 동안 대영박물관 전시실에 혼자서 있을 카리아티드가 자꾸 눈에 밟혔고 치즈 조각처럼 잘려나간 파르테논의 조각상들이 떠올랐다. 아테네는 상상력만 부추기는 게 아니라 아련하게 슬픈 감정도 안겨주는 도시였다.

1호선 전철 빅토리아역 근처에 있는 국립 고고학 박물관은 B.C.5세기 이전의 그리스 세계로 시간여행을 가고 싶은 사람에게 적합한 곳이었다. 그리스 남동쪽 끝에 있는 아티카반도에는 B.C.2000년 경 문명이 출현했지만, 돌화살촉이나 질그릇, 장신구 조각, 집터 같은 것밖에 남지 않아서 전모를 알 수는 없다.

그러나 발칸반도 북쪽에서 아티카반도로 이동해 온 그들이 청동기를 사용했고 국가 비슷한 사회조직을 형성했으며, 제법 규모가 큰 성을 축조했다는 사실 정도는 확인되었다. 역사학자들은 그것을 미케네문명이라고 한다.

미케네문명이 B.C.11세기에 사라진 이유는 구체적으로 밝혀지지 않았다. 도리아인이 북쪽에서 내려와 파괴와 약탈을 저질렀는데, 그들이 기록을 남기지 않아서 그리스인이 도시국가를 형성하고 새로운 문명을 건설한 B.C.8세기까지 300년 동안의 일은 완전히 어둠에 묻혔다.

미케네문명의 사건과 사람 이야기는 구전으로 떠돌다가 《일리아스》와 《오디세이아》에 신과 영웅이 출몰하는 신화로 기록되었다. 아킬레우스, 헥토르, 오디세우스 등 호메로스라는 정체불명의 시인이 남긴 드라마의 주인공들은 생물학적으로 보면 그리스 사람이 아니다. 하지만 그 이야기를 담은 최초의 문자 텍스트가 그리스어였기 때문에 사람들은 그들을 그리스인으로 여긴다. '역사는 기록하는 자의 것'이라는 말이 괜히 나온 게 아니다.

아티카반도를 장악한 그리스 사람들은 흑해부터 동지중해까지 광대한 해역의 상권을 장악하고 주변 여러 지역에 새로운 도시를 만들었는데, B.C.7세기 메가라의 권력자 비자스(또는 비잔타스)가 보스포루스해협의 언덕에 세운 도시 '비잔티움'은 동로마제국의 수도 콘스탄티노플을 거쳐 오스만제국의 수도 이스탄불이 되었다. 이 시기 도시국가에는 큰 자산을 보유한 상공인 계급이 생겼고 철학과 수학, 과학이 탄생했으며 왕정, 귀족정, 참주정, 민주정 등 온갖 형태의 정치체제가 명멸했다.

대표적인 폴리스였던 아테네는 페르시아전쟁이 끝난 B.C.479년부터 펠로폰네소스전쟁이 터진 B.C.431년까지 번영을 누렸다. 파르테논, 민주주의, 공연예술, 철학, 과학, 헤로도토스의《역사》까지, 우리가 아는 아테네의 문명적 성취는 대부분 그때 것이다.

온통 전쟁으로 얼룩진 고대와 중세의 유럽 역사에는 도시의 주인이 완전히 바뀌는 일이 비일비재했다. 한국인에게는 무척 생소한 일이라 나도 처음에는 잘 이해하지 못했다. 단군신화를 받아들일 경우 한반도에는 5천 년쯤 전에 국가 비슷한 사회조직이 등장했다고 할 수 있다. 그 후 지금까지 한반도의 거주민은 한 번도 바뀌지 않았다. 고조선부터 대한민국까지 정치체제와 지배적인 종교, 경제체제, 삶의

양식은 완전히 달라졌지만 거주민의 생물학적 특성과 문화적 전통이
완전한 단절을 겪은 적은 없었다. 당, 원, 청 등 중국의 강성한 왕조와
일본이 쳐들어와 일시적으로 지배한 적은 있지만, 어떤 외부세력도
한반도를 항구적으로 지배하지는 못했다.

　그러나 유럽은 그렇지 않다. 오랜 역사를 가진 도시는 대부분 우
리나라 도시와는 비교할 수 없을 정도로 넓고 깊은 역사적 변화와 정
치사회적 부침을 겪었으며 전혀 다른 언어, 문화, 종교, 제도를 가진
인간 집단이 도시에 저마다의 흔적을 남겼다.

　국립 고고학 박물관은 물그릇과 항아리(생활도구), 칼과 창(전쟁 무
기), 석상과 부조(문화예술품) 등 석기시대와 청동기시대 문명의 흔적을
전시하고 있었다. 영문 안내판과 지도가 곳곳에 있어서 시간여행 하
기에 안성맞춤이었다. 관람객들은 결코 아가멤논의 것일 수 없음이
밝혀졌는데도 여행 안내서들이 여전히 그 이름과 엮어 소개하는 황
금마스크, 미노타우루스 조각상, 아르테미스와 아프로디테 조각상,
디오니소스 조각상, 잠자는 에로스 조각상 등 널리 알려진 전시품 앞
에 몰려 있었다. 하지만 진열해둔 유물이 너무 많아서 그런지 당장은
큰 감흥이 일어나지 않았다.

　취향의 문제겠지만, 나는 극적인 신화의 주인공과 얽힌 유물보다
는 목걸이, 팔찌, 귀걸이, 브로치 같은 여성용 장신구에 자꾸 눈길이
갔다. 금, 은, 예쁜 돌로 만든 청동기시대의 여성 장신구는 중세 초상
화에 등장하는 귀족 부인들의 장신구나 스와로브스키 매장의 크리스
털 제품과 다르지 않았다. 인간의 미의식이 수천 년 동안 크게 변하
지 않았다는 게 신기했다. 하긴 어디 미의식만 그런가. 도끼와 창으로

국립 고고학 박물관의 청동기시대 생활도구들.
이토록 멋진 물건을 만든 이들이 왜 문자기록을 남기지 않았는지 모를 일이다.

고대의 장신구들은 수천년 세월이 지났지만 아름다움에 관한 인간의 의식과 감각은
달라지지 않았다고 말한다. 문명의 발전이 뭐 그리 대단한 것인지 모르겠다.

거대 포유류를 사냥했던 수렵 채집인과 스마트폰을 들고 포켓몬스터를 잡으러 다니는 21세기 '스몸비'는 행동 양식도 무척이나 비슷하다. 고고학 박물관은 이렇게 말하는 것 같았다. "시간여행을 해본 사람은 알지. 인간의 본성은 변하지 않는다는 걸."

영광의 시작, 마라톤과 살라미스

아테네의 황금기를 연 것은 전쟁이었다. 페르시아전쟁의 결정적인 전투에서 두 번 승리함으로써 아테네는 그리스 세계를 지배하는 폴리스로 도약했다. 페르시아 제국과 그 후예들은 열 번 넘게 그리스와 전쟁을 했는데, 변명할 여지없이 참패한 전투는 딱 그 두 번이었다. 그 현장에 가고 싶었지만 마라톤 평원은 볼 것도 없다 하고, 투어 버스도 없어서 포기했다.

살라미스해협은 한참 뒤에 〈알쓸신잡〉 촬영 때 가보았는데, '역사 덕후'나 '밀리터리 덕후'가 아니라면 굳이 갈 필요가 없는 곳이었다. 하지만 페르시아전쟁은 아테네의 번영과 몰락 과정을 이해하는 데 필수적인 콘텍스트여서 간략하게나마 이야기하지 않을 수 없다.

거대한 제국을 건설한 페르시아의 왕 다리우스 1세는 B.C.490년, 조공 바치기를 거부한 아테네에 본때를 보이려고 병사 2만 명을 함선 600척에 태워 보냈다. 아테네의 자유민과 농민 1만 명은 사흘 먹을 식량을 챙겨 북동쪽으로 12킬로미터 떨어진 해안의 마라톤 평원에 진을 쳤다.

　　페르시아군은 아테네의 전술을 모른 채 전투에 임했다가 쓴맛을 보았다. 갑옷과 커다란 방패로 몸을 가린 아테네 중장보병은 8열 직사각형 밀집 대형을 이루어 전진하면서 긴 창으로 적을 찔렀다. 한낮의 백병전은 앙숙 스파르타가 공동의 적을 막기 위해 보낸 지원군이 도착하기도 전에 아테네의 압승으로 끝나버렸다. 헤로도토스의 기록에 따르면 페르시아 병사는 6천400명이나 죽었지만, 아테네의 전사자는 겨우 192명이었다.

　　발 빠른 병사가 쉬지 않고 달려 아테네에 승전보를 전하고 쓰러져 죽었다는 이야기는 사실인지 아닌지 여부를 알 수 없다. 싸울 힘을 지닌 아테네 남자는 거의 다 마라톤 평원에 있었다. 게다가 페르시아 함선이 다른 방향에서 아테네를 공격할 움직임을 보였기 때문에 중장보병은 아테네 남서쪽 해안으로 급하게 이동해야 했다. 페르시아 전함들이 먼저 도착한 아테네군을 발견하고 퇴각했지만, 그때까지는 전쟁이 끝나지도 않았던 만큼 목숨 걸고 달려서 승전보를 알려야 할 상황이 아니었다.

　　그러나 사람들이 믿고 싶어 하는 소문은 아무 근거가 없어도 진실로 받아들여져 신화로 격상되는 법. 아테네 시민들은 승전을 기념하는 장거리 경주를 만들었고, 그것이 2천500년 후 42.195킬로미터를 달리는 근대올림픽의 마라톤으로 부활했다. 1974년 이란의 수도 테헤란에서 열린 아시안게임 때는 마라톤을 하지 않았다. 주최국 이란이 페르시아의 후예인 만큼, 넉넉히 이해할 만한 조처였다고 하겠다.

　　B.C.480년에는 다리우스 1세의 아들 크세르크세스가 복수심을 불태우며 25만 병력을 이끌고 쳐들어왔다. 도저히 극복할 수 없는 전

력의 열세를 직시한 아테네 시민들은 살라미스섬으로 피난을 떠났다. 이 섬은 피레우스 항구 근처에 있어서 카페리 선박으로 20분이면 건너갈 수 있다.

페르시아 군대는 아테네를 불태운 다음 살라미스섬으로 쳐들어갔다. 아테네 해군이 치명타를 가할 기회를 노리고 있었는데도 크세르크세스는 승리를 의심치 않고 축배를 들 준비를 했다.

아테네는 여러 면에서 운이 좋았다. 크세르크세스가 쳐들어오기 3년 전 아티카 반도의 남부에서 거대한 은광을 발견했는데, 마침 걸출한 군사 전략가 테미스토클레스가 최고 집정관 자리에 있었다. 델피 신탁까지 동원해 민회를 설득한 그는 반대파를 도편 투표로 추방하는 극단적인 수단까지 동원한 끝에 은광의 재정으로 선원 200명을 3단으로 배치해 노를 젓는 전함(삼단노선)을 건조하는 데 성공했다. 선수에 청동 충각(衝角, 군함의 함수 밑에 있는 뾰족하게 돌출된 부분. 적의 선박과 충돌할 시 상대 선박을 부수어 침몰시키기 위한 장치)과 칼날을 장착한 이 전함은 시속 24킬로미터로 달릴 수 있었다. 명예욕에 불타는 귀족과 자산가들을 함선의 지휘관으로 임명하자, 그들은 자기 돈으로 선원을 고용하고 노예를 투입해 노를 젓게 했다.

살라미스섬 바로 앞에는 작은 섬들이 있고 해협의 폭은 1킬로미터 남짓밖에 되지 않는다. 해협의 바다는 잔잔하며 수심도 그리 깊지 않다. 아테네 해군은 섬의 작은 만에 결집해 있었고, 지도부는 돌출한 언덕에서 적선의 동향을 살폈다. 해협에 들어선 2천여 척의 페르시아 함대가 거센 맞바람을 만났을 때 아테네의 전함들이 바람을 등지고 달려들었다. 높고 크고 빠른 삼단노선이 선수의 충각으로 들이받고 아테네 전사들이 화살과 창을 쏟아붓자 페르시아 함선들은 변변히 싸워보지도 못한 채 부시져 가라앉았다. 크세르크세스는 겨우 목숨을 부지하고 달아났다. 마라톤 전투와는 견줄 수 없는 대참패였다. 그날 이후 아테네는 동지중해의 군사적 패권을 완전히 장악했다.

살라미스섬 사람들도 아테네 시민들처럼 돈벌이에 관심이 없어 보였다. 우리나라 남해안에는 통영에서 진도까지 이순신 장군의 전적지가 곳곳에 있다. 케이블카를 타고 통영 미륵산 전망대에 올라가면 한산도대첩이 벌어진 해역을 한눈에 볼 수 있으며, 진도대교 북단의 우수영 국민관광지 체험장에서는 명량(울돌목)의 거센 물살과 굉음을 보고 들을 수 있다.

그러나 카페리에 승용차를 싣고 들어간 살라미스섬에는 별것이 없었다. 삼단노선이 때를 기다리면서 웅크리고 있었을 법한 만의 해변에 덩그러니 선 기념비와 지휘부의 관측소였을 듯한 언덕의 청동 조형물이 전부였고, 그나마 안내판조차 없어서 언제 누가 지었는지도 알 수 없었다. 동네 개 세 마리가 꼬리를 흔들며 반겨주기에 먹다 남은 빵을 선물했다. 운전을 해준 메테오라 출신 청년이 이해할 수 없다는 표정을 지으며 말했다. "여기에 온 한국인은 당신이 처음일걸요!"

아테네의 몰락을 증언하는 로마 시대 유적

아테네 여행 둘째 날은 도심에 있는 다른 고대 유적과 현대 건축물을 탐사했다. 제우스 신전과 하드리아누스의 아치, 판아테나이코 올림픽스타디움, 신타그마 광장과 국회의사당, 국립정원, 오모니아 광장 등이다. 고대의 성문과 성벽이 남아 있는 케라메이코스에 갈 때는 택시를 탔다. 시간을 절약한 덕에 늦은 오후에 플라카 골목을 여유롭게 산책할 수 있었다.

전성기의 고대 아테네 사람들은 성벽으로 도시를 둘러싸고 피레우스 항구로 가는 길 양편에도 방어벽을 쌓았다. 그러나 그 성벽은 모두 사라졌고 케라메이코스와 피레우스 항구에만 흔적이 조금 남아 있다.

케라메이코스에 가는 사람들은 대체로 오래된 공공묘지를 본다. 하지만 나는 아테네의 성문 중 제일 컸던 디필론 성문을 보러 갔다. 게다가 소크라테스가 자란 동네여서 꼭 가보고 싶었다. 성문의 서쪽 성벽 아래로 들어왔다가 동쪽 성벽 아래로 흘러나갔다는 에리다누스강도 궁금했다. 그런데 성문은 있었지만 강은 어디에도 보이지 않았다. 등껍질이 냄비만 한 거북이 한 마리가 기어가기에 따라가 보았더니 성벽 아래로 물 고인 작은 도랑이 나 있었다. 2천500년 전의 작은 물길이 그대로 있기를 바란 것 자체가 잘못이었다.

케라메이코스는 도자기 공장과 가죽 공장이 많아 가난한 시민과 노예, 외국인, 난민들이 몰려 살았다. 민회가 에리다누스강에서 가죽 세척을 하지 못하게 하는 법령을 만든 사실에 비추어 보면 수질 오염이 심각했음이 분명하다. 소크라테스가 반대편인 남쪽 성벽 바깥의 일리소스강에서 제자들과 물놀이를 한 것이 그 때문이었을지도 모른다. 디필론 성문은 온전하지 않았지만 원래의 구조와 기능을 어느 정도는 알아볼 수 있었다. "높은 성벽과 빛나는 투구가 무슨 의미가 있겠는가?" 사라져버린 성벽은 이렇게 물었던 소크라테스가 옳았음을 증언하는 듯했다.

B.C.5세기 아테네 시민들은 불타버린 도시를 재건했고 인류 역사에 없었던 민주주의 정치체제를 수립했으며 문화, 철학, 과학과 공연예술을 꽃피웠다. 중국에서 제자백가의 사상이 들꽃처럼 피어났던 바로 그 시기에 논리학과 수사학을 가르치는 소피스트 집단과 소크라테스, 플라톤, 아리스토텔레스 같은 철학자가 나타나 인간의 본성과 삶의 의미, 자연과 우주의 생성 원리를 탐구한 것이다. 헤로도토스와 투키디데스는 역사서를 집필했고, 극작가들은 빼어난 작품을 썼다. 그리고 바로 그 시기에 그들은 아테네에서 피레우스까지 성벽을 쌓았다. 성벽은 두려움의 건축적 표현이다. 아테네 시민들은 자신들이 이룬 것에 대해 자부심을 느꼈고, 그것을 지키기 위해 성벽을 쌓았다. 오늘의 화려한 성공이 내일의 몰락을 가져올 비극의 씨앗을 배태하고 있는지도 모른다는 두려움을 그런 방식으로 드러낸 것이다.

아테네의 민주정을 완성했던 페리클레스는 안에서는 '수석시민'으로서 민주적 지도력을 행사했지만, 밖에서는 정치적·군사적 패권을 추구했다. 다른 도시국가들이 아테네의 체제를 따르도록 강요했고, 복종하지 않는 도시국가를 침략했으며, 동맹국의 조공을 받아 파르테논 신전과 헤파이스토스 신전을 지었다. 학문과 예술을 발전시키고 민주주의 정치체제를 운영할 수 있었던 것은 그렇게 획득한 부덕분이었다.

그리스 세계가 내전에 휩쓸려든 원인은 아테네와 스파르타의 패권주의와 상호 멸시였다. 도시국가들은 정치체제와 문화가 달랐는데, 특히 아테네에서 사흘이면 걸어서 닿는 라코니아 지역의 스파르타는 아테네와 극단적으로 다른 전체주의 정치체제를 운영했다. 스파르타의 주권자는 토지를 동등하게 나누어 가진 시민계급 '호모이오이'였는데, 일곱 살부터 서른 살까지 모든 남자 호모이오이는 도시 외곽의 숲과 캠프에 집단생활하면서 전투 능력을 길렀다. 그리고 그렇게 키운 군사력으로 이웃 도시국가를 침략해 재물을 약탈하고 주민을 노예로 삼았다.

두 폴리스가 주도했던 델로스동맹과 펠로폰네소스동맹이 벌인 전쟁은 B.C.431년부터 30여 년 동안 이어졌다. 전쟁 막바지였던 B.C.404년, 스파르타는 몇 차례 중요한 해전에서 이긴 여세를 몰아 아테네를 점령한 다음 경작지를 모조리 불태우고 아테네의 성벽을 남김없이 해체해 버렸다.

그러나 스파르타도 승자는 아니었다. 제1차 세계대전이 체제를 달리하는 국민국가들이 벌인 유럽의 내전이었던 것처럼 펠로폰네소스전쟁도 체제를 달리하는 도시국가들의 내전이었다. 역사학자 토인비처럼 제1차 세계대전을 펠로폰네소스전쟁의 복사판으로 보는 이가 많았던 게 결코 이상한 일이 아니다.

펠로폰네소스전쟁으로 스파르타와 아테네가 기력을 탕진하는 동안 발칸반도 북쪽의 경계 지역에 있었던 마케도니아왕국이 힘을 키워 지역의 패권을 차지했던 것과 마찬가지로, 제1차 세계대전 때는 유럽 국가들이 기력을 탕진하는 사이에 세계의 패권은 미국으로 넘어갔다.

제우스 신전의 남아 있는 기둥들.
신전의 원래 모습을 알아보려면 상상력을 최대한 가동해야 한다.

스무 살에 왕위에 오른 마케도니아의 알렉산드로스는 페르시아를 격파하고 그리스를 정복했으며, 메소포타미아와 북아프리카까지 자신이 알던 모든 땅을 평정했다. 하지만 B.C.323년 그가 전선에서 사망하자 제국은 곧바로 기울어져 신흥 강국 로마에 무너졌다. 알렉산드로스 휘하의 장군이었던 프톨레마이오스가 이집트에 세운 왕국이 살아남아 수도 알렉산드리아에서 철학, 수학, 천문학이 큰 발전을 이룸으로써 그리스의 문화를 이어갔지만, 그마저도 클레오파트라 7세를 끝으로 로마의 속주가 되고 말았다.

아테네의 로마 시대 유적에는 시민도 여행자도 큰 관심이 없어 보였다. 로마 유적은 유럽 어디에나 있는 데다, 아테네의 로마 건축물은 로마에 있는 것보다 훨씬 작고 초라하기 때문일 것이다. 제우스 신전과 아크로폴리스 남쪽 비탈의 헤로데스 아티쿠스 극장이 대표적인 로마 유적이다. 160년경 로마 귀족 아티쿠스가 무대와 객석 모두 대리석으로 원형극장을 만들자 디오니소스 극장은 쓸쓸하게 버림받았다.

신타그마 광장에서 아크로폴리스 박물관 쪽으로 가는 큰길 왼편에 있는 제우스 신전은 그리스에서는 제일 크다고 하지만 기둥만 몇 개 남아 있었다. 코린트식 기둥 104개가 떠받친 높이 17미터의 제우스 신전은 파르테논의 네 배 규모였다. B.C.6세기 아테네 참주 페이시스트라토스가 짓기 시작했고 B.C.2세기 시리아 안티오코스왕국의 에피파네스 왕이 기둥을 세웠다. 로마 장군 술라가 그 기둥을 여럿 뽑다가 건축자재로 써 버렸지만 하드리아누스 황제가 공사를 재개해 완성했다.

지금 제대로 서 있는 기둥과 쓰러져 누운 기둥이 모두 몇 개인지, 혹시 거기에 가면 헤아려보기 바란다. 나머지 기둥은 다 어디로 갔을까? 재활용 건축자재가 되어 다른 건축물에 들어갔다. 높은 성벽만 의미가 없는 게 아니었다. 거대한 신전도 마찬가지였다.

제우스 신전에서 아크로폴리스 방향으로 서 있는 하드리아누스의 아치는 아테네의 구시가와 로마 시대 신시가를 구분하는 랜드마크였다. 굳이 이런 아치를 세워 공간을 구분한 것을 보면 로마제국 초기 황제들은 아테네를 특별하게 예우했던 듯하다.

고대 아고라에 인접한 로만 아고라는 아직도 발굴 공사가 진행 중인데, 이 구역에서 유명한 건축물은 로마 시대 초기에 만든 팔각형 건물 '호롤로기온(Horologion)'이다. 상단에 부조한 바람의 신 때문에 흔히들 '바람의 탑'이라고 하는 이 건물은 햇빛의 각도 변화로 시간을 측정한 해시계였는데, 소크라테스의 무덤이라는 소문이 나돈 탓에 경건한 자세로 묵념을 올리는 관광객이 더러 있다고 한다. 아테네에 소크라테스와 관련한 건축물이나 공간이 없어서 이런 일이 생기는 게 아닌가 싶다.

역사의 공백, 공간의 단절

아테네의 건축물과 공간은 역사의 공백을 명확하게 보여준다. 고대 유적 이외의 볼만한 모든 건축물과 공간은 모두 그리스왕국 수립 이

로만 아고라 한켠에 선 '호롤로기온'은 건축자재로 재활용할 가치가 없어서 살아남았는지도 모른다. '등 굽은 소나무가 선산을 지킨다'는 우리 속담은 아테네에서도 통하는 것 같다.

후 생긴 것이다. 로마제국 붕괴와 그리스왕국 수립 사이의 1천500년
세월은 도시에 거의 아무런 흔적도 남기지 않았다.

오늘날 아테네의 공간적 중심은 신타그마(헌법) 광장이다. 대
형 호텔이 대부분 근처에 있으며 국회의사당도 광장에 맞닿아 있다.
1843년 왕이 광장 위쪽 건물 발코니에서 헌법을 선포했기 때문에 그
런 이름을 붙였다. 국회의사당 앞 무명 용사의 벽에는 그리스의 전쟁
사를 부조해 놓았는데, 한국전 참전 사실도 물론 포함되어 있다. 국회
의사당은 총리 공관과 국립정원으로 이어진다.

신타그마 광장에서 큰길을 따라 제우스 신전을 끼고 왼쪽으로 가
면 1896년에 열린 제1회 근대올림픽 주경기장 '판아테나이코 올림픽
스타디움'이 있다. 도시국가 시절에는 이 자리에서 축제를 했고, 로마
제국 시대에는 맹수와 검투사들이 생사를 건 격투를 벌였다. 아크로
폴리스 언덕 비탈에 극장을 만든 헤로데스 아티쿠스를 여기서 또 만
났다. 그는 대리석으로 만든 검투 공연장의 관람석을 기부한 공으로
입구 왼편 언덕에 묻혔다. 기독교 국교 선포 이후 황제가 검투 행사를
금지하자 공연장은 쓸모가 없어졌고, 공연장의 대리석은 건축자재로
뜯겨나갔다. 아테네를 근대올림픽 첫 개최지로 결정했을 때 이곳은
완전한 폐허였고, 그리스 정부는 스타디움을 신축할 돈이 없었다. 그
때 '환생한 헤로데스 아티쿠스'가 구원의 손길을 내밀었다. 알렉산드
리아의 억만장자 아베로프였다. 건축 비용 전액을 기부한 그의 조각
상이 스타디움 앞 광장에서 나를 맞아주었다. 무덤 아래 누운 사람보
다는 훨씬 행복해 보였다. 그의 자손들이 그리스의 손꼽는 정치명문
가를 이루었으니 그럴 만도 할 것이다.

올림픽 주경기장을 체육 수업 운동장으로 쓰는 아테네의 학생들.
그저 부러움에 찬 눈길을 보낼 수밖에 없었다.

제1회 근대올림픽에서 고대 아테네 청년들이 했던 운동은 달리기, 멀리뛰기, 원반던지기, 레슬링, 역도 등의 종목으로 되살아났다. 단거리와 중거리 육상 종목, 체조, 수영, 사격, 펜싱, 사이클, 테니스는 새로 생겼다. 우편배달부 스피로스 루이스는 가장 먼저 마라톤 결승선을 통과해 그리스 국민을 열광의 도가니에 빠뜨렸다.

스타디움 입구 왼쪽 대리석판에 기록해 둔 올림픽 개최지 명단에는 서울도 당연히 들어 있다. 스타디움 안쪽의 사람 머리를 새긴 흰 대리석 기둥은 고대 그리스에서 이정표로 썼던 헤르메스 기둥이다. 아담한 스타디움은 활짝 열려 있었지만 아테네 시민들은 운동을 그리 좋아하지 않는지 체육 수업중인 학생들만 보였다. 경기장 안의 시상대에서 메달리스트처럼 포즈를 하고 사진을 찍었다. 그렇게 하라고 놓아두었는지는 모르겠지만, 그게 아니라면 뭐하러 두었겠는가.

국회의사당과 그랜드 브레타뉴 호텔 사이 큰길이 파네피스티미우 거리다. 아테네대학 본부, 국립도서관, 아카데미아(학술원)로 통하는 길이어서 우리말로는 대학로라고 할 수 있다. 트로이와 미케네 유적을 발굴한 고고학자 슐리만의 저택도 이 길에 있는데 지금은 화폐 박물관으로 사용한다.

파네피스티미우 거리 서쪽에 있는 스타이우 거리는 금융기관과 상가가 밀집한 상업 중심지를 지나 오모니아 광장에서 끝난다. 1862년 왕정을 철폐하고 공화국 임시정부를 세웠을 때 군부의 내분이 일어나 내전 직전의 상황으로 치달았다. 군, 경찰, 정치인, 시민들이 모두 두 패로 갈라져 대립했지만, 중도파의 끈질긴 노력으로 합의를 이루어 무사히 공화국 정부를 세웠다. 아테네 시민들은 이곳에서 축하 집회를 열고 광장의 이름을 오모니아라고 지었다. '합의' 또는 '만장일치'라는 뜻이다.

오모니아 광장은 작은 상점이 밀집한 서민 생활의 중심지인데, 광장 근처는 길은 좁고 통행량이 많아 번잡하고 공기가 탁했다. 인근 라리사역은 옛날 서울의 용산역과 비슷했다. 1960년대 경제 부흥기에는 일자리를 찾아 무작정 아테네로 이주한 농민들이 역 근처에 밀집해 살았는데 지금은 쿠르드인과 알바니아, 중국, 필리핀, 파키스탄, 수단, 에티오피아 등에서 이주해 온 사람들이 힘겨운 삶을 영위하는 동네가 되었다. 골목 어딘가에 21세기의 소크라테스가 뛰놀고 있다면, 이 동네가 제2의 케라메이코스가 될지도 모른다.

아테네 도심에 국립정원이라는 오아시스가 있었다. 고대 아테네 청년들은 아카데미아에서 공부하고 숲속의 리케이온에서 운동을 했다. 플라톤은 아카데미아에 철학 학교를 설립했고 아리스토텔레스는 리케이온에 학교를 만들었다. '아카데미'와 '리세'라는 유럽의 고등교육기관 이름은 여기에서 유래했다.

그리스 사람들이 국가를 세우자 아카데미아는 국립 아테네대학교로 부활했고 리케이온이 있던 숲은 아말리아 왕비의 정원이 되었다. 국립정원은 시멘트 건물 천지인 아테네 도심의 유일한 숲이다. 도시가 먼지와 더위에 덮인 한낮에도 이 정원에는 나무 냄새와 풀 냄새가 나고 새가 우짖으며 물 흐르는 소리가 들렸다. 조깅하는 시민들, 웨딩사진을 찍는 젊은이들, 나무 벤치에서 차를 마시는 노인들, 수학여행을 왔음직한 어린이들…… 딴 세상에 온 것 같았다.

국립정원이 아테네 도심의 오아시스라는 말은 문학적 과장이 아니다.
콘크리트 사막 한가운데 놓인 진짜 오아시스다.

아스파시아, 퍼스트레이디가 된 난민 소녀

아테네 정치체제를 '직접민주주의'라고 한다. 시민들이 직접 의사 결정에 참여한다는 점에서 대표를 선출해 국가 사무를 처리하게 하는 현대의 '대의민주주의'와 다르다는 해석이 널리 퍼져 있다.

그러나 이것이 결정적인 차이는 아니다. 아테네 민주주의는 주권자가 다수결로 의사결정을 한다는 것 하나 말고는 민주주의라고 할 만한 요소가 없었다. 인권, 개인의 자유, 만인의 평등 같은 기초적 원리가 정립되지도 않았고 권력의 분산과 상호 견제 장치도 없었다. 소크라테스의 죽음은 그런 정치제도가 다수의 폭정으로 귀결될 수 있다는 것을 충격적인 방식으로 보여주었다.

아테네가 민주정을 도입한 것은 B.C.6세기 초였다. 시민들은 혁명을 일으켜 귀족의 통치를 폐지하고 민중의 권력(demos kratia)을 세웠으며, 신과 정령을 믿었던 사람들답게 자기네가 만든 정치체제를 물신(物神) '데모크라티아'로 숭배했다.

아테네의 민주주의는 여러 단계를 거쳐 진화했다. 솔론은 부채를 과감하게 탕감해 채무 노예 발생을 막고 재산이 많은 시민이 참여하는 민회를 만들었다. 클레이스테네스는 도시를 10개의 행정구역으로 나누고 재산의 많고 적음에 무관하게 모든 시민에게 참정권을 부여하는 500인 민회를 창설했다. 페리클레스는 중요한 의사결정에 참여하는 시민 배심원에게 일당을 지급함으로써 가난한 시민도 정치에 참여할 수 있게 했다.

18세가 넘은 아테네 시민은 민회에 참여할 권리가 있었다. 주로 프닉스 언덕에서 열렸던 민회는 형법 제정부터 세율 결정까지 도시의 행정과 관련한 모든 안건을 심의 의결했다. 법률과 행정사무를 담당하는 관리와 투표에 참여하는 배심원은 제비뽑기로 정했다. 배심원들은 이웃 도시국가와 전쟁을 할지, 누가 장군이 되어 그 전쟁을 이끌어야 하는지, 패전한 지휘관을 처벌할지 등의 여부까지도 투표로 결정했다. 그 시대에 그토록 극단적인 직접민주주의 정치체제가 존재했다는 게 잘 믿어지지 않는다.

그러나 그것은 부모 모두 아테네 시민인 남자들만의 민주주의였다. 전성기에 30만 명이나 되었던 상주인구 가운데 노예가 절반을 넘었으며 '살아 있는 도구' 또는 '걸어 다니는 물건'인 노예를 소유한다는 것은 자유민의 표식이었다. 시민들이 민회에서 입씨름하거나 극장에서 공연을 즐기는 동안 노예들은 물을 길어오고 음식을 만들고 청소를 하고 광산에서 은과 석탄을 캤다. 다친 사람을 치료하거나 편지를 대필하는 '지식인 노예'도 있었다.

자유민이라고 해서 모두가 똑같은 시민이었던 것도 아니다. 여자는 노예나 다를 게 없었다. 히포크라테스는 생리혈을 질병으로 간주했으며, 아리스토텔레스는 생리하는 여자가 눈으로 질병을 옮긴다고 주장했다. 솔론은 거리를 돌아다니는 여자를 매춘부로 간주하고 '순결을 잃은' 딸을 노예나 창녀로 팔 수 있게 허용하는 법률을 만들었다. 정숙한 여자라면 남의 눈에 보이지 않아야 했고, 말도 되도록 하지 말아야 했다는 이야기다.

내가 아테네에 끌린 것은 파르테논이 아니라 소크라테스 때문이었다. 그의 생애와 언행을 살펴보던 중 생각지 않았던 문장을 보았다.

"여자도 덕이 있을 수 있다."

덕이 있는 여자를 보았기에 이런 말을 했을 터인데, 그게 누구였을까? 유력한 후보는 난민 소녀 아스파시아였다. 철학과 과학이 아테네보다 먼저 발전했던 소아시아의 도시국가 밀레토스가 페르시아에 압박에 짓눌리자 많은 사람이 에게해를 건너 아테네로 망명했는데, 아스파시아도 그 틈에 끼여 혼자 피레우스 항구에 도착했다.

그런데 몇 년 지나기도 전에 이 소녀는 이혼남 페리클레스의 연인이 되어 공공장소에 나타났다. 외국인을 차별하는 법률 때문에 정식 혼인은 못했지만 펠로폰네소스전쟁 2년차에 남편이 전염병에 걸려 죽은 때까지 15년 동안 '퍼스트레이디' 역할을 했다. 난민 소녀가 최고 권력자의 아내가 될 수 있었던 것이 미모 때문만은 아니었다. 아스파시아는 똑똑하고 말도 잘했으며 당대의 지식인들과 널리 교류했다. 아스파시아 말고는 소크라테스가 '덕이 있는 여자'라고 말할 만한 사람을 찾을 수 없다.

하지만 아테네 시민들은 아스파시아를 가리켜 '첩년' 또는 '밀레토스 창녀'라고 했다. 아스파시아는 신성모독 혐의로 고발당해 재판에 회부되기도 했는데, 페리클레스가 법정에 나와 눈물로 호소한 덕분에 겨우 목숨을 건졌다. 아테네의 민주주의는 감동적인 연설로 청중을 휘어잡곤 했던 최고 권력자에게도 다른 방법으로 아내를 구하는 것을 허용하지 않았다.

투키디데스는 《펠로폰네소스 전쟁사》에 아스파시아를 한 번도 거명하지 않았고, 플루타르코스는 《영웅전》에 페리클레스가 합당한 명분 없이 사모스섬을 침략해 잔혹한 학살을 저지른 것이 아스파시

아의 꼬드김 때문이라고 썼다. 아스파시아가 아테네의 '대표 악녀'가
된 것은 남자 시민들만 주권을 행사했던 계급사회의 병적인 증세였
다고 보는 게 맞을 듯하다.

이성과 논리를 꽃피운 공간, 플라카

아테네에서 제일 마음에 든 곳은 플라카였다. 모나스티라키 지하철
역 광장에 앉으니 2천500년 전 거리에 있는 듯 달콤한 착각이 들었
다. '그래, 여긴 사람 사는 냄새가 제대로 나는군.'

아무래도 미리 읽고 온 책 때문인 것 같았다. 《아테네의 변명》(베
터니 휴즈 지음, 강경이 옮김, 도서출판 옥당, 2012)은 소크라테스의 기질과 성
격, 인생역정을 추적한 평전이다. 저자가 역사학자여서 그런지 최신
의 발굴 정보를 토대로 소크라테스가 살았던 때의 아테네의 거리 풍
경을 정밀하게 묘사한 대목이 많았다. 덕분에 플라카지구가 잘 아는
동네처럼 정겹게 안겨 왔다.

도시국가 아테네가 인류에게 남겨준 가장 귀중한 유산은 플라카
에서 만들어졌다. 그것은 말과 논리의 가치, 표현의 자유가 지닌 의미
에 대한 각성이다. 공식적인 말의 성찬은 아고라와 프닉스 언덕의 민
회에 차려졌지만 그 모든 것을 준비한 곳은 플라카였다. 플라카가 없
었다면 아고라와 프닉스 언덕도 존재할 수 없었다.

시민들은 플라카의 구릉에 물을 끌어오고 나무를 심었다. 시장
후미진 구석에서 제단에 올릴 짐승을 도축했고, 앞에서는 옷감과 향

료와 노예를 사고팔았다. 플라카는 또한 지식과 논리로 대중의 이성과 감정을 사로잡았던 소피스트의 활동무대였다. 소크라테스도 플라카의 번잡한 거리와 구둣방, 술집에서 사람들을 만났다. 그렇게 생각하니 인근 주택과 호텔, 상가, 식당, 술집이 늘어선 플라카의 골목에서 민주주의와 철학의 냄새가 나는 것 같았다.

소피스트가 논술 학원의 인기 강사였다면 소크라테스는 거리의 철학자였다. 그는 소피스트와 달리 돈을 받지 않고 말했으며, 논증의 기술을 연마하기보다는 논리의 정합성을 찾아내는 데 집중했다. 자만심과 자아도취를 버리고 겸손하고 정직하게 살라고 했으며, 신의 가호가 아니라 이성의 힘에 의지해 삶에 대한 책임을 다하라고 말했다. 남을 가르치려 들지 않았고 대중의 비위를 맞추지도 않았다. 다만 질문을 던져 사람들을 난처하게 만들었을 뿐이다. 대화가 진리를 찾는 최선의 방법이라며 글을 일절 쓰지 않았다.

소크라테스의 명성과 인기는 펠로폰네소스전쟁이 한창이던 B.C.420년 무렵 절정을 이루었다. 다른 사람들이 신을 섬기거나 물질을 탐하는 데 열정을 쏟을 때 그는 인간 존재의 본질과 삶의 의미를 탐색했고, 그처럼 남다른 태도가 그리스 세계의 청년들을 아테네로 불러 모았다.

그런데 그가 던진 질문이 민주주의와 충돌을 일으켰다. 우리는 어디에서 왔는가? 선과 미덕은 무엇인가? 우리는 무엇을 알고 있는가? 우리는 왜 존재하며 어디로 가는가? 전쟁의 참화로 인해 사람들의 심성이 사나워질수록 그 충돌은 점점 더 날카로워졌다.

민주주의와 철학의 냄새가 나는 플라카의 골목.
소크라테스 선생도 이 골목을 걸었을까?

소크라테스는 당대의 통념을 흔드는 질문을 던졌다. 아테네 시민들에게 자유란 '폴리스의 자유' 또는 '집단의 자유'였다. 자신들이 페르시아나 다른 도시국가에 지배당하거나 노예가 되지 않는 것이었다. 개인의 존엄성과 자유, 인권, 평등 같은 개념은 아예 존재하지 않았기 때문에 플라톤과 아리스토텔레스 같은 당대 최고의 지식인들도 노예제와 성차별을 당연하게 여겼다.

그런데 소크라테스는 폴리스의 영광이 아니라 개인의 삶에 천착했다. 신에 대한 믿음이 아니라 자신의 이성에서 도덕법을 끌어내려 했다. 출신 배경이 어떠하든 만인이 똑같이 자유를 누릴 능력을 갖추고 있다고 주장함으로써 남자 시민들을 불편하게 만들었다. 사람들은 그를 인격적 이념적으로 공격하기 시작했다. 당대의 인기 극작가 아리스토파네스는 〈구름〉이라는 연극에서 소크라테스를 가리켜 '교활한 개자식'이라고 비난했다.

소크라테스만 박해받은 건 아니었다. '태양은 신이 아니라 불타는 돌덩이'라고 주장한다고 해서 민회가 천문학을 '신성모독의 학문'으로 규정하는 결정을 내리자 철학자 아낙사고라스는 아테네를 떠났다. 신의 존재 여부를 알 수 없다고 했다는 이유로 민회는 프로타고라스의 책을 불태우고 도시에서 추방했다. '분서(焚書)'는 진시황이나 히틀러 같은 개인 독재자의 전유물이 아니었다. 개인의 독립성과 사상의 자유를 인정하지 않는 사회에서는 무지하고 변덕스러운 대중이 독재자와 다름없는 야만 행위를 저지르기도 한다.

종교적 독단이나 차별을 정당화하는 고정관념 위에서 일부 계급만 주권을 나눠 가지는 정치체제는 민주주의일지라도 장기 존속할 수 없다는 것을 아테네의 역사는 증명해 보였다. 아테네 시민들을 비난하려는 게 아니다. 개인주의와 상대주의, 사상과 표현의 자유는 지속 가능한 민주정의 불가결한 조건인데, 호모 사피엔스는 21세기에도 여전히 그 조건을 완비하지 못했다. 어찌 아테네 시민을 욕하겠는가.

민주주의가 중우정치(衆愚政治)의 증상을 드러내고 있던 B.C.405년, 예고된 재난이 아테네를 덮쳤다. 스파르타 해군이 아테네 함선 180척을 궤멸한 후 물샐틈없이 도시를 포위하자 모든 동맹국이 등을 돌렸다. 스파르타가 제시한 항복 조건에는 민주정의 폐지가 들어 있었다. 시민들은 민회를 열어 민주정을 폐지하고 30인 참주제를 도입했다. 스파르타의 앞잡이가 된 30인 참주는 한 해 동안에만 1만 명 넘는 시민을 죽였다. 한때 노예를 포함해 30만 명이나 되었던 아테네 인구는 6만 명으로 오그라들었다.

참다못한 시민들이 들고 일어나 참주정을 전복하고 민주정을 회복했다. 그런데 그 직후 아테네의 젊은 시민 세 사람이 신을 부정하고 젊은이를 타락시킨다는 혐의로 소크라테스를 고발했다. B.C.399년 5월, 소크라테스는 프닉스 언덕 강당의 종교 법정에 섰다. 500명의 배심원이 유무죄를 가리는 첫 번째 투표에서 근소한 표 차로 사형 선고를 내렸다. 그런데도 소크라테스는 배심원단에게 아첨하거나 동정심에 호소하지 않고 냉정하게 자기 생각을 말했다. 배심원들은 사면 여부를 결정하는 두 번째 투표에서 압도적인 표 차로 사면을 거부했다. 잘난 척 하는 듯 보인 소크라테스의 태도가 그들을 불쾌하게 한 것이다.

델로스 축전 순례 행사 때문에 사형 집행이 연기되었던 한 달 동안 소크라테스는 법정 근처에 있었을 것으로 추정되는 감옥에 갇혔다. 제자와 친구들이 탈출 계획을 세웠지만 소용이 없었다. 마음만 먹으면 걸어서 나갈 수 있었는데도 소크라테스는 태연하게 독 당근즙을 마셨다. 그가 '악법도 법'이라고 말했다는 것은 오래된 가짜 뉴스다. 그는 스스로에게 질문했을 뿐이다. "폴리스가 정당한 절차에 따라 내린 결정이 옳지 않다고 생각한다고 해서 그것을 회피하는 것이 옳은가? 모두가 그렇게 할 경우 폴리스가 존속할 수 있는가?" 아테네 민주주의의 성장과 쇠락과 죽음, 그리고 일시적 부활을 모두 겪었던 소크라테스는 독 당근즙을 마시는 행위로 자신이 던진 철학적 질문에 대답했다.

플라카의 골목을 걸으며 생각해보았다. 아테네 시민들은 왜 소크라테스를 죽였나? 고정관념, 광신, 시기심, 무지, 무관심, 변덕이 그를 죽였다. 21세기 대한민국의 어떤 지식인은 국회의원을 차라리 추첨으로 뽑자고 주장한다. 국회의 무능과 부패에 대한 불만 때문이라는 충분한 이유가 있다 할지라도, 나는 이 주장에 공감하지 못한다. 플라톤은 민주주의가 반드시 중우정치로 흐른다면서 덕과 진리를 아는 '철학자의 통치'를 옹호했다. 아리스토텔레스는 시민들이 각자 훌륭해지지 않고, 훌륭한 시민들이 정치에 참여하지 않는다면 국가가 훌륭해지기 어렵다고 주장했다.

오늘을 사는 우리는 소크라테스를 죽인 아테네 시민들보다 얼마나 더 훌륭하며 국가와 정치에 대해서 얼마나 더 큰 관심을 가지고 얼마나 더 능동적으로 참여하는가? 나는 직접민주주의가 다수의 폭정으로 흐를 가능성이 매우 높다는 비관론에 한 표를 던지고 싶다.

소크라테스의 삶과 죽음은 아테네 민주주의의 잠재력과 한계를 모두 확인해 주었다. 아테네의 품에서 태어났으나 시대의 경계 너머로 나아갔던 그는 민주주의라는 옷을 입은 다수의 폭정에 목숨을 빼앗겼다. 그런데도 민주주의는 문명의 대세가 되었고 소크라테스도 인류의 스승으로 인정받는다. 역사의 역설이다.

도시의 '경로 의존적' 확장

아테네는 한 국가의 수도이고 3천 년 역사를 품고 있지만 화려하지도 고풍스럽지도 않았다. 냉정하게 말하면, 초라해 보였다. 오래된 역사 도시는 역사 유적이 시민의 생활 공간과 분리된 경우가 많은데, 그 둘이 아테네처럼 분명하게 나뉜 도시를 나는 아직 보지 못했다. 로마와 이스탄불도 어느 정도는 그런 모습이었지만 아테네만큼은 아니었다. 왜 이렇게 되었는가? 누구의 잘못도 아니다. 미래를 내다보는 능력이 없는 인간 본연의 한계 때문이다.

세상에는 누구도 의도하지 않았지만 그렇게 되는 일이 많다. 학자들은 '경로 의존성'이라는 개념으로 이런 현상을 설명한다. 우연히 어떤 길에 들어서고 나면 더 좋은 길을 알아도 가던 길을 벗어나지 못한다는 것이다.

그리스 국민은 시인 바이런을 사랑한다. 왜 그렇지 않겠는가? 귀족, 미남, 바람둥이, 낭만파 시인, 유럽 상류사회의 '아이돌 스타'였던 그가 19세기 초 아테네를 여행한 후 발표한 그리스 고대 유적 답사기는 큰 화제가 되었다. 유럽 지식인들은 바이런의 답사기를 읽고 서구 문명의 '빅뱅'에 대한 기억을 살려냈다. 용기백배한 그리스 민족주의자들은 1821년 3월 25일 독립을 선언하고 오스만제국에 반기를 들었다. 영국 정부의 허가를 받고 의용군을 결성해 이 전쟁에 참여했던 바이런은 말라리아에 걸려 서른여섯 젊은 나이에 세상을 떠났다.

영토 확장 욕심에 불타던 영국, 프랑스, 러시아 등 유럽 강국들의 연합 함대가 그리스 남쪽 해역에서 오스만제국 함대를 격파하자 그리스 독립군은 1833년 독일 바바리아의 귀족 오토를 내세워 그리스왕국을 수립했다. 그들은 내심 콘스탄티노플(이스탄불)을 탐냈지만 오스만제국의 수도를 빼앗을 힘이 없었기 때문에 인구가 1만 명도 되지 않았던 아테네를 수도로 선포했다.

오늘의 아테네는 의도적 도시 설계의 산물이 아니라 '능력 부족으로 인한 부작위의 결과'이다. 그리스왕국 설립자들은 국민국가의 수도를 설계할 안목이 없었기 때문에 아테네는 도로가 좁고 녹지 공간이 거의 없는 도시로 첫걸음을 뗐다. 첫 70년 동안은 인구가 크게 늘지 않아 별문제가 없었다. 그러나 20세기 들어 몇 차례 인구가 폭증했고 아테네는 심각한 위기를 맞았으며, 오늘의 아테네는 그 위기를 극복해나가는 과정에서 '경로 의존적'으로 형성되었다.

그리스는 건국 직후 영국이 지배했던 아드리아해의 섬을 여럿 넘겨받았고 오스만제국과 싸워 북부 테살리아 지역을 확보했다. 1912년의 제1차 발칸전쟁 때는 크레타를 비롯한 에게해의 섬들을 장악했고, 1913년 제2차 발칸전쟁 때는 마케도니아와 동부 트라케 지역을 손에 넣었다. 제1차 세계대전에서는 연합국 진영에 가담한 덕분에 지금은 터키 영토가 되어 있는 소아시아를 점령했다.

그런데 지나친 욕심이 사나운 역풍을 불러들였다. 그리스는 터키공화국을 수립한 무스타파 케말의 군대에 참패해 소아시아에서 철수해야 했다. 양국 관계가 극도로 악화된 탓에 그리스인과 터키인들은 뒤섞여 살기 어렵게 되었다. 두 나라가 주민 교환 협정을 체결하자 터키 사람들은 아티카반도와 에게해 섬을 떠났고, 그리스 사람들은 이스탄불과 소아시아를 떠났다. 그때 귀환한 150만 명 중에는 지식과 교양을 갖춘 중산층이 많아서 그리스의 정치, 문화, 예술은 짧은 기간에 큰 발전을 이루었다. 그러나 인구가 단번에 40만 명을 돌파한 아테네는 무허가 날림 건물에 뒤덮였다.

20세기 중반에는 더 강력한 인구 폭발이 찾아들었다. 제2차 세계대전이 터진 직후 그리스는 이탈리아의 침공을 물리쳤지만 독일의 공군과 기갑부대까지 막아내지는 못했다. 독일군이 점령하고 있던 때 그리스 저항군은 이념을 초월해 게릴라전을 벌였다. 하지만 독일군이 철수하자 좌파 해방군과 우파 정부군 사이에 내전이 벌어졌고, 농민들은 전쟁으로 만신창이가 된 고향을 떠나 무작정 아테네로 몰려들었다.

활발하게 벌어진 전후 복구 사업은 더 많은 구직자를 도시로 끌어들였다. 아테네 인구가 300만을 넘어서자 주택난과 교통난이 도시를 마비 상태에 빠뜨렸고 강과 공기가 속절없이 오염되었다. 이런 상황에서 1980년 대지진이 일어나 도심의 건물들이 숱하게 무너졌고 파르테논을 비롯한 고대 유적도 큰 손상을 입었다.

아테네 시민들의 삶은 정치적으로도 순탄치 않았다. 1967년 파파도풀로스 대령이 쿠데타를 일으켜 세웠던 군사정부가 1973년 민주화를 요구하며 시위를 벌인 아테네의 대학생들을 탱크로 짓밟는 만행을 저질렀다. 국립 고고학 박물관을 보고 나오면서 바로 오른편에 있는 국립 아테네공과대학교에 들렀다. 정부군 탱크가 담벼락을 허물고 청년들을 죽였던 현장을 보고 싶었지만 사건의 흔적은 보존되어 있지 않았고 관련 조형물도 아무렇게나 팽개쳐져 있었으며 대학 건물 외벽은 사방 캘리그래피로 얼룩져 공부하는 곳 같지가 않았다. 학생회관 앞에는 아나키스트를 자처하는 청년들이 얄궂은 옷을 입고 괴상한 퍼포먼스를 하고 있었는데, 검은 머리 여행자의 호기심 어린 질문에 귀찮다는 제스처로 시큰둥하게 응답했다.

그리스는 한국보다 먼저 민주화를 이루었다. 국립 공과대학교 학살사건 이후 심각한 민심이반에 직면한 군사정부는 파리에 망명해 있던 노정객 카라만리스를 불러들여 위기를 모면해 보려고 했다. 그런데 카라만리스는 교묘한 책략으로 정치군인들을 제압한 다음 차근차근 민주화 조처를 시행했으며, 1974년 총선에서 정치 기반을 확고히 다졌다. 그리스는 1981년 총선에서 최초의 평화적 정권 교체를 이루었으며, 그 이후에도 여러 차례 집권당을 교체하는 경험을 축적함으로써 성숙한 민주주의 사회로 나아갔다.

그러나 민주주의가 만능의 열쇠는 아니었다. 아테네는 국가 재정 위기의 그늘에서 벗어나지 못했다. 2층 버스를 타고 돌아본 오모니아 광장 뒤편 상업지구에는 셔터를 내린 건물이 드물지 않았으며 기차역을 비롯한 공공시설도 관리가 부실한 티가 역력했다.

국립 아테네 공대 학생회관 건물의 캘리그래피.
공부가 될 만한 분위기는 아니었다.

2009년 10월 그리스 정부가 막대한 재정 적자를 숨겨왔다는 사
실이 드러났다. 유럽통화동맹에 가입할 때 연간 재정 적자가 국내총
생산의 4% 수준이라고 공식 발표했지만 실제로는 그 세 배가 넘었
고, 국가 부채 규모도 공식 통계와 달리 국내총생산의 110%나 되었
던 것이다. 정부가 재정 적자를 감축하기 위해 긴축정책을 실시하고
국제 신용 평가 회사들이 국가 신용 등급을 낮추자 국채 가격과 주식
가격이 폭락했다. 격렬한 논쟁 끝에 유럽중앙은행이 금융 지원을 해
준 덕분에 급한 불은 껐지만 위기가 끝난 것은 아니었다. 그리스 국
민들은 2015년 총선에서 구제금융 재협상을 공약으로 내건 급진좌파
연합에 권력을 주었지만 좌파 정부도 국제 채권단의 요구에 따른 긴
축정책을 받아들이지 않을 수는 없었다.

한국도 1998년 외환위기를 겪었고 구제금융을 받았다. 우리 정
부는 IMF가 강요한 긴축재정 요구를 수용할 수밖에 없었지만 그것
이 불합리하다는 것을 알고 최대한 신속하게 대출금을 갚음으로써
위기에서 빠져나왔다. 일제 침탈기 국채보상운동이 그랬던 것처럼,
그 과정에서 한국 국민들은 엄청난 에너지를 분출했다. 재정 위기에
대처하는 그리스 정부와 국민의 태도와 분위기를 보면 이런 의문이
든다. '국가의 빚더미를 해체하는 일에 왜 에너지를 모으지 않는 것
일까?' 오래 두고 생각해야 할 숙제를 아테네에 와서 받아든 기분이
었다.

피레우스에서는 드라이브를

세 번째 날 낮 시간을 온전히 피레우스에서 보냈다. 피레우스에는 두 번 가보았다. 처음에는 전철을 타고 가서 도보여행을 했고, 두 번째 갔을 때는 렌터카를 썼다. 피레우스에도 역사 공간이 없지는 않지만 무엇을 보러 간 건 아니었다. 아테네에는 딱히 더 보고 싶은 데가 없어서 바닷가로 소풍을 갔을 뿐이다. 아테네 시내 여행은 대중교통으로 충분하지만 피레우스는 운전하며 다니는 게 훨씬 나았다. 아테네 도심을 벗어나면 길이 좋아 운전하기에 어려움이 없었다.

테미스토클레스의 무덤, 무너진 성벽과 돈대, 박물관 같은 곳을 보는 것도 나쁘지 않겠으나 굳이 그럴 필요는 없다. 앞서 말한 것처럼 카페리에 차를 싣고 살라미스섬을 방문하는 것도 권장할 만하다. 살라미스섬에는 산모퉁이 아래에 조용히 숨어 있는 작은 백사장이 여럿 있었다. 하얀 선베드 몇 개, 바람에 흔들리는 차양 아래 나무 탁자 두어 개를 두고 흰색 앞치마를 두른 털북숭이 남자가 소박한 음식과 음료를 내오는 카페에서 바닷바람을 마시며 아무 생각 없이 시간을 보내기도 했다. 스마트폰을 동영상 모드로 놓고 먼 곳을 바라보고 앉아 있자니 '그리스인 조르바'를 이해할 수도 있겠다는 생각이 들었다. '지금 이 순간을 즐기면 되는 것, 무얼 위해서 아직 오지도 않은 미래를 근심하며 종종걸음을 친단 말인가.'

피레우스에서는 그저 바다를 끼고 차를 몰기만 하면 되었다. 부산 수영만 요트 계류장 비슷한 곳이 숱하게 많았는데, 소형 요트가 빼곡히 정박한 곳일수록 분위기가 정겨웠다. 그런 곳에는 어김없이 오래된 타베르나(taverna, 그리스 전통음식을 파는 일반 음식점)들이 있었고, 음식 맛은 어디나 다 비슷했다. 바닷가 식당이라고 해서 해산물 요리만 하는 건 아니었다. 뒷골목에는 주로 주민들이 밥을 먹는 동네 식당이 있고, 젊은이 취향의 카페와 비스트로는 큰길가에 있었다.

피레우스에 가면 항구에서 동쪽으로 해변을 따라 드라이브를 즐겨야 한다. 지중해를 끼고 고급 호텔과 멋진 빌라, 대형 요트, 전망 좋은 카페를 구경하면서 달릴 수 있는 드라이브 코스가 아무 데나 있는 것이 아닌 만큼, 그런 기회를 놓친다면 두고두고 아까울 것이다. 피레우스 바닷가를 달리는 동안 아테네에서 느꼈던 애잔한 감정을 다 잊고 나도 몰래 탄성을 질렀다. '와아, 그리스에 부자 많네!'

피레우스의 모습은 고대와 달라졌지만 아테네와의 관계는 여전한 것 같았다. 예나 지금이나 좋은 것과 좋지 않은 것이 들어오고 나가는 아테네의 관문이라는 말이다. 고대에는 원정에 나서는 아테네 시민군이 그 항구에서 떠났고 포로와 전리품, 전사자의 시신과 부상자들도 같은 항구로 들어왔다. 난민 소녀 아스파시아도, 펠로폰네소스전쟁 때 아테네 상주인구의 1/3을 죽였던 전염병도 모두 피레우스를 거쳐 아테네에 숨어들었다.

오늘날 피레우스는 여전히 연안 여객의 중심 역할을 한다. 에게해의 섬을 오가는 관광객과 상품이 대부분 이곳을 거쳐 나고 든다. 내전을 피해 목숨을 걸고 지중해를 건넌 난민들도 피레우스에 들어오고 싶어 한다. 아무것도 하지 않고 돌아다니기만 해도 낯선 외국에 온 기분을 한껏 느낄 수 있다는 것이 피레우스 소풍의 매력이었다.

피레우스 항구는 외국여행 기분을 맛보기에 좋다.
바다가 보이는 카페라면 어디서든 멀리 떠나왔다는 것을 실감하게 된다.

아크로폴리스 야경을 즐기는 만찬

애주가들은 멀리 가서 좋은 술을 마시는 것을 여행이라고 하지만, 술을 잘하지 못하는 내게 여행은 멀리 가서 좋은 음식을 먹는 것이다. 아테네 식단의 기본인 '그릭 샐러드'는 어느 식당이나 재료가 동일했지만 맛과 가격은 차이가 컸다. 적당히 자른 토마토, 오이, 양파, 올리브, 파프리카에 염소젖으로 만든 페타 치즈를 올리고 올리브유와 와인 식초를 끼얹는데 케이퍼나 후추, 바질 잎으로 향미를 보태기도 한다. 끼니마다 먹어도 물리지 않는 게 신기했다.

아테네 음식은 향과 맛이 강하지 않아 무난하게 먹을 수 있었다. 비잔틴제국 시절부터 먹었다는 '돌마데스'는 쌀에 다진 고기를 섞어 포도잎으로 찐 쌈밥인데, 한입에 들어가는 크기여서 전채 요리나 술 안주로 삼을 만했다. 올리브유를 곁들인 오징어구이와 문어구이, 참돔과 농어구이, 청어구이는 재료 맛과 불맛의 조합이라 한국에서 먹는 것과 크게 다르지 않았다.

가장 널리 알려진 그리스 음식은 '수블라키'일 것이다. 나무 꼬치에 끼워 구운 소고기, 돼지고기, 닭고기, 양고기 토막을 둥글고 납작한 피타 빵, 감자튀김, 샐러드와 함께 먹는 이 꼬치구이는 이름만 다를 뿐 터키의 케밥과 같다. 다만 터키에서는 불에 구운 것을 무엇이든 케밥이라고 하는 반면, 아테네에서는 다진 고기로 만든 '떡갈비 꼬치구이'만 케밥이라 하고, 나머지는 모두 수블라키라고 한다는 것을 알아둘 필요는 있다. 저민 양고기를 켜켜이 쌓아 돌려가면서 불에 굽고, 바깥쪽 익은 부분을 잘라 채소와 함께 피타 빵에 넣어 먹는 '기로스'도 케밥의 일종이다.

생선 요리나 수블라키, 기로스를 먹을 때는 '차지키'를 곁들여야 제격이다. 이게 없으면 김치 없이 삼겹살을 먹는 것과 비슷하다. 양젖이나 염소젖으로 만든 농축 요구르트에 껍질과 속을 제거하고 썬 오이채, 다진 마늘, 식초, 허브를 넣고 살짝 소금 간을 한 차지키는 그냥 먹어도 좋고 피타 빵을 찍어 먹어도 괜찮았다.

'무사카'는 얇게 저민 감자를 깔고 튀긴 가지와 으깬 채소와 다진 소고기 또는 양고기를 층지게 쌓은 다음 커스터드를 올려 갈색이 되게 구워서 나온다. '예미스타'는 속을 파낸 파프리카에 소고기볶음밥을 넣고 오븐에 구운 음식이다. 파프리카 대신 속을 파낸 토마토를 쓰기도 한다. 여러 식당에서 한 번씩은 다 먹어보았는데, 괜한 돈을 썼다고 후회한 적은 없었다.

여러 차례의 영토 빼앗기 전쟁과 주민들의 대규모 상호 이주 사태를 겪었던 만큼, 그리스와 터키는 한국과 일본만큼이나 사이가 좋지 않다. 하지만 오스만제국 시대에 400년 동안 섞여 살았던 만큼 음식은 구분하기 어려울 정도로 비슷하다. 어떤 것이 어느 쪽에서 먼저 생겨서 다른 쪽으로 전파되었는지 밝혀내기도 어렵다.

술도 그랬다. 그리스 국민 술로 통하는 '우조'는 이스탄불에서 포도주 찌꺼기로 만든 재탕 와인을 증류해서 만들었지만 그리스에서는 곡물 주정으로 제조한다. 40도짜리어서 얼음을 타서 먹는 경우가 많은데 물이 섞이면 뿌옇게 변한다. 숙성할 때 향신료로 쓰는 미나리과 풀 '아니스'의 어떤 성분 때문이라고 한다. 식욕을 돋운다고 식전에 마시는데, 뭐라고 꼭 집어낼 수는 없지만 거북한 냄새가 나서 다시

포크 수블라키와 구운 칼라마리(오징어).
아테네에서 한 번은 먹게 되는 음식이다.

찾을 생각이 들지는 않았다.

아테네에서는 주로 적포도주를 마셨다. 술맛은 잘 모르지만 그리스 포도주는 가격도 저렴했고 목에서 잘 넘어갔다. 어느 식당에서나 와인 리스트에 있는 것은 다 잔으로도 주문할 수 있었고 200ml 한 잔의 가격은 한 병 값의 1/4 수준이었다.

아테네에서는 적당한 식당을 찾는 데 큰 어려움을 겪지 않았다. 점심은 플라카 거리에 즐비한 레스토랑이나 타베르나의 입구에 놓인 메뉴 사진과 가격표를 보고 골라 선택했다.

한 번은 신타그마 광장에서 플라카로 가는 이면도로를 걷다가 진열장에 초벌 구운 수블라키와 예미스타를 쌓아둔 작은 식당을 보았다. 주인장이 영어를 못 해서 손가락으로 진열장 음식을 가리켜가며 수블라키와 토마토 예미스타를 주문했다. 기회가 생긴다면 꼭 다시 와야겠다고 결심할 만큼 맛이 좋았다. 운수 좋은 날이었다.

아테네 여행의 최고 호사는 저녁밥을 먹는 시간이었다. 아크로폴리스의 동쪽과 남쪽 가파른 비탈 아래 골목에는 타베르나가 많은데, 더러는 루프탑도 있었다. 말이 루프탑이지 오래된 타베르나의 옥상에 파라솔과 식탁을 놓아둔 것뿐이다. 타베르나 주인장들은 무척 은근하게 말을 붙이면서 손님을 붙들었다. "루프탑 있어요. 파르테논이 보여." "라이브 공연 보면서 밥 먹어요." 나이 지긋한 주인장이나 직원이 속삭이듯 권하니 매정하게 뿌리치기가 어려웠다. 밥을 이미 먹었다고 하면 부드럽게 웃으며 말했다. "그럼 내일 와요."

불 밝힌 파르테논을 보며 타베르나 옥상에서 와인 잔을 기울이면 그리 대단하지 않은 술과 음식에서도 특별한 향기가 난다. 아크로폴리스 동쪽 비탈 아래의 루프탑에서는 도심 너머로 꼭대기만 조명이 들어온 리카비토스 언덕이 밤하늘에 걸린 광경도 덤으로 즐길 수 있었다. 머리카락 희끗희끗한 웨이터가 기품 있는 태도로 말끝마다 '써(Sir)!'를 붙이면서 가져다주는 음식을 두어 시간 동안 즐기는 것은 아테네 방문객이 마땅히 누려야 할 특권이 아닐까 생각한다. 저녁 내내 남자 2인조가 기타를 치면서 노래하는 타베르나도 가보았다. 화장실에 다녀오면서 10유로 한 장을 팁으로 꽂아주었더니 이따금 나와 눈을 맞추고 미소 지으며 노래를 했다.

마지막 밤, 불 밝힌 파르테논과 리카비토스 언덕 꼭대기가 보이는 식당에서 아테네를 생각했다. 철학과 과학과 민주주의가 탄생한 고대 도시, 1천500년 망각의 세월을 건너 국민국가 그리스의 수도로 부활한 아테네는 비록 기운이 떨어지고 색은 바랬지만 내면의 기품을 지니고 있었다. 남부러울 것 없었던 어제의 미소년이 세상의 모진 풍파를 겪은 끝에 주름진 얼굴을 가진 철학자가 되었다고 할까. 그 철학자는 자신이 어떤 존재인지 큰소리로 말하지 않고 오래된 양복에 가려진 기품을 알아볼 책임을 온전히 여행자에게 맡겨두고 있었다.

비행기가 아테네 공항 활주로를 이륙할 때 마지막 인사를 건넸다. "다시는 못 볼지 몰라. 하지만 '야 수(Γειά σου, 잘 있어)!'는 내키지 않아. 왠지 모르게 또 보게 될 것 같다는 예감이 들거든. 그러니 높고도 쓸쓸한 도시여, '따 레메(Τα λέμε, 또 봐)!'

아테네, 멋있게 나이 들지
못한 미소년

로마, **뜻밖의 발견을
허락하는 도시**

이스탄불, 단색에 가려진
무지개

파리, 인류 문명의
최전선

밀라노

베네치아

토리노

제노바

볼로냐

피렌체

피사

아시시

이탈리아

로마

나폴리

사르데냐

시칠리아

나의 로마 여행지

테르미니역

산타마리아 델라 빌라 안젤리 성당

산타마리아 마조레 성당

로마 국립 박물관

비미날레 언덕

공화국 광장

콜로세오

콘스탄티누스 개선문

티투스 개선문

산타마리아 인 코스메딘 성당 (진실의 입)

팔라티노 언덕

포로 로마노

캄피돌리오 광장

퀴리날레 궁전

에마누엘레 2세 기념관

스페인 계단

스페인 광장

트레비 분수

베네치아 광장

판테온

포폴로 광장

테베레 강

나보나 광장

피오리 광장

산탄젤로 성

산탄젤로 다리

테베레 강

성베드로 광장

성베드로 대성당

바티칸 박물관

로마,
뜻밖의 발견을
허락하는 도시

이탈리아 최악의 도시

피렌체, 베네치아, 밀라노, 나폴리를 비롯해 이탈리아에는 사람의 마음을 끄는 도시가 한둘이 아니다. 하지만 로마를 온전히 대신할 만한 도시는 없다.

로마는 무엇이 특별한가? 우선 예술적 기술적 수준이 높고 규모가 큰 고대 유적이 유럽의 어떤 도시도 따라오지 못할 만큼 많다. 둘째, 세상에 하나뿐인 바티칸 교황청 덕분에 중세와 르네상스 시대의 걸출한 건축물과 예술품을 품고 있다. 셋째, 19세기 후반 출현한 이탈리아 국가 수립의 역사를 들여다볼 기회를 제공한다.

서구 문명은 도시국가 아테네에서 '빅뱅'을 일으켰고 로마제국에서 '가속 팽창'을 했다. 로마는 서구 문명의 가속 팽창 흔적을 지닌 도시답게, 고대부터 현대까지 문명의 발전 양상을 압축해 보여준다. 단한 번 여행으로 로마의 모든 것을 보겠다는 욕심은 처음부터 갖지 않았다. 며칠 동안 부지런히 발품을 팔았지만, 도시의 윤곽을 어렴풋이나마 가늠해보면서 반드시 가보고 싶었던 공간 몇 군데를 밟아본 게 고작이었다. 그렇지만 로마도 하나의 도시일 뿐이다. 로마에 가서 이탈리아를 보았다고 생각한다면 아주 큰 착각이다. 이탈리아는 엄청난 다양성을 지닌 나라여서 어떤 도시도 혼자서는 이탈리아를 대표하지 못한다. 알프스에서 지중해 한가운데로 장화처럼 뻗어 나온 이탈리아반도는 면적의 75%가 비탈진 산과 언덕이다. 한반도의 백두대간처럼 이탈리아반도에는 아펜니노산맥이라는 등뼈가 있으며, 한반도의 1.5배인 30만 제곱킬로미터의 국토에 6천만 명이 산다.

프랑스, 스위스와 국경을 맞대고 있는 북부 지방과 로마를 포함한 중부 지방, 3면을 지중해가 둘러싸고 있는 남부 지방, 사르데냐와 시칠리아를 비롯한 섬들은 기후와 지형, 역사, 산업, 언어, 문화 등 모든 면에서 서로 다르다. 국민 대다수가 가톨릭 신도이며 이탈리아 말을 한다는 것 말고는 무슨 공통점이 있는지 의심스럽다고 하는 사람도 있다.

치안이 불안하고 쓰레기가 굴러다니는 최악의 도시라는 로마의 오명은 이미 오래되었다. 눈 뜬 사람 코 베듯 지갑과 물건을 털어간다는 소매치기와 집시에 대한 풍문도 무성해서 우리는 잔뜩 긴장한 채 로마에 입성했다. 로마는 주택난과 교통난, 환경오염 등 심각한 문제를 안고 있다. 무엇이 문제인지 알면서도 시 정부는 만성적인 부채에 시달리고 있어서 뾰족한 해결책을 내놓지 못한다. 그렇지만 로마 시민과 공무원들이 특별히 무능해서 그런 건 아니다. 국가 수립 이후 짧은 기간에 너무 많은 사람이 몰려든 탓에 속수무책으로 당하게 된 것뿐이다.

로마 시민들이 잠시 희망을 가졌던 적이 있다. 신생 정당 '오성

운동(Movimento 5 Stelle)' 후보였던 삼십 대 변호사 비르지니아 라지가 쓰레기 수거 문제 해결과 대중교통 개선을 핵심 공약으로 내세워 로마 최초의 여성 시장이 되었을 때였다. 오성운동은 유명한 배우의 SNS를 출발점으로 삼아 2009년 탄생한 모바일 기반 정당이었는데, 라지 시장은 목숨을 걸었다는 말이 돌 정도로 열심히 쓰레기를 수거하고 거리를 청소했다. 그러나 처우 개선을 요구하는 청소노동자들의 파업과 대형 쓰레기 처리장의 화재 사건, 도로 땅 꺼짐 현상 등 악재가 연이어 터지면서 로마의 도시환경은 얼마 지나지 않아 예전 상태로 돌아가 버렸다.

로마뿐만 아니라 이탈리아 전체가 경제적·정치적으로 어려운 상황에 있다. 얼마 전 세계은행 통계를 보니 이탈리아의 1인당 국민소득 순위는 대한민국 바로 앞이었는데 격차는 미미했다. 기계, 자동차, 화학, 섬유, 의류, 신발 등의 제조업이 발전했고 올리브, 포도주, 토마토를 비롯한 농업, 농산품 가공업, 관광산업을 포함한 서비스업이 중심을 이루는 이탈리아 국민경제는 국가 채무가 많고 경제 성장률이 낮아서 전망이 그리 밝지 않다.

이탈리아는 부정부패로도 악명이 높다. 1992년 검찰이 사회당 경리국장의 집을 수색해 뭉칫돈을 압수하면서 불붙었던 '마니 풀리테(mani pulite, 깨끗한 손)' 운동은 부패에 넌더리가 난 국민들의 열광적 환영을 받았다. 그러나 무려 1천여 명의 정치인과 기업인을 구속하고 현직 총리를 내쫓았으며 여러 기성 정당을 무너뜨린 이 운동 역시 마피아가 기자와 판사들에게 폭탄 테러를 퍼붓자 크게 위축되었으며, 결국 새로운 우파 정당을 급조한 재벌 정치인 베를루스코니에게 정

스페인계단 윗길을 따라 포폴로 광장으로 가다가 본 주택가 풍경.
콜로세오나 성베드로 대성당보다 아름다웠다. 내가 보기엔.

권을 넘기는 역설적 결과를 낳고 흐지부지 끝나고 말았다.

이탈리아 사람들을 흉보려는 게 아니다. 로마를 여행할 때 로마와 이탈리아의 정치·경제적 상황에 관한 기초 정보를 미리 알아둘 필요가 있기에 하는 말이다. 서로마제국이 무너진 후 로마는 평범한 도시가 되었고 이탈리아반도의 주민들은 도시의 자유민이나 왕국의 신민으로 살았으며 민족적 일체감 같은 것은 존재하지 않았다. 무려 1천500년 동안 프랑스, 스페인, 오스트리아, 독일 등 주변 강대국의 간섭과 지배를 받았던 이탈리아 사람들은 나폴레옹의 군대가 반도를 점령했을 때 잠깐 강제적인 통합을 경험했고, 민족주의 열풍이 유럽 전역을 휩쓴 19세기에 이르러 반세기 동안 리소르지멘토(Risorgimento, 통합)운동을 벌인 끝에 가까스로 반도와 섬을 모두 통합한 이탈리아왕국을 세웠다.

인구 300만의 거대 도시 로마는 이탈리아 통일의 산물이다. 성벽을 둘러쳤던 고대 로마는 현재 도시 면적의 5%도 되지 않았다. 산업화와 도시화가 진행되는 동안 이탈리아 인구는 남에서 북으로, 동에서 서로 이동했고 수도 로마는 인구 이동의 직격탄을 맞았다. 정치와 행정의 중심이지만 관광업을 빼면 이렇다 할 산업이 없기에 전국에서 가장 지저분하고 빚이 많은 도시가 되고 말았다.

왕국 수립 이후 100년 동안 무려 2천500만 명의 이탈리아 국민이 나라를 떠났다. 처음에는 대서양을 건너 미국과 남미, 호주 등 소위 '신대륙'으로 건너갔고, 신대륙의 이민 규제가 심해진 제2차 세계대전 이후에는 프랑스, 독일, 스위스를 비롯한 인접 국가로 퍼져나갔다. 세계 어느 도시에나 피자와 파스타를 파는 식당이 있고 할리우드 영화에 이탈리아계 갱단이 흔히 출몰한 데는 그런 사정이 있다.

신생국 이탈리아는 연합국에 가담한 덕에 제1차 세계대전을 그
런대로 잘 겪어냈지만 제2차 세계대전 때는 현대 파시즘의 원조로
알려진 독재자 무솔리니가 히틀러와 손잡았다가 패전국이 되었다.
그러나 1946년 왕정을 폐지하고 공화국으로 전환한 이후 지역 안보
체제인 북대서양조약기구(NATO)와 유럽연합의 전신 유럽공동체(EC)
를 창립하는 데 기여함으로써 유럽 통합의 주역이 되었다.

팔라티노 언덕에서 황제의 시선으로

로마 공항 터미널 로비의 안내센터 직원은 여행자들이 옹기종기 모
여선 곳을 가리키며 미니버스를 타라고 영업했지만 예약한 숙소가
테르미니역 근처여서 못 알아들은 척하고 지나쳤다. '레오나르도 익
스프레스' 기차를 타니 도심 한복판 테르미니역까지 40분도 채 걸리
지 않았다. 그런데 공항 터미널 내부 이정표를 잘못 만들어둔 탓에 생
각 없이 따라갔다가 무거운 가방을 끌고 인도 턱이 있는 찻길을 세
번이나 건넜다. 열차에 오르고 나서 용서를 빌었다. '로마여, 내가 그
대를 너무 쉽게 생각했나 봅니다. 이제부터 조심하겠소!'

어둠이 덮인 테르미니역 광장에서 주변을 둘러보니, 무엇인지는
알 수 없지만 고대와 중세의 것임은 확실한 건물들이 여기저기 커다
란 몸을 웅크리고 있었다. 로마는 아테네와 달랐다. 첫 만남에서부터
곧바로 존재감을 확실하게 내뿜었다. 다음 날 아침 호텔을 나서면서

3일짜리 로마패스를 구매했다. 걸어서 다니기에 그 도시는 너무 컸다. 이틀 넘게 머문다면 모든 대중교통 수단을 이용할 수 있고 입장료 할인 혜택도 따라오는 로마패스를 사는 게 무조건 이익이었다.

어떤 순서로 무엇을 보아야 할지, 로마 여행에 정답은 없다. 그러나 콜로세오를 비롯한 고대 유적과 가톨릭 교황청이 있는 바티칸처럼 오직 로마에만 있는 것은 되도록 빠뜨리지 않으려고 애썼다. 도시 전체에 널린 르네상스 시대 이후의 건물과 광장, 미술관, 박물관, 기념관들은 마음이 끌리는 곳을 골라서 다녔다. 어차피 다 볼 수 없고, 비슷한 것은 다른 도시에도 많으니까.

고대 유적 구경은 콜로세오에서 시작했다. 아테네의 슈퍼스타가 파르테논이라면 로마의 슈퍼스타는 콜로세오다. 지중해의 가을 하늘은 눈이 시릴 만큼 푸르렀지만, 지하철 B선 콜로세오역 근처를 바삐 오가는 직장인과 학생들은 아무도 하늘을 올려다보지 않았다. 내게는 여행지였지만 그들에게는 숨 가쁜 하루를 여는 생활의 터전이었다. 괜히 미안한 마음이 들어 되도록 조용히 걸음을 옮겼다.

콜로세오를 본 다음 콘스탄티누스 개선문 앞을 지나 황궁 터가 있는 팔라티노 언덕에 올랐다. 거기서 동쪽으로 내려와 포로 로마노(Foro Romano, 로마 포럼)를 거쳐 카피톨리노 언덕 위까지 대강 보는 데 반나절이 걸렸다. 꼼꼼히 보았다면 하루를 다 써도 모자랐을 것이다.

그렇지만 이야기는 팔라티노 언덕에서 시작한다. 여기서 보면 고대 로마 도심의 공간 구조를 명료하게 이해할 수 있기 때문이다. 종일 인산인해인 콜로세오나 포로 로마노와 달리 팔라티노의 황궁 터는 고즈넉하고 쾌적했다. 언덕을 오르는 비탈에 설치미술 작품 하나

가 서 있었다. 'Death of the Monument(기념비의 죽음).'

바로 검색해 보니 2009년 세운 마르코 루리치의 작품이었다. 그가 같은 제목으로 낸 책도 있었다. 나는 낯선 도시를 여행하다가 전혀 몰랐던 대상과 마주치면 관련 정보를 검색하고, 그게 무엇이며 왜 거기 있는지 추리해본다. 검색엔진 덕분에 할 수 있는 이 게임, 해보면 생각보다 재미있다. 마르코 루리치는 빈에서 태어나 응용미술을 공부했는데, 부모는 보스니아와 크로아티아 출신 이주노동자였다. 이 두 나라는 요십 브로즈 티토가 사망한 이후 사회주의국가였던 유고연방이 심각한 내전과 정치적 우여곡절 끝에 여러 나라로 쪼개질 때 독립국이 되었다. 루리치는 동유럽 현대사를 비판적으로 조명하는 작품을 여럿 발표했는데, 2018년 부산 비엔날레에 출품한 〈개선된 파르티잔 기념비〉도 그런 것이었다. 내 느낌엔 루리치가 이렇게 말하는 듯했다. "역사 유적을 민족주의를 비롯한 특정 이념이나 이데올로기를 부추기는 데 쓰지 말자!" 그가 정말 그런 말을 하고 싶었는지 여부는 모른다. 예술작품을 해석할 권리는 보는 사람에게도 있으니, 그게 아니면 또 어떤가.

황궁은 기둥과 벽채만 일부 남아 있어서 대단한 볼거리라고 할 수는 없지만 고대 로마를 보려면 반드시 가야 할 곳이었다. 로마는 테베레강 동편 언덕 6개가 둘러싼 분지에 들어섰는데, 팔라티노 언덕은 저 혼자 분지 한가운데에 솟아 있다.

신화에 따르면 로마를 건국한 로물루스는 트로이 망명객 아이네아스 장군의 후손이었다. 아이네아스는 아가멤논이 이끈 그리스 연합군에게 패한 후 세상을 떠돌다가 테베레강 강가의 라틴족을 규합

고대의 폐허와 현대의 설치미술을 융합한
로마 문화행정 담당자들의 예술적 감각에 찬사를!

해 에트루리아왕국과 싸운 끝에 왕이 되었는데, 수백 년 후 그 자손인 쌍둥이 형제가 권력 투쟁의 소용돌이에 휘말려 강에 버려졌다. 늑대 젖을 먹으며 살아남은 형제는 골육상쟁의 내전을 벌이게 되었고, 결국 형 로물루스가 동생 레무스를 죽인 다음 팔라티노 언덕에서 왕국을 세웠다. 친족 살인으로 얼룩진 이 건국 신화는 팔라티노 언덕이 오래전부터 권력자의 주거지였다는 사실을 전해준다.

무너진 황궁의 테라스에서 2천 년 전 황제의 시선으로 도시를 살폈다. 동쪽에는 거대한 콜로세오와 개선문 2개가 있었고, 남쪽으로 큰길을 따라 시선을 옮기자 팔라티노보다 더 긴 타원형 대전차 경기장 터가 보였다. 언덕의 동편 비탈 아래서 북쪽으로 완만한 오르막을 이루는 저지대에는 부서지고 퇴락한 고대 건축물이 즐비했다. '포로 로마노'라고 하는 이 구역은 에마누엘레 2세 기념관이 높이 솟은 카피톨리노 언덕에서 끝났다. 곳곳에 키 큰 소나무들이 둥글게 뭉쳐진 초록색 가지와 잎을 모자처럼 얹고 있었다. 로마는 사람만 잘생긴 게 아니다. 소나무도 멀쑥하게 잘났다.

황궁 테라스에서 본 주변 공간은 정치, 군사, 종교, 오락, 미디어 복합단지였다. 고대 로마의 뇌수와 심장이었던 이곳은 제국의 힘과 황제의 권력이 얼마나 컸으며, 당시 로마 시민들을 사로잡았던 욕망과 감정이 무엇이었는지 말해 주었다. 이 복합단지를 현대의 과학기술과 산업, 생활방식과 미디어 환경에 맞게 바꾸어 서울 땅에 재현해 보았다. 맘대로 상상한 것이니 재미 삼아 듣기 바란다.

먼저 북악산 아래 청와대 자리에 넓은 테라스가 있는 왕궁을 짓

끝없는 권력투쟁과 정복전쟁, 지진, 화재, 전염병 때문에 편한 날이 없었던 황제들에게
이 정원은 잠시나마 안온함을 느끼게 해주었을 것 같다.

고 경복궁 자리에는 재벌 회장들의 호화주택과 최고위 공직자들의 관저를 들여놓는다. 광화문광장을 군사 퍼레이드를 할 수 있는 큰길로 바꾸고 화려하게 꾸민 대형 아치를 세운다.

월드컵경기장을 서울광장 일대로 옮기고 서촌과 북촌 한옥지구에 각종 격투기와 실내 구기 종목 시합을 하는 체육관을 짓는다. 사직터널에서 서대문 일대를 아우르는 지역에 F1 자동차 경기장을 만들고 인사동에서 대학로 사이에 방송국과 극장, 공연장이 밀집한 미디어 시티를 짓는다. 총리공관이 있는 삼청동 방면 오르막에는 사찰, 교회, 성당 등 한국인이 저마다 믿는 신을 숭배하는 종교시설을 들여놓는다. 지하에 대규모 주차장을 만들고 서울 전역으로 연결되는 버스와 지하철 노선을 운영한다.

2천 년 전 황제는 이런 복합단지를 내려다보는 팔라티노 언덕에서 제국을 다스렸다. 로마군단은 잔혹한 정복전쟁의 전리품과 포로를 앞세우고 개선문을 지나 황궁 아래 큰길을 행진했다. 공화정 시대 정치인들은 포로 로마노에서 연설했고, 시민들은 신전에 제물을 바치며 행운과 복을 빌었다. 휴일에는 수만 명이 대전차 경기장과 콜로세오 객석에서 미친 듯 환호성을 질렀다. 그곳에서 시민들은 중요한 정치·사회적 변화에 관한 정보를 얻고 소문을 퍼뜨렸으며, 귀족들은 어둠이 내린 대저택에서 토할 때까지 산해진미를 먹거나 황제를 암살하기 위한 책략을 꾸몄다. 황제와 귀족과 시민들이 그렇게 살아가는 데 필요한 모든 수고는 전쟁포로로 잡혀 오거나 빚에 눌려 노예가 된 사람들이 처리했다. 고대 로마는 그런 도시였다.

과시욕의 아이콘, 콜로세오와 개선문

돌과 콘크리트로 지은 로마제국 최대의 공공 건축물 콜로세오는 황제의 권력만이 아니라 제국의 힘과 당대의 건축 기술을 집약해 보여준다. 콜로세오 이전의 공연장은 아테네의 디오니소스 극장이나 헤로데스 아티쿠스 극장처럼 경사진 터에 객석을 만들고 아래에 무대를 설치한 반원형 야외 극장이었다.

콜로세오는 그런 극장과는 차원이 다르다. 단순히 반원형 극장 둘을 맞붙인 게 아니라 3층 객석이 있는 타원형 건물을 평지에 세웠다. 엄청난 비용과 수준 높은 건축 기술이 들어갔다.

로마의 건축 기술자들은 중력을 이용해 중력에 맞섰다. 콜로세오의 외부 경계선을 따라 땅을 깊이 파고 거대한 돌덩이를 심은 다음, 그 위에 벽돌을 쌓는 방식으로 공연장 외벽을 올렸다. 아치형 벽을 3단으로 쌓아 벽돌의 하중을 분산하고 기둥은 도리아, 이오니아, 코린트식으로 층마다 다르게 멋을 냈다. 수만 명의 관중이 짧은 시간에 드나들 수 있도록 관중석 계단 사이에 방사형 통로를 만들었다. 통로와 천장은 자갈과 석회석을 혼합한 콘크리트를 썼고, 바깥벽 꼭대기에 설치한 나무 기둥에 천막을 늘어뜨려 태양을 가렸다.

콜로세오는 경기장이 아니라 공연장이었다. 여기서는 사람이 짐승과 싸웠고 검투사들끼리 피가 튀는 대결을 벌였으며, 점심 휴식 시간에는 죄수를 맹수에게 던져주는 이벤트도 했다. 이런 것은 '경기'가 아니라 '공연'이라고 하는 게 맞다.

콜로세오는 또한 극장이었다. 해전 장면을 연출할 때는 공연장 바닥의 십자 모양 연못에 물을 채워 수상 무대를 만들었다. 검투사와 맹수, 배우들이 등장하는 순간이 더 극적으로 보이도록 객석 아래 지하에 대기실과 통로를 설치했다. 지금도 발굴 작업을 계속하고 있어서 지하에서 3층 객석까지 건물의 구조가 상세하게 드러나고 있다.

이 공연장에서 기독교도를 맹수의 먹이로 던졌다는 이야기는 사실이 아닐 가능성이 높다. 기독교를 공인하기 전까지 로마제국이 기독교도를 참혹하게 박해한 것은 맞다. 점심 휴식 시간 이벤트로 맹수에게 던져진 죄수 중 일부가 기독교도였을 수 있다. 그러나 기독교도라는 이유로 사람을 죽인 처형장은 따로 있었다.

콜로세오에서 포로 로마노 가는 쪽에 티투스 개선문이 있다. 로마제국의 제10대 황제인 티투스는 콜로세오를 만든 인물이니 거기에 그 개선문이 있는 것은 자연스러운 일이다.

티투스는 최고의 행운과 최악의 불운을 모두 겪은 황제였다. 그가 유대 민족주의자들의 반란을 진압하러 예루살렘으로 간 아버지 베스파시아누스 장군과 함께 전쟁터에 있었던 68년, 로마제국의 '대표 폭군' 네로 황제가 헤어날 길 없는 정치적 위기에 몰린 끝에 자살했다. 황제 자리를 놓고 야심가들이 벌였던 살벌한 내전은 전쟁터에 나가 있던 베스파시아누스 장군의 황제 추대로 결말이 났다.

총사령관 자리를 물려받은 티투스는 난공불락이라던 성벽을 무너뜨리고 예루살렘을 점령했으며, 유대 성전에서 약탈한 보물과 수만 명의 포로를 앞세우고 로마에 들어왔다. 티투스 개선문의 부조에는 그 개선 장면이 새겨져 있는데, 유대인 포로를 콜로세오 건설 공

사에 투입하고 일부 포로와 약탈한 보물을 팔아 공사비를 조달했다는 사실을 떠올리니 기분이 좋지 않았다. 내가 유대인이라면 이 개선문에는 눈길조차 주지 않을 것이다. 그가 그다지 행복한 인생을 살지는 못했다는 것이 조금 위로가 되기는 했다.

79년 제위에 올랐던 티투스 황제는 성격이 온화하고 정적에게 관대했으며 여론을 존중했기 때문에 인기가 있었지만 4년밖에 되지 않았던 재위 기간 내내 끝도 없이 찾아온 재난과 싸우다 지치고 병들어 죽었다. 즉위 직후 베수비오 화산이 터져 폼페이 일대가 통째로 파묻혔고, 다음 해에는 로마에 큰불이 났으며, 곧이어 들이닥친 페스트에 사람이 헤아릴 수 없이 죽어 나갔다. 화산 폭발 피해를 복구하고 페스트의 확산을 막는 한편 불타버린 로마를 재건하는 와중에 네로의 황궁 연못 자리에 콜로세오까지 지었으니, 로마제국 최강의 '토건 황제'라고 해도 지나치지는 않을 것이다.

콜로세오는 로마 정치체제 변화의 결과이며 상징이었다. 공화정 시대에 시민들은 포로 로마노에서 정치인들의 격정적인 연설을 들으며 자신을 대표할 공직자를 선출하고 국가 중대사를 결정하는 민회에 참여했다. 그러나 제정시대에는 모든 것을 황제와 소수의 권력자에게 맡겨둔 채, 콜로세오의 잔혹한 검투를 보며 미친 듯이 소리 지르다가 패배한 검투사에게 자비를 베풀 것인지 여부를 두고 엄지손가락을 올리거나 내리는 관객으로 살았다. 정치체제의 변화가 시민들의 일상생활을 근본적으로 달라지게 만든 것이다.

콜로세오 외벽이 절반 넘게 부서진 것이 외부 침략 때문만은 아니었다. 거대한 돌과 흙벽돌로 지은 콜로세오를 파괴하려면 건설하는 데 투입한 것과 맞먹는 에너지가 필요한데, 19세기 중반 알프레드 노벨이 다이너마이트를 발명하기 전까지는 콜로세오 외벽을 허물 정도로 강력한 물리적 수단이 존재하지 않았다. 콘스탄티누스 황제가 검투 경기를 폐지한 후 비어 있던 콜로세오는 로마제국 말기에 지진으로 크게 흔들렸다. 귀족들은 떨어져 나온 돌을 가져다 집을 짓거나 도로를 만드는 데 썼다.

하지만 그 정도로 콜로세오 외벽이 지금처럼 훼손되지는 않았다. 콜로세오 외벽을 부순 주역은 나폴레옹 시대의 프랑스 군인들이었다. 19세기 초 로마를 점령한 그들은 로마인들이 석재를 연결하기 위해 썼던 납을 수거해 총알을 만들려고 외벽을 마구 허물었다.

콜로세오를 떠나면서 팔라티노 쪽에 있는 콘스탄티누스 개선문을 잠깐 살펴보았다. 콜로세오와는 별 관계가 없는 이 개선문이 멀쩡한 상태로 남은 것은 콘스탄티누스 황제의 명성 덕분이었으리라. 4세기 초 여러 공동 황제와 부황제의 대립과 다툼으로 정치적 혼돈에 빠져 있던 로마를 힘으로 평정하고 단독으로 제국을 통치했던 그는 로마제국 최초의 기독교도 황제였다.

그는 그냥 예수를 믿기만 한 게 아니었다. 전임자들이 몰수했던 교회의 재산을 돌려주었고 지금의 가톨릭 교황에 해당하는 로마 주교에게 궁전을 기부했으며, 새 수도로 정한 콘스탄티노플 황궁 바로 앞에 '하기아 소피아'라는 소박한 교회도 지었다. 그가 아니었다면 기독교는 수많은 소수 종교 가운데 하나로 남았을지도 모른다. 내전을 평정한 직후에 세운 이 개선문 상단의 부조는 다른 황제들의 기념비

콘스탄티누스 개선문의 부조보다는 총을 들고 선 군인들이 시선을 끌었다.
로마는 소나무도 사람도 다 잘생긴 도시다.

에서 돌을 떼어와 만든 것이라 예술적 평가의 대상은 되지 못했다.

콘스탄티누스 개선문 주변에 기관단총을 든 군인들과 무장 차량이 있었다. 개선문 경호를 목적으로 그들이 거기에 있었던 건 물론 아니다. 유럽 여러 곳에서 끔찍한 살상행위를 저지른 극단주의 이슬람 무장단체 IS(Islamic State)의 테러를 막기 위한 조처였다. 그들 덕분에 집시와 소매치기에 대한 이야기가 헛소문으로 느껴질 만큼 콜로세오 일대는 질서정연했다. 게다가 군복을 입고 총을 든 이탈리아 청년들은 다들 영화배우가 아닌가 싶을 만큼 미남이었다. 기념 촬영을 청하고 싶었지만 그렇게 하는 이가 없기에 참고 지나쳤다.

포로 로마노의 폐허 산책

팔라티노 황궁의 정원을 거쳐 티투스 개선문이 보이는 동쪽으로 계단을 내려오자 에마누엘레 2세 기념관이 높이 솟은 북쪽 카피톨리노 언덕을 향해 포로 로마노가 펼쳐졌다.

포로 로마노는 라틴어로 '포룸 로마눔', 영어로는 '로마 포럼'이다. 유럽 언어에는 라틴어에서 파생한 단어가 많은데, 이탈리아어는 라틴어의 여러 자손 언어 가운데 하나여서 더 그렇다. 로마의 고유명사는 이탈리아어, 라틴어, 영어 표기법이 다 있지만 이 책에선 로마를 돌아다닐 때 알아두면 편리한 이탈리아어 표기를 사용한다. 그래서 원형 공연장을 '콜로세움'이 아니라 '콜로세오'라고 한 것이다.

포로 로마노는 아테네의 아크로폴리스와 아고라, 플라카지구를 모두 합친 것 같은 종교, 정치, 경제활동의 무대로서 공화정 시대에는 가장 번화한 상업지구이자 정치적 공론장이었지만 지금은 부서진 건축물 잔해를 모아둔 고물상 야적장을 연상하게 한다. 인류가 반복해서 저질렀던 문명 파괴의 현장이라고 해도 좋을 것이다. 그러나 공화정 시기 로마 역사를 품고 있는 공간은 여기 말고는 찾기 어렵다.

3천 년 전 이탈리아반도 중부지역에는 에트루리아인이 독립 문명을 이루고 살았다. 그들은 언덕에 집을 짓고 저지대에는 시신을 매장했다. 그때 여러 부족 집단이 이탈리아반도로 이주해 와서 에트루리아인과 대립했는데, 라틴어를 쓰는 부족 하나가 B.C.8세기경 테베레강 동쪽 언덕에 작은 왕국을 세웠다.

라틴인들은 에트루리아인의 묘지가 있던 저지대에 흙을 채우고 배수로를 냈으며 바닥에 돌을 깔아 시장을 만들었다. 종교시설과 행정기관, 사법기관이 들어오자 그 저지대는 도시의 경제·정치·문화의 중심이 되었다. 포로 로마노가 탄생한 것이다. 로마가 공화정을 실시한 때 이곳에서 정치인들은 연설로 시민들의 마음을 샀고, 장군들은 개선 행사를 열었으며, 시민들의 축제를 했다.

포로 로마노 구경은 폐허 산책과 비슷했다. 그곳의 건축물들은 저마다 흥미로운 신화와 역사를 품고 있다지만, 우리 눈에는 다 그게 그거 같아 보였다.

집터가 축구장 만했다는 '막센티우스 바실리카'는 커다란 아치형 천장만 남아 있었다. 천장을 덮었던 도금 타일은 성당 지붕 건축자재로 뜯겨나갔다고 한다. 불의 여신을 모신 '베스타 신전'은 돋보이게 고물상의 야적장 같은 포로 로마노.
세상 그 무엇도 영원히 지속되지 않음을 거듭 생각하게 만든다.

아름다웠다지만 기둥 몇 개와 벽채 일부만 남아 있어서 실감할 수 없었다. 2세기 중반 안토니우스 황제가 아내를 위해 세운 사원과 4세기 초 막센티우스 황제가 만든 '로물루스 신전'은 그나마 원래 형태를 짐작할 수 있었지만, 서고트족이 파괴한 공공건물 '에밀리아의 바실리카'는 불탄 흔적만 남아 있었다. 농사의 신을 모신 '사투르누스 신전', 법원이 있던 '바실리카 율리아', '카이사르 신전', 제우스신의 쌍둥이 자녀 카스토르와 폴룩스를 모신 신전도 모두 무너졌다.

공화정 시대 최고 권력기관이었던 원로원 건물은 그리 화려하지 않은 외관을 어느 정도 간직하고 있었지만, 카이사르가 최후를 맞았던 앞마당은 완전한 폐허였다.

로마 역사에서 가장 유명한 인물은 카이사르(Gaius Julius Caesar)일 것이다. 그러나 로마에는 그를 떠올리게 하는 공간이 거의 없다. 그나마 그가 잠시라도 머물렀을 원로원 건물이 보이기에 잠시 걸음을 멈추었다. 카이사르는 B.C.1세기 중반 아주 잠깐 최고 권력자로 등극했을 뿐 황제가 되지는 못했다. 하지만 로마의 정치체제를 공화정에서 제정으로 바꾸는 데 결정적인 역할을 했기 때문에 그의 이름은 제국의 황제 또는 강대한 국가의 절대 권력자를 가리키는 보통명사가 되었다. 캐사르, 카이저, 시저, 차르 등은 표기법과 발음이 다르지만 모두 카이사르에서 나온 말이다.

로마신화가 그리스신화의 복제품인 데서 알 수 있듯, 로마는 여러 면에서 그리스의 영향을 받았다. 정치체제도 그랬다. 왕정에서 시작하여 B.C.6세기에 공화정으로 바뀌었고, 아우구스투스 황제가 즉위한 B.C.27년 제정으로 넘어갔다. 500년 동안 지속되었던 로마의 공화정은 권력자의 선출, 권력의 분산, 분산된 권력의 상호 견제 장치를 보유하고 있어서 현대의 민주정과 닮아 보이지만 실체는 왕정과 귀족정, 민주정을 절충한 혼합체제였다.

최고 정무관 콘술(consul)은 왕정의 유산이었다. 1년 임기의 콘술 2명이 행정부를 이끌고 군을 지휘했는데, 비상사태가 생기면 한 사람이 6개월 동안 독재관(dictator)이 되어 단독으로 통치했다. 귀족 출신 전직 정무관 300여 명으로 구성한 원로원(senatus)은 귀족정의 전통을 반영했고, 시민대표를 뽑는 민회(comitia)는 민주정의 요소였다. 콘술은 최고 권력자였지만 원로원의 자문과 민회 의결을 거쳐야 고위 공무원인 정무관 임명, 법률 제정, 조세 징수, 선전포고 같은 중대 안건을 처리할 수 있었다.

공화정은 왕이나 소수 귀족의 자의적 통치를 능가하는 경쟁력이 있었다. 로마는 강력한 군사력으로 끝없이 영토를 확장함으로써 부와 사람을 끌어모았다. 인구가 늘고 부가 쌓이면 행정조직이 커지기 마련이다. 로마 정부는 현대의 도시 관리자들이 고민하는 모든 과제를 떠안게 되었다. 원활한 식량 수급을 위한 상주인구와 재산 현황 파악, 예산 관리, 도로와 수로를 비롯한 도시의 기반시설 확충, 치안과 소방안전 확보, 공중위생 관리, 민사 분쟁 해결과 형사범 처벌을 위한 사법제도 정비, 외국인 출입국 관리 등의 다양한 과제를 수행하기 위해 로마 정부는 행정조식을 키우고 공무원을 확충했다. 그런데 국가조직의 힘이 커지자 공화정의 발밑이 흔들리기 시작했다.

로마 공화정의 상이한 세 요소 사이의 경쟁과 갈등은 갈수록 격화했다. 공화정 초기의 권력 중심은 원로원이었지만 정무관들이 민회를 이용해 차츰 권력을 키웠다. 민회는 여러 종류가 있었는데, 권한과 구성 방식이 저마다 달랐다. 가장 강력한 것은 군인 민회였지만, 부족을 기반으로 한 민회와 지역 단위 민회, 평민들의 민회도 제각기 일정한 힘을 행사했다.

로마의 민회는 추첨으로 배심원을 정했던 아테네와 달리 대표들이 투표하는 대의제 민회였다. 군대의 최소 편재 단위인 백인대(百人隊, 100명으로 구성된 부대)를 기초로 구성한 민회는 콘술과 고위급 정무관 선출, 법률 제정, 선전포고와 군사동맹 등 가장 중요한 안건을 의결했다. 지역 평민 대표의 민회는 호민관을 선출하고 일부 법률을 제정할 권한이 있었다.

귀족과 부자들이 토지를 독점한 가운데 제대군인과 빈민층이 늘어나자 원로원과 민회는 격렬하게 대립하게 되었다. 민회는 토지 독점을 완화하는 개혁과 식량 배급의 확충, 부채 탕감 조처, 제대군인에 대한 합당한 보상을 요구했다. 그러나 원로원의 귀족들은 사유재산 불가침이라는 원칙을 내세워 모든 요구를 거부했다. 평민회의 호민관으로서 토지개혁을 추진했던 그라쿠스 형제가 살해당하는 등 갈등은 정점을 향해 치달았지만, 기득권 집단인 원로원이 개혁을 가로막았기 때문에 기존 공화정 체제로는 문제를 해결할 수 없었다. 제정으로 넘어가는 데 필요한 심리적 토대가 만들어진 것이다.

로마의 부는 거의 전부 약탈한 것이었다. 그렇지만 부를 약탈하고 지배력을 유지하는 방법이 달랐기 때문에 로마의 패권은 아테네보다 훨씬 오래 지속되었다.

로마군단의 전투 대형은 아테네 중장보병과 비슷했지만 군대를 활용하는 방식은 완전히 달랐다. 점령지를 일시적으로 약탈하고 돌아왔던 아테네군과 달리 로마군단은 점령지에 장기 주둔하면서 도시를 건설하고 조세를 징수했다. 로마 정부는 총독을 파견해 점령지를 다스렸고, 점령지와 로마를 직선도로로 연결함으로써 반란을 신속하게 진압하는 데 필요한 물류 인프라를 구축했다.

로마군단은 방패와 창과 양날 단검으로 무장한 100명 단위의 백인대, 백인대 여섯을 모은 대대, 10개 대대를 유기적으로 편재한 군단을 핵심 전력으로 삼고 투석병과 보급병 등 지원부대를 결합한 구조였는데 백인대장은 노련한 병사가, 대대장은 선출 지휘관이, 군단장은 전직 고위급 정치인이 맡았다. 전성기에 25개 군단 30만 명이나 되었던 군인들은 월급을 받으면서 20년 정도 복무했고 제대할 때는 퇴직금을 받았다.

황제가 되지 못한 황제, 카이사르

카이사르는 귀족 가문 출신의 지식인이자 걸출한 군인이었다. 독재자 술라의 미움을 산 탓에 아시아 주둔 부대에 숨어 지내는가 하면 그리스로 가는 길에 해적한테 붙잡혔다가 몸값을 내고 목숨을 건지는 등 스무 살도 되기 전에 여러 차례 생사의 위기를 겪었다.

로마에서 군 장교로 활동을 시작한 카이사르는 스페인 근무를 마치고 돌아온 B.C.65년 재무관이 되었으며 로마의 유명한 정치인 아내들과 어울리면서 숱한 스캔들을 뿌렸다. 스페인 서부지역 총독 시

절 포르투갈 일대를 평정해 이름을 떨친 다음 B.C.59년 로마로 귀환
해 집정관이 되었는데, 이때 나이가 마흔한 살이었다.

카이사르는 정치적 술수도 뛰어났다. 지중해 해적을 소탕한 폼
페이우스, 로마의 최고 갑부 크라수스와 손잡고 '삼두정치'를 했는데,
폼페이우스한테는 군인 표를 받았고 크라수스에게서는 정치자금을
지원받았다. 집정관으로 뽑힌 후 그는 원로원의 반대를 뚫고 농지법
을 개정해 폼페이우스 휘하의 퇴역군인들에게 땅을 주었으며 크라수
스에게도 적절한 정치적 보답을 했다.

그러나 카이사르가 사사로운 욕심으로 공직을 수행한 것은 아니
었다. 세제 개혁을 단행해 국가 재정을 튼튼히 했고, 게르만족과 화친
을 맺어 변방의 정세를 안정시켰으며, 집정관 임기를 마친 후에는 갈
리아 총독으로 부임해 게르만족을 격파하고 라인강 서쪽 지역을 평
정했다. 잉글랜드 원정에 실패하는 등 여러 전투에서 패하기도 했지
만, 그는 7년 동안 프랑스와 독일을 포함한 서유럽 일대에 로마제국
의 패권을 확립했다.

지나치게 큰 성공은 의심과 질시를 부르기 마련이다. 로마 원로
원의 귀족들은 야심가 카이사르의 갈리아 총독 직위를 전격 박탈했
고, 격분한 카이사르가 4개 군단을 이끌고 로마로 향하자 루비콘강을
건너기 전에 군대를 해산하라고 요구했다.

루비콘강은 아드리아해로 흐르는 이탈리아반도 북동부의 작은
강인데, 로마법에 따르면 속주 총독은 군대를 이끌고 이 경계선을 넘
을 수 없었다. 원로원이 갈리아 총독 자격을 유지한 채 집정관 출마
를 할 수 있게 해달라는 요청마저 거부했지만 카이사르는 손을 쓸 방

법이 없었다. 옛 동지 크라수스는 이미 전사했고 폼페이우스는 원로
원 편을 들고 있었기 때문이다.

카이사르는 결국 군단을 이끌고 루비콘강을 건너 로마를 점령
한 다음 선거에 출마해 집정관이 되었고, 원로원과 연합해 자신에 맞
섰던 폼페이우스를 이집트까지 쫓아가서 죽였다. 남매간 권력투쟁을
벌이던 클레오파트라를 도왔다가 죽을 고비를 겪기도 했지만, 결국
북아프리카를 평정하고 돌아와 단독 집정관이 되었다.

카이사르는 급진적인 개혁을 추진했다. 1년을 365.25일로 정한
'율리우스력'을 제정하고 국립도서관과 극장을 만들었으며, 성벽을
허물어 도시를 확장하고 영토를 18개의 속주로 재편해 총독을 새로
파견했다. 그라쿠스 형제가 살해당하면서 좌초했던 토지개혁을 실시
하고 곡물에 대한 국가 수매제도를 도입했으며 자격이 있는 속주민
에게 로마 시민권을 부여했다. 원로원의 계엄령 발동 권한을 폐지하
고 시민 배심원단을 도입하는 사법개혁 조처를 했으며, 교사와 의사
를 우대하고 군인의 봉급을 크게 올렸다.

카이사르는 2년 후 종신 최고사령관이 되었다. 그가 황제를 칭하
지는 않았지만 로마의 공화정은 사실상 이때 막을 내렸다. 그런데 카
이사르는 자신감이 지나쳤던 나머지 절대 권력을 장악하고서도 정적
을 숙청하지 않았고, 그 관대함 때문에 암살의 비극을 불러들였다.

암살 음모와 실행의 주역이었던 마르쿠스 브루투스에게 개인적
인 동기가 있었던 것은 아니다. 카이사르는 한때 사랑했던 여인의 아
들이라는 이유로 브루투스가 폼페이우스 진영에 가담한 것까지 다
용서하고 아들처럼 대해주었다. 그런데도 그가 카이사르를 죽인 것

은 공화정을 폐기하고 제정으로 가려 한다고 의심했기 때문이다.

카이사르의 전우였던 다른 장군들도 같은 동기로 암살 음모에 가담했다. 그런데 로마는 이미 과거의 공화정 체제로 운영하기엔 너무 큰 제국으로 성장해 있었다. 카이사르를 죽여도 공화정으로 돌아갈 수는 없다는 걸 그들은 몰랐다.

공화파는 암살에 성공했지만 카이사르를 지지했던 로마 시민들의 분노를 감당하지는 못했다. 내전으로 치달았던 로마의 정세는 카이사르의 후계자 옥타비아누스가 내전을 평정하고 아우구스투스 황제가 됨으로써 안정을 찾았다. 공화정을 공식 폐지한 아우구스투스 황제는 자신의 지위를 확고히 할 목적으로 카이사르를 신격화했고, 후임 황제는 아우구스투스를 신격화했다. 로마 황제들은 '카이사르'라는 칭호를 대물림하면서 청년 카이사르의 조각상을 도시 곳곳에 세웠는데, 이 전통은 테오도시우스 황제가 기독교를 국교로 선포할 때까지 그대로 이어졌다.

폐허가 된 원로원 마당에서 절충하기 어려운 것들이 공존했던 인간 카이사르의 생애를 돌아보았다. 그는 귀족이었지만 평민파에 가담했다. 어떤 술수도 마다하지 않고 권력 투쟁을 벌였지만 이긴 후에는 정적을 너그럽게 포용했다. 군사 쿠데타로 집권해 공화정을 사실상 폐지했지만 민중의 소망과 요구를 존중했다. 원로원의 부패 기득권 세력을 무너뜨리고 시민의 권리를 확장했으며 빈민과 해방 노예, 속주의 민중을 돕는 개혁 조처를 밀어붙였다. 보기 드문 정치적 캐릭터가 아닐 수 없다.

사생활도 다르지 않았다. 수많은 유부녀와 염문을 뿌렸지만, 그로 인해 중요한 인간관계를 망치지는 않았다. 클레오파트라가 자신의 힘을 이용해 남동생을 누르고 권력을 다지도록 지원했으면서도 연인관계를 공식 언급하지는 않았으며, 클레오파트라가 낳은 아기가 자기 아들일 가능성을 인지했지만 그 아이를 후계자로 삼지 않았다. 클레오파트라는 알렉산드로스의 장군 프톨레마이오스가 북아프리카에 세운 국가의 지배자였다. 이 나라에서는 남자 왕을 프톨레마이오스, 여자 왕을 클레오파트라라고 했다. 카이사르가 암살당한 후 안토니우스와 결혼해 옥타비아누스와 맞섰다가 자살한 여인은 프톨레마이오스 왕조의 일곱 번째 여성 권력자, 클레오파트라 7세였다.

  "클레오파트라의 코가 조금만 낮았더라면?" 이 유명한 질문은 사실 별 의미가 없다. 카이사르는 클레오파트라와 오래 사귀지도 않았고, 그 때문에 하지 말아야 할 정치 행위를 한 적도 없다. 안토니우스가 아내 옥타비아를 버리고 클레오파트라와 혼인한 것이 옥타비아누스와의 동맹이 깨지는 계기가 되기는 했지만, 클레오파트라가 아니었더라도 로마가 공화정을 유지하는 것은 이미 불가능해진 상황이었다.

  공화정이 폐지되었을 때 포로 로마노의 정치적 기능도 함께 끝났다. 공화정의 집정관이나 호민관과 달리 황제는 공론장을 원하지 않았다. 황제들은 저마다 다른 장소에 자기의 이름을 붙인 '포로'를 만들었고, 포로 로마노는 권력자의 기념사업이나 시민들의 개인적 종교 활동이 이루어지는 공간으로 변모했다.

  포로 로마노가 건물로 가득 차게 되자 황제들은 변두리와 자투리땅에 개선문과 신전을 세웠다. 기독교 국교화 이후에는 고대의 온

갖 '잡신'들과 '신격화한 황제'에게 봉헌한 신전을 관리할 이유가 없었다. 그렇게 해서 포로 로마노는 점차 부서진 건축물의 잔해가 뒹구는 '고대문명의 폐허'로 변해 갔다. 포로 로마노의 폐허는 이렇게 말하고 있었다. "헛되고 헛되니, 헛되고 헛되도다!" 그렇다. 종교도, 예술도, 제국과 황제의 권력도 다 무상한 것이었다.

판테온, 공을 품은 원통

콜로세오에서 아침 일찍 출발해 팔라티노와 포로 로마노를 거쳐 카피톨리노 언덕까지 대략 보면서 갔는데도 점심시간이 지나 있었다. 이 구역을 벗어나기 전에 고대 유적 이야기를 하나만 더 해야겠다. 만신전(萬神殿) 또는 '모든 신의 집'인 판테온이다.

판테온은 2세기 초 하드리아누스 황제 때 지었다. 아테네 제우스 신전과 아크로폴리스 사이에 커다란 아치형 문을 만든 바로 그 사람이다. 그전에도 판테온이 있었지만 티투스 황제 때 불에 타버렸다. 로마 판테온은 후대 황제들이 여러 차례 보수공사를 했고 7세기부터는 교회로 사용했기 때문에 외부 대리석 조각과 청동 타일이 뜯겨나가고 내부 벽의 그림과 조각상이 달라지긴 했지만 집 자체는 온전한 상태를 유지했다.

그렇지만 용도는 계속 바뀌었다. 다신교 시대에는 만신전이었고, 기독교 국교화 이후에는 예배당으로 사용했다. 그런데 르네상스 이후 교황청의 권력이 약해지자 국립묘지 역할이 덧붙여져 화가 라파엘로를 비롯한 예술가들과 에마누엘레 2세 등 권력자들의 관이 그곳에 안치되었다.

사람들이 판테온에 오는 것은 그 미학적 특징과 건축 기술에 관심이 있어서다. 판테온은 밖에서는 원통 모양 외벽에 반원형 지붕을 얹은 집으로 보였고, 코린트식 돌기둥과 현관 지붕은 그리스 신전의 전면과 비슷했다.

하지만 안에서 받은 느낌은 완전히 달랐다. 판테온의 원형 홀에 서자 시선이 저절로 콘크리트 돔 천장 가운데 빛이 들어오는 큰 구멍으로 갔다. 빛만 들어오는 게 아니라 데워진 공기가 나가고 비와 눈도 떨어진다는 구멍이었다.

조각상과 그림이 있는 벽 쪽은 어두워서 처음에는 잘 보이지 않았다. 미리 찾아본 정보들이 맞는지 가늠해보았다. 천장 돔의 두께가 위로 갈수록 얇아진다는 것은 눈으로 확인할 수 없었다. 그러나 홀의 지름과 바닥에서 돔 중심까지의 높이는 비슷해 보였다. 그 둘이 같다면 천장 돔의 테두리를 따라 그린 가상의 원이 홀 바닥 중앙에 닿을 수밖에 없다. 기하학적으로 표현하면 판테온은 지름이 약 43미터인 공의 아래 절반을 지름이 같은 원통에 담은 형상이었다. 4천500톤이 넘는 돔의 압력이 한가운데 구멍의 테두리 돌에서 맞물려 균형을 이루고, 전체의 하중은 원통형 벽을 따라 세운 기둥들이 지탱한다는 설명을 이해할 수 있었다. 콘크리드는 식회 반죽에 가벼운 화산암을 섞어 만들었다는데, 겉보기로는 오늘날의 콘크리트와 별로 다르지 않았다.

판테온 내부를 지배하는 것은 돔 중심에서 쏟아져 내리는 빛이다.
조각상과 성화는 그 빛 덕분에 자신의 존재를 내보일 수 있다.

로마의 신은 이름만 다를 뿐 그리스 신과 거의 같다. 라틴인들도 만물에 신이 깃들어 있다고 믿었다. 그래서 판테온 안쪽 면을 대리석으로 덮고 벽을 따라 자기네가 숭배한 신과 황제들의 조각상을 모셨다. 그러나 로마 교황청이 관리권을 가져간 뒤에는 내부 장식이 가톨릭교회 스타일로 바뀌었다. 십자가, 성모와 가톨릭 성인들을 그린 벽화와 조각상들이 고대의 신상을 대체한 것이다. 르네상스 이후에는 권문세가의 문장, 왕족과 예술가의 무덤, 교황청의 종교권력을 보여주는 그림과 소품들이 고대의 황제들을 밀어냈다.

로마제국은 건축 기술의 발전에 큰 획을 그었는데, 대표적인 것이 아치와 돔이다. 콜로세오의 아치와 판테온의 돔은 유럽 건축에 크고도 지속적인 영향을 주었다. 물리학이 아직 출현하지 않았던 그 시대에 어떤 방법으로 그토록 큰 돔을 만들었는지는 알 수 없지만 판테온과 비슷한 규모인 피렌체 두오모(산타마리아 델 피오레 대성당의 돔)가 나타나기까지 무려 1천300년이 걸린 것으로 보아 쉬운 일은 결코 아니었을 것이다. 피렌체의 돔을 설계한 브루넬레스키도 판테온을 비롯한 로마 건축물을 집중적으로 연구한 끝에 해결책을 찾았다고 한다.

판테온 건축양식의 힘은 지금도 여전히 강력하다. 서구 문명의 영향을 받은 모든 지역에서 사람들은 관청과 대학 건물에 둥근 지붕을 얹으려고 애쓴다. 일본 육사를 나온 박정희 대통령이 여의도 국회의사당 지붕을 돔 형태로 짓게 했을 정도이니 더 말해 무엇할까.

판테온 앞에 맛있는 젤라또 카페가 있다는 소문은 무시하는 게 좋다. 젤라또는 로마 어디서 먹어도 다 맛이 좋았다. 도떼기시장처럼 인파가 우글대는 판테온 근처 젤라또 카페 주변을 서성이면서 빈 자리가 나기를 기다리는 것은 로마 여행자가 할 수 있는 가장 미련한 행동이라고 본다.

이탈리아 통일의 역사 드라마, 에마누엘레 2세 기념관

'절반 뚜벅이'로 로마 구경을 했다. 숙소에서 출발점으로 가고 종료 지점에서 숙소로 돌아올 때, 그리고 다음 행선지가 멀리 있을 때만 대중교통을 이용하고 나머지는 걸어서 다녔다는 뜻이다.

카피톨리노 언덕 앞 베네치아 광장 근처 골목의 식당에서 가벼운 점심을 먹은 다음 에마누엘레 2세 기념관에서 캄피돌리오 광장, 판테온, 트레비 분수, 스페인 광장을 거쳐 포폴로 광장까지 도심의 북쪽 지역을 탐사하려면 계속 걸을 수밖에 없었다. 고달프긴 했지만 저녁밥이 잘 넘어갔고 밤에 잠도 쉬이 들었다.

에마누엘레 2세 기념관은 로마에 있지만 이탈리아 전체를 대표하는 시설이다. 전면에 있는 기마상의 주인공은 이탈리아 통일을 이끈 비토리오 에마누엘레 2세이고, 기마상 양편에 부조한 사람들은 건국 과정에서 목숨을 잃은 무명용사들이다. 에마누엘레 2세뿐만 아니라 가리발디, 카보우르, 마치니 등 이탈리아 통일 주역들의 유품도 전시하는 이 기념관은 현대사와 관련한 기획전을 꾸준하게 연다. 이탈리아 현대사에 관심이 있는 여행자라면 시간을 넉넉하게 들일 만했다.

베네치아 광장에서 본 에마누엘레 2세 기념관.
광장과 기념관은 떨어지지 않으려는 연인 같다.

이탈리아공화국의 역사는 70년이 겨우 넘으며, 왕국을 포함한 통일국가의 역사도 150년 정도밖에 되지 않는다. 통일의 계기는 나폴레옹 전쟁이었다. 19세기 초 프랑스 군대는 수많은 왕국과 도시국가로 갈라져 있던 이탈리아반도 대부분을 점령해 강제로 통합했다. 나폴레옹이 퇴위한 후 이탈리아반도는 다시 여러 세력권으로 찢어져 오스트리아제국의 지배와 간섭을 받았다. 그런데 이때부터 이탈리아 전역에서 오스트리아에 저항하는 민족주의 열풍이 불었고 공화정 수립을 요구하는 자유주의 정치운동이 일어났다.

1850년대까지 30년 동안 시칠리아와 나폴리에서부터 밀라노와 베네치아까지 전국에서 일어난 민중혁명과 무장투쟁은 모두 실패했는데, 이 시기의 지도자는 주세페 마치니였다. 스무 살에 혁명운동을 시작한 제노바 태생의 법률가 마치니는 두 번이나 사형선고를 받았고 고달픈 망명 생활을 했지만, 공화제 통일국가 수립의 꿈을 포기하지 않았다. 에마누엘레 2세의 군주제 통일을 끝까지 비판한 그가 1872년 세상을 떠나자 피사에서 열린 장례식에 10만 추모객이 모였다.

마치니가 공화국의 꿈을 이루지 못한 것은 아직 때가 오지 않았기 때문이다. 통일국가를 수립하려면 오스트리아제국의 군대를 물리치고 여러 왕국과 도시국가를 통합해야 했다. 그런 일은 법률가나 정치인이 아니라 군사 지도자의 몫이었다. 그 과업을 마법처럼 해치웠던 군사 지도자 주세페 가리발디가 에마누엘레 2세를 통일국가의 왕으로 추대했을 때 마치니의 꿈은 일단 멀어지고 말았다. 이탈리아 통일 드라마의 공식 주연은 에마누엘레 2세였지만 '신 스틸러(Scene Stealer)'는 단연 가리발디였다. 그가 없었다면 그 드라마는 별로 드라

마틱하지 않았을지 모른다.

니스 출신 청년 가리발디는 해군 복무 중 마치니의 영향을 받아 혁명운동에 뛰어들었다가 궐석재판(闕席裁判, 피고인이 법정에 출석하지 않은 상태에서 진행되는 재판)에서 사형 선고를 받았다. 남미로 도망간 그는 브라질과 아르헨티나에서 혁명군으로 활동하면서 전투 경험을 쌓은 후 귀국해 농사를 지으며 지냈다.

가리발디가 통일 전쟁에 다시 뛰어든 1860년 무렵, 통일운동의 지도자는 사르데냐왕국의 에마누엘레 2세와 수상 카밀로 카보우르였다. 그들은 프랑스와 제휴해 오스트리아를 꺾고 반도의 중부와 북부 이탈리아를 대부분 평정했지만 갈 길이 아직 험난했다.

사람 다리 모양인 이탈리아반도는 네 토막으로 나뉘어 있었다. 발끝의 시칠리아섬을 포함해 복사뼈까지 남부는 시칠리아왕국, 로마가 있는 정강이 가운데 토막은 교황령, 사르데냐섬을 포함해 알프스까지 무릎 앞쪽은 사르데냐왕국이었고, 무릎 뒤쪽의 베네치아왕국은 여전히 오스트리아제국의 지배 아래 놓여 있었다.

가리발디는 그런 상황에서 혜성처럼 나타나 단숨에 민중의 눈길을 사로잡았다. 붉은 셔츠를 입은 전사 1천여 명을 이끌고 남부로 가서 수십 배 규모였던 시칠리아 군대를 무찌른 것이다. 그는 나폴리를 점령한 후 로마 방면으로 진군해 교황청의 용병부대를 제압했다. 그리고는 에마누엘레 2세를 만나 남부와 시칠리아의 통치권을 아무 조건 없이 바친 다음 홀연히 농사를 짓던 시골로 돌아가 버렸다.

가리발디의 영웅담은 거기서 끝나지 않는다. 1862년에는 4만 군사를 끌고 오스트리아제국 군대를 제압해 베네치아를 탈환했으며 1867년에는 교황청을 가장 악독한 비밀결사체라고 비난하면서 로마로 진군했다. 로마를 이탈리아왕국의 수도로 선언하고서도 실제로는 사르데냐왕국의 토리노에 머물렀던 에마누엘레 2세는 프랑스 군대가 프로이센과 싸우기 위해 떠나자 지체 없이 로마를 점령해 통일운동의 마침표를 찍었다.

가리발디는 단순한 군사 영웅이 아니라 확신에 찬 휴머니스트이자 투철한 공화주의자였다. 노예제 폐지에 대한 신념이 불확실하다며 링컨 미국 대통령의 스카우트 제안을 거절했다는 소문이 나돌았을 정도로 강력한 신념의 소유자였던 그는 모든 국민에게 선거권을 부여하는 정치 개혁을 추진하고 여성에 대한 차별과 억압을 철폐하는 입법을 시도했다.

한 국가와 국민을 위해 가리발디만큼 많은 일을 한 사례는 흔치 않다. 역사 공부를 하려고 로마에 가는 건 아니겠지만, 이탈리아 건국 역사를 대충이라도 알면 로마 여행의 맛이 더 깊고 풍성해질 수 있다. 에마누엘레 2세 기념관은 그런 기회를 제공한다.

모든 곳이 좋았던 로마의 거리

고대의 건축물과 에마누엘레 2세 기념관을 빼면 로마는 이탈리아의 다른 유명한 도시들과 크게 다르지 않았다. 역사 인물과 도시의 이름을 붙인 광장, 중세기 귀족의 저택이었다가 공공기관이나 박물관이 된 팔라초(palazzo, 정무를 보는 관청이나 귀족의 대규모 주택 형식을 가리키는 보통명사), 로마 신화의 캐릭터와 이야기를 모티브로 사용한 분수, 오래된 교회와 예배당, 테베레강의 다리, 유명 예술가들이 출입했다는 카페와 레스토랑, 영화에 나온 거리와 계단이 도시 전체에 널려 있었다. 우리는 발길 닿는 대로 걸으면서 거리의 풍경을 즐겼다.

에마누엘레 2세 기념관 앞 베네치아 광장은 특별할 것이 없었다. 통일을 기념하려고 만든 이 타원형 광장은 차량이 줄을 잇는 대형 로터리가 되어 있었다. 기념관을 나와 왼편으로 돌자 미켈란젤로가 설계한 캄피돌리오 광장으로 이어졌다. 미켈란젤로는 1534년 로마에 와서 바티칸 교황청의 성베드로 대성당(이제부터는 지면을 아끼기 위해 '대성당'으로 줄이겠다)의 돔과 캄피돌리오 광장 등을 설계했다.

낮고 완만한 계단을 올라 광장에 들어서자 한가운데 황제의 기마상이 주변 풍경을 압도하고 있었다. 2세기에 만든 진품은 박물관에 있고 광장에 있는 건 복제품이다. 한때 기독교도들이 콘스탄티누스 황제인 줄 알고 감사 기도를 했다지만 사실은 《명상록》으로 유명한 로마제국의 제16대 황제 마르쿠스 아우렐리우스라고 한다. 그는 자비로운 성격에 철학을 깊게 탐구한 지식인 황제였는데, 기독교도들에 대해서는 특별히 친절하지도 사납지도 않았다.

미켈란젤로는 교황청의 요청을 받고 광장을 정비하면서 팔라초 3개가 광장을 삼각형으로 둘러싸게 만들었다. 로마 시장 집무실이 있는 세나토레 팔라초 앞에서 교황청 방향을 바라보면 미술관으로 쓰는 좌우 팔라초의 간격이 밖으로 갈수록 좁아진다는 것을 알 수 있

다. 그렇지만 나는 그 광장보다 100개 넘는 계단 위에서 강을 내려다
보는 산타마리아 인 아라퀼리 성당이 더 좋았다. 기와지붕을 이고 선
낡은 성당은 안팎이 다 초라해 보일 정도로 소박했지만 본채 건물보
다 폭이 넓게 만든 파사드(건축물의 정면)가 왠지 경건한 마음을 느끼게
했다. 오래 바라보면 신심(信心)이 생길 것 같아 얼른 돌아서 나왔다.

판테온을 거쳐 트레비 분수와 스페인 계단을 만났다. 유럽 도시
가 흔히 그렇듯 로마에도 분수가 많으며, 분수들은 거의 예외 없이
사람을 불러 모은다.

트레비 분수는 로마에서 제일 크고 관광객을 가장 많이 끌어모
을 뿐만 아니라 '돈이 마르지 않는 샘'이기도 하다. 관광객들이 오뉴
월 꽃밭의 꿀벌처럼 분수 주변에 모여 동전을 던져주는 덕에 가톨릭
자선단체는 해마다 20억 원이 넘는 돈을 얻는다. 동전을 던지기에 적
당한 거리까지 다가서려면 루브르 박물관의 〈모나리자〉 그림 앞에서
인증샷을 찍을 때만큼 애를 써야 한다. 여기서 한 가지, 젤라또를 든
채 분수에 접근하는 건 죄악이라고 말하고 싶다. 동전을 던지고 나서
옷에 묻은 젤라또를 닦아본 적 있는 사람이라면 두말없이 고개를 끄
덕일 것이다.

우리말로 하면 이름이 '삼거리 분수'쯤 되는 트레비 분수는 1732
년 교황청이 공모한 니콜라 살비의 작품이다. 분수 뒤의 궁전 파사드
가 멋지다고 생각했는데, 알고 보니 진짜 집이 아니고 분수를 돋보이
게 만들려고 설치한 세트였다. 바다의 신, 해마, 조개, 반인 반어 트리
톤의 조각상이 있는 트레비 분수는 바로크 양식이라고 한다.

트레비 분수 앞의 젤라또 판매점이
관광객들의 '죄악' 행위를 부추기고 있다.

바로크 양식은 어떤 것인가? 여러 자료를 검색한 끝에 내가 얻은 결론은 이렇다. '돈을 많이 들여 최대한 비싸고 화려하게 보이도록 무언가를 만들라. 그렇다면 그게 바로크 양식이다. 집, 궁전, 인테리어, 가구 등 뭐든 상관없다.' 건축으로 말하자면 바티칸의 성베드로 대성당과 프랑스의 베르사유 궁전이 대표선수라고 할 수 있겠다.

또 다른 관광명소 스페인 계단(트리니타 데이 몬티 계단)은 트레비 분수에서 멀지 않았다. 로마에서 찍은 영화는 무수히 많지만 로마의 관광산업에 가장 크게 기여한 영화는 〈로마의 휴일〉일 것이다. 이 영화 때문에 스페인 계단은 로마의 스타로 등극했고, 이미 스타였던 그레고리 펙과 신인배우 오드리 헵번은 영화 밖에서는 실제로 아무 개인적 관계가 없었는데도 영화 애호가들의 뇌리엔 '영원한 연인'으로 각인되었다. 스페인 계단은 성공한 영화가 공중위생을 해칠 수 있음을 보여주었다. 헵번이 계단의 분리대에 기대선 채 젤라또를 먹은 것이 문제였다. 로마 시 당국은 공중위생을 위해 이 계단에서 젤라또 먹는 행위를 금지했다.

스페인 계단은 원래 성당 접근로로 만들었는데 근처에 교황청 주재 스페인 대사관이 있고 아래 광장도 스페인 광장이어서 그런 이름이 붙었다. 계단에 앉아 아래 광장의 귀여운 분수와 오가는 사람들을 보는 재미가 제법 괜찮았다. 스페인 계단은 모두 137개라는데 세어보지는 않았다. 계단 위편 메디치가 빌라의 3층 발코니에서 스페인 광장 너머 골목 풍경을 감상하고 있는데 난데없이 소나기가 쏟아졌다. 계단 꼭대기의 바(bar)로 이동해 맥주와 적포도주를 마시면서 비

여기서 젤라또를 먹는다고 오드리 헵번이 되는 게 아니라는 걸 알면서도,
스페인 계단에 앉으면 알 수 없는 성취감을 느끼게 된다.

를 피했는데, 나스트로 아주로(Nastro-Azzurro)라는 이탈리아 맥주가
맛이 깔끔했다.

　　스페인 계단 윗길을 따라 왼편으로 내려가자 저절로 포폴로 광장
에 닿았다. 포폴로는 '민중'이라는 뜻이다. 광장과 주변 성당들, 오벨
리스크, 마르게리따 다리와 강 건너 바티칸의 원경이 그림처럼 펼쳐
졌다. 1820년대 로마 시 당국자들은 이런 풍경이 시민과 관광객을 끌
어들일 것이라고 기대하며 광장을 조성했을 것이다. 그러나 로마에는
그보다 더 매력 있는 곳이 너무나 많아서 큰 효과를 보지는 못했다.
　　광장 남쪽에는 이름과 외모가 꼭 닮은 두 성당이 쌍둥이처럼 서
있고 맞은편에는 오래된 도시의 북문이 솟아 있었다. 광장 옆 산타마
리아 델 포폴로 성당은 작지만 화려했다. 수많은 도시에 있는 레오나
르도 다빈치 박물관이 거기에도 있었다. 다빈치의 설계도에 맞추어
제작한 전쟁 도구, 비행기, 기계의 목제 모형을 천천히 둘러보면서 지
친 다리를 달랬다.
　　포폴로 광장 중앙의 오벨리스크(고대 이집트에서 태양신의 상징으로 세
웠던·돌기둥 형태의 기념비)는 B.C.13세기에 만든 것으로 높이가 36미터
나 되었다. 아우구스투스 황제가 이집트에서 가져와 대전차 경기장
에 세워두었던 것을 16세기 후반에 이곳으로 옮겼다고 한다. 이집트
에는 오벨리스크가 대체 얼마나 많았기에 한때 힘을 썼던 유럽의 도
시에는 어디나 있는지 궁금해서 검색해봤지만 정확한 통계를 찾지
못했다.
　　오벨리스크가 있는 광장을 보면 마음이 아프고 무거워진다. 거기

포폴로 광장의 오벨리스크에서 혁명과 전쟁, 피와 죽음의 역사를
떠올리는 사람은 없는 듯하다. 다행이다.

서 사람이 죽어나간 경우가 많아서다. 이스탄불 히포드롬, 파리 콩코르드 광장도 그렇고 포폴로 광장도 마찬가지였다. 혁명과 반혁명이 일어날 때마다 그 광장에서 열광적인 정치 이벤트가 열렸고 사람이 죽어 나갔다. 나폴레옹 군대가 단두대를 세웠던 포폴로 광장이 지금은 한적하고 평화로운 생활 공간이 되어 있다. 거기에서 누가 누구를 왜 죽였는지 묻는 이는 이제 만나기 어렵다.

바티칸의 이탈리아식 자본주의

로마의 둘째 날은 바티칸에서 시작했다. 오전에 바티칸 박물관과 대성당을 보고, 오후에 로마 시내로 진출하려면 서둘러야 했다. 너무 오래 줄을 서지 않고 들어가려면 인터넷으로 우선 입장권을 끊어두어야 했는데, 우리는 별생각 없이 갔다가 망외의 소득을 올렸다. 말로만 듣던 '이탈리아식 자본주의'를 살짝 체험한 것이다. 약간의 금전 손실을 치르고 흥미로운 경험을 얻었으니, 게으름이 반드시 나쁜 결과를 낳는 것은 아닌 듯하다.

전철역에 내리자마자 알았다. 바티칸 박물관에 들어가려면 엄청나게 긴 줄을 서야 한다는 것을. 전철역 구내는 물론이고 박물관 입구로 가는 길가에도 줄을 건너뛰게 해준다는 전단이 붙어 있어서 모르려야 모를 수가 없었다. 게다가 목에 모종의 신분증을 건 가이드들이 길목마다 지키고 서서 관광객을 붙들었다. 두 시간은 걸릴 거라고 '협박'하면서. '그까짓 줄, 서지 뭐.' 처음에는 호기롭게 뿌리쳤다. 하지만 티켓 오피스가 보이지도 않는 곳까지 늘어선 줄을 보는 순간 마음을 고쳐먹었다. '그 먼 길을 와서 이렇게 시간을 보낼 수는 없지!'

교황청 공인 가이드 증명서라고 외치는 남자한테 못 이기는 척 붙잡혀 주었다. 그는 큰길 건너 여행사 사무실에 우리를 인계하고는 또 다른 먹잇감을 찾아 쌩하니 나가버렸고, 여직원이 여권을 받아가더니 순식간에 이름이 든 입장권을 만들어주었다. 또 다른 남자가 우리를 박물관 티켓 오피스 앞으로 데려가 중년 여성에게 넘겨주면서 한마디 했다. "당신들 한국인인 거 아는데, 영어 가이드도 괜찮죠? 한국어 가이드는 없거든요!"

북유럽에서 왔다는 가족과 한 팀이 된 우리는 이탈리아 말을 하듯 영어를 하는 가이드를 따라 인터넷 우선 입장권 구매자 전용 통로로 들어갔다. 박물관의 여러 전시실과 정원, 회랑 전시실과 시스티나 예배당을 거쳐 대성당에서 끝나는, 달리 선택할 여지가 없는 일방통행로였다. 박물관 안에서는 육성 가이드를 못 하게 되어 있어서 오디오가이드를 써야 했다. 가이드는 이동 중 잠깐 전시실 밖으로 나오는 기회가 생기면 다음에 갈 전시 공간의 특성과 중요한 전시물을 알려주었다.

관람을 마치고 나와서 곰곰이 생각해보았다. '이게 뭐였지? 바가지를 썼나?' 따져보니 그건 아니었다. 돈을 내고 시간을 절약하는 로마 스타일의 급행료 거래였을 뿐이다.

여행사 오피스에서 지불한 돈은 박물관 관람료에다 엘리베이터로 대성당 쿠폴라(cupola, 반구형으로 된 지붕)에 올라가는 것까지 포함해 모든 유료 서비스 이용료, 실내 오디오가이드 사용료, 영어 가이드 비용을 합친 것이었다. 한국어 가이드였다면 더 바랄 나위가 없었겠지만, 그 자체로 크게 나쁘지는 않은 거래였다.

이 거래로 나는 시간을 절약했다. 나처럼 '길거리 캐스팅'을 당한 관광객이 낸 돈은 바티칸 당국과 이상한 영어를 했던 가이드, 나를 낚은 남자, 여행사 직원들, 그들을 고용한 사장 등이 나름의 규칙에 따라 나누어 가졌으리라. 교황청은 이런 영업을 묵인하고 있었다. 무더기로 미리 신청해둔 인터넷 우선 입장권으로 급행료를 지불한 관광객을 입장시키는 행위를 모를 리 없다. 결국 내가 경험한 것은 바티칸 당국과 관광업자의 묵시적 담합으로 운영하는, 관련자 누구도 크게 불만을 느낄 이유가 없는 거래 시스템이었다. 혹시 이런 거래에 만족할 수 없다고 느끼는 여행자라면 미리 인터넷 우선 입장권을 예매하기 바란다.

바티칸은 세상에서 하나뿐인 곳이다. 로마에 있지만 공식적으로는 교황이 다스리는 별도의 도시국가인데, 이 특이한 국가의 영토는 겨우 0.44제곱킬로미터이고, 1천 명이 겨우 넘는 시민권자의 직업은 성직자, 직원, 근위병이 전부다. 바티칸이라는 지명은 가톨릭 교황청보다 먼저 생겼다. 현재 바티칸의 영토는 바티칸 언덕에서 베드로 광장까지다. 이 구역은 9세기 중반 교황 레오 4세가 사라센족의 공격을 막으려고 강둑을 따라 성벽을 쌓아 올리면서 특별한 공간이 되었다. 이탈리아왕국은 1871년 교황청의 주권을 전면 부정하고 바티칸을 로마에 통합했지만, 1929년 무솔리니가 라테라노에서 조약을 체결해 현재의 바티칸 지역을 교황청의 영토로 인정했다. 왕정을 폐지하고

성베드로 대성당에서는 관람객들이
정해진 통로를 따라 강물처럼 굽이쳐 흐른다.

공화정을 수립한 후에도 이탈리아 정부는 라테라노조약을 존중해 바티칸뿐만 아니라 로마와 다른 도시에 있는 대주교좌 성당과 교황청소속 관청 건물에 대해 치외법권을 인정하고 있다.

가톨릭 신도라면 누구나 대성당에 한 번이라도 발을 들여놓고 싶어 한다. 신도가 아닌 여행자들은 박물관을 보려고 바티칸에 간다. 성당 관람은 공짜지만 박물관을 거치지 않고는 들어갈 수 없어서 사실은 공짜가 아니었다. 바티칸 성벽 북쪽 입장권 매표소를 통과해 박물관과 시스티나 예배당을 지나야 대성당으로 갈 수 있었다. 바티칸 박물관에서는 욕심을 내서는 안 된다. 전시품이 너무 많기 때문에 하루에 다 볼 수도 없고, 사람이 너무 많아서 어느 하나를 오래 보고 있기도 어렵다. 남들이 전진하는 속도에 맞추어 비슷한 속도로 이동해야 민폐를 끼치지 않는다.

바티칸 박물관은 하나의 전시장이 아니다. 여러 전시 공간으로 나뉜 대성당의 부속 건물과 회랑, 정원을 합친 것으로 시스티나 예배당도 여기 포함된다. 전시품은 고대에서 근대까지 교황청이 수집하거나 제작한 그림, 조각, 지도, 벽화, 천장화, 금속공예 작품 등 실로 다양한 장르를 망라하고 있었다.

이 박물관은 우연한 사건을 계기로 탄생했다. 1506년 어떤 농부가 강 건너 언덕 포도밭에서 라오콘 조각상을 발견했다. 아마도 로마 제국 시절 그리스 어느 도시에서 빼앗아온 것이었으리라. 교황청이 그것을 매입한 이후 역대 교황들은 저마다 무언가를 수집하는 전통을 만들었다. 엄청난 양의 예술품과 유물이 쌓였던 18세기 후반, 교황청은 사도 궁전의 여러 건물과 정원을 연결해 박물관을 조성하고 시민들에게 문을 열어 주었다.

미술관에는 조토, 라파엘로, 카라바조 등 르네상스 이후 거장들의 그림이 많다. 조각 정원에는 고대의 아폴로 청동상, 라오콘 군상, 미켈란젤로가 복원 작업을 거절한 탓에 더 유명해진 토르소가 있었다. 판테온을 본뜬 '원형의 방'에는 네로 황제의 대리석 욕조와 모자이크 타일이 사람들의 시선을 끌었다. '라파엘로의 방'에는 고대 그리스의 지식인 54명을 그린 작품 〈아테네학당〉이 있다.

바티칸 정원의 솔방울 조각상 앞은 인기 포토존이었다. 교황의 여름궁전 안마당은 대리석 조각과 부조가 가득했고, 여름궁전과 대성당 사이에 놓인 회랑벽은 전시 공간으로 쓰이고 있었다. 걸어서 3분이면 대성당에 갈 수 있는데 교황이 비를 맞지 않게 하려고 이 회랑을 만들었다니, 광야와 장터를 걸어서 다녔던 예수님이 알면 뭐라고 할까 궁금해졌다.

바티칸 박물관의 첫손꼽는 인기스타는 시스티나 예배당이었다. 천장에는 미켈란젤로가 4년 동안 척추가 휘고 시력이 악화하는 고통을 감수하며 그렸다는 〈천지창조〉가, 그 아래에는 교황청의 요구를 거절하기 어려워서 그린 〈최후의 심판〉이 있다. 다 그린 후에야 그림을 본 교황청 사람들은 등장인물이 모두 벗고 있다는 데 격분했고, 끝내 다른 화가를 동원해 가리개를 덧그렸다. 바티칸에서는 조각상도 다들 신체의 한 부위에 가리개를 하고 있었다. 성기의 노출을 금기로 여기는 것이 기독교 교리 때문인지 교황청 인사들의 집단적 미의식 때문인지는 모르겠지만, 미켈란젤로의 그림에서 '음란함'을 포

바티칸 박물관 회랑 전시장의 천장을 보며 오래된 질문을 떠올렸다.
성과 속을 가리지 않고, 모든 권력자들이 황금색을 좋아하는 것은 무엇 때문일까?

착해낸 그들의 능력에 대해서는 경의를 표하지 않을 수 없었다.

시스티나 예배당은 사도 궁전의 일부이다. 사도 궁전은 교황 관저를 포함하여 대성당의 왼편과 뒤편에 있는 건물들의 집합체를 말하는데 홀과 귀빈실, 생활 공간과 부속 예배당 등 방이 1천 개가 넘는다고 한다.

시스티나 예배당은 교황이 직접 미사를 집전하고 추기경들이 '콘클라베(conclave, 새 교황을 선출하는 회의)'를 여는 곳이어서 사도 궁전에서 가장 중요한 공간이다. 15세기 후반 교황 식스토 4세가 옛 성당을 헐고 구약의 솔로몬 성전과 같은 크기로 지었다는 이 예배당의 인테리어는 교황청의 권력 이데올로기를 노골적으로 드러낸다. 미켈란젤로의 그림이 있는 천장 아래 벽에 콘스탄티누스 개선문이 배경에 나오는 페루지노와 보티첼리의 벽화를 배치한 의도가 무엇인가? 세상을 창조한 신의 권위가 예수, 베드로, 로마 황제를 거쳐 교황에게로 넘어왔다고 주장하는 것이다.

시스티나 예배당을 나오자 대성당 중앙 홀이 눈앞에 펼쳐졌다. 1506년에 시작해 1626년 완공한 대성당은 길이 220미터, 폭 150미터나 되는 세계에서 가장 큰 성당이다. 중앙 돔의 지름은 42미터로, 이스탄불의 하기아 소피아보다 크고 판테온보다 조금 작지만 바닥에서 돔 십자가 꼭대기까지의 높이는 138미터로 그 둘보다 더 높다.

대성당 본체는 브라만테가 만든 원래의 설계도에 따라 지은 십자가 형태인데, 미켈란젤로는 브루넬레스키가 '피렌체 두오모'를 만든 것과 비슷한 방식으로 돔 지붕을 얹을 수 있게 설계를 변경했다. 교

대성당의 모든 것은 교황청의 권력을 재현하고 있다. 예수의 고뇌를 감지하고
그가 설파했던 사랑의 의미를 생각하는 데 적합한 공간은 아닌 것 같다.

황청은 십자가에 거꾸로 못 박혀 순교한 베드로의 무덤이 여기 있었
다고 주장해왔고 1950년에는 대성당 지하에서 베드로의 무덤을 발굴
했다고 발표했지만, 역사적 생물학적 증거를 제시하지는 못했다.

대성당의 최고 스타는 단연 미켈란젤로의 〈피에타〉 조각상이었
다. 이것을 보려면 사람이 제일 많은 데로 가면 된다. 대성당 한가운
데 놓인 제대, 제대의 청동 장식, 대리석으로 만든 일곱 계단, 상아로
만든 〈성 베드로의 의자〉, 천연 대리석으로 깎아 비둘기와 천사 형상
을 그려낸 타원형 창문, 제단 아래 지하에 있는 역대 교황의 관, 성베
드로 대성당의 모든 것들이 권력의 광휘를 내뿜었다. 대성당은, 적어
도 내게는, 신의 숨결이나 예수의 고뇌를 감지하기에 적합한 공간이
아니었다.

대성당 앞은 베르니니가 설계한 폭 246미터, 길이 300미터의 광
장이다. 광장 양편 회랑에는 대리석 기둥 284개가 도열해 있고, 가톨
릭 성인과 교황의 대리석상 140개가 네 줄로 서 있다. 광장 한가운데
오벨리스크는 베드로를 처형했던 네로 황제 시대의 공연장 장식이었
다. 오벨리스크 양편의 화려한 분수대는 단순한 장식물이 아니라 순
례자들이 대성당에 들어가기 전에 세례 의식을 행한 시설이었다.

광장은 프란치스코 교황이 시민들을 만나는 행사에 대비해 깔아
놓은 플라스틱 의자로 가득했다. 광장에서 산탄젤로성(안젤로 천사의 성)
으로 가는 직선도로 '비아 델라 콘칠리아치오네(Via della Conciliazione,
화해의 길)'는 교황의 주권을 인정한 1929년 라테라노조약을 기념하려
고 1950년에 만들었는데, 양편에 크고 예쁜 건물이 줄지어 있고 이면

도로에는 여행사 사무실과 레스토랑, 카페들이 성업 중이다.

나 같은 중년의 관광객은 박물관과 대성당 구경을 마치기도 전에 당이 떨어져 허덕이게 된다. '화해의 길' 이면도로의 식당에 들어가 점심을 대충 해결하고 테베레강을 내려다보는 산탄젤로성에 올랐다. 산탄젤로성은 하드리아누스 황제가 가족묘로 쓰기 위해 지었지만 외부 침략이나 내전이 터졌을 때는 비상 대피소로 썼다. 이 성은 강이 한눈에 들어오는 군사적 요충이고 성벽도 높아서 방어하기에 좋았을 듯했다. 내부의 예배당은 제법 화려했지만, 시스티나 예배당을 보고 온 터라 별 느낌이 없었다.

산탄젤로성의 매력 포인트는 꼭대기에 있는 비스트로였다. 여기서 커피를 마시면서, 허겁지겁 점심을 때우고 온 것을 크게 후회했다. 음식 맛이 좋지 않아도 괜찮을 비스트로였다. 무엇이든 기분 좋게 즐길 수 있는 고성(古城) 레스토랑 분위기가 났기 때문이다. 다른 손님이 받은 음식의 비주얼을 보니 맛도 나쁘지 않을 것 같아서 속으로 다짐했다. '로마에 다시 온다면 한 번쯤은 여기서 점심을 먹어야지.'

피오리 광장에서 브루노를 만나다

산탄젤로 다리를 건너 나보나 광장을 향해 골목길을 걸으면서 광장 카페에서 젤라또 먹을 생각만 했다. 그런데 누가 내 이름을 부르는 게 아닌가. 그것도 반말로. J 신부님이었다. 대학생 시절 서클 선배를 37년 만에 로마의 뒷골목에서 만난 것이다.

산탄젤로성 꼭대기의 비스트로.
비스트로 가격으로 고성(古城) 레스토랑 분위기의 식사를 즐길 수 있다.

2014년 8월 한국을 방문한 프란치스코 교황을 밀착 수행했던 그
는 예수회 관련 일로 로마에 출장을 나와 있었다. 회의 시간이 임박
했다고 해서 전화번호만 교환하고 헤어졌지만, 이 예기치 못한 조우
로 인해 생각해보지도 않았던 아시시(Assisi) 소풍을 하게 되었다.

직사각형인 나보나 광장은 1세기에 도미티아누스 황제가 만든
공연장의 흔적이다. 무너진 공연장의 돌은 건축자재로 쓰였고 객석
이 있던 자리에는 힘 있는 가문의 저택이 들어섰다. 17세기 이후 교
황청이 빈터를 광장으로 만들고 주변에 팔라초와 성당을 지었다.

광장 안에는 로마 시대에 만든 오벨리스크와 분수 3개가 있는데
제일 유명한 것은 가운데에 있는 소위 '네 강의 분수(콰트로 피우미 분
수)'다. 바티칸 대성당의 인테리어와 광장을 설계한 베르니니가 만든
이 분수는 갠지스, 도나우, 나일, 남미의 라플라타강을 상징하는 거인
조각이 있어서 그런 이름이 붙었다고 한다. 유명한 예술가의 손에서
나온 화려한 분수였는데, 대단히 특별해 보이지는 않았다.

오벨리스크나 분수보다는 노천카페 차양 아래에서 바닐라, 초
코, 요구르트 모둠 젤라또를 먹으며 오후의 햇살이 비스듬히 떨어지
는 광장과 거리를 오가는 사람들을 구경하는 게 훨씬 더 좋았다. 젤
라또를 먹은 후 끝없이 이어지는 골목길을 따라 피오리 광장으로 갔
다. 뭐가 있어서가 아니라 노천시장이 선다고 해서. 꽃, 식료품, 과자,
채소, 건어물을 파는 노점이 즐비했지만, 파장 시간이 임박해서인지
크게 붐비지는 않았다. 먹물 파스타 건면과 토핑을 샀다. 그런데 광장
한가운데에 커다란 청동상이 있었다. 모자 달린 망토를 걸친 청동상
의 주인공은 몹시 우울한 표정으로 광장을 내려다보고 있었다.

노점 진열대의 파스타 건면은 이렇게 외치는 것 같았다.
"예술작품이 미술관에만 있는 건 아니라고요!"

조르다노 브루노(Giordano Bruno)였다!

여기에 왜 브루노가? 검색해보니 그가 죽은 곳이 거기였다. 브루노는 가톨릭 사제였지만 정통신학을 의심한다는 혐의 때문에 이십대에 도망자가 되었다. 가톨릭의 박해를 피해 찾아간 제네바에서도 칼뱅주의자들에게 이단으로 몰려 죽을 뻔했다. 평생 유럽의 여러 도시를 망명자로 떠돌았는데, 그런 와중에도 영국 옥스퍼드대학교에서 코페르니쿠스 천문학을 강의했으며 물리학 발전에 큰 영향을 준 책 《무한한 우주와 무한한 세계에 관하여》를 출간했다.

브루노는 어느 귀족의 초청을 받고 베네치아에 갔다가 붙잡혔고, 로마 교황청 종교재판소로 이송되어 7년 동안 재판을 받았다. 그는 자신의 철학과 과학 이론을 통째로 부정하라는 교황청의 요구를 거부하면서 과학이 신과 창조에 관한 교황청의 신학적 입장과 공존할 수 있다고 주장했다. 교황 클레멘스 8세는 브루노가 회개할 가능성이 전혀 없는 극단적 이단자라고 판정했고, 종교재판소가 사형을 선고한 지 열흘 만에 교황청은 피오리 광장에서 입에 재갈을 문 그를 불태워 죽였다. 1600년 2월 17일, 브루노는 52년을 살고 그렇게 세상을 떠났다.

그토록 어두운 분위기를 내뿜는 동상을 나는 본 적이 없다. 표정도 그랬지만 후드를 깊게 눌러쓴 그의 얼굴에는 햇빛이 들지 않았다. 청동상의 시멘트 받침대에는 귀와 코에 피어싱한 청소년들이 앉고 선 채 담배를 피우며 웃고 떠들었다. 비둘기들은 사람이 다가와도 전혀 신경 쓰지 않고 파장 마당에 널린 부스러기를 쪼아댔다. 저 아이들은 둥근 지구가 국제선 비행기보다 두 배 빠른 속도로 자전한다는 피오리 광장의 조르다노 브루노.
아무도 그를 쳐다보지 않았고, 그는 모든 것을 내려다보고 있었다.

것을, 그보다도 훨씬 더 빠르게 태양 주위를 돈다는 것을 학교에서 배울 것이다. 바티칸 박물관에 초상화를 모셔둔 교황들은 얼마나 큰 죄악을 얼마나 많이 저질렀던가.

브루노는 진리를 확신했고 죽음을 두려워하지 않았다. 교황청의 권력자들은 자기네가 진리라고 주장해 온 것이 무너질지 모른다는 두려움 때문에 죄 없는 과학자를 불태워 죽였다. 그들이 그토록 소망했던 천국에 갔는지는 모르겠지만, 그들의 행위는 영원히 용서받지 못할 것이다. 용서할 권리가 있는 사람도, 용서를 청해야 할 사람도 모두 죽고 없으니 말이다.

뜻밖의 재미가 있는 도시

로마 여행 셋째 날은 대형서점에서 책을 구경하는 기분으로 아침부터 해 저물 때까지 정처 없이 성당과 광장, 궁전을 찾아다녔다. 로마는 확실히 여러 얼굴을 가진 도시였다. 아무렇게나 다녀도 거리의 향기를 맡고 공간의 이야기를 들을 수 있었다.

제일 먼저 간 곳은 테르미니역 광장 바로 앞 산타마리아 델리 안젤리 성당이었다. 고대 디오클레티아누스 목욕장에 붙여 지은 이 성당에는 2천 년 전 로마의 돈 많은 자유민이 만든 것을 되살린 내부 정원이 있었다. 연결된 건물을 로마 국립 박물관으로 쓰고 있었는데, 통유리 벽을 통해 고대의 목욕탕 내부를 볼 수 있었다. 훔쳐보는 게 아닌데도 묘한 긴장감이 들었다.

거기서 나와 오른쪽으로 돌자 '산타마리아 바실리카'의 파사드가
나타났다. 이 파사드는 반쯤 무너진 형상인데, 부서져서 그렇게 되었
는지 일부러 그런 모양으로 만들었는지는 확인하지 못했다. 공화국
광장 건너편 카페에서 제법 오래 지켜보았는데도 왠지 아련한 슬픔
이 일었다. 내부 공간은 십자형이었고 중앙 홀 안쪽이 예배 공간이었
다. 천장은 판테온을 모방했고 회벽의 그림은 석재 부조처럼 보였다.
내부보다는 파사드가 인상 깊은 성당이었다.

총리 관저가 있는 퀴리날레 궁전을 보러 가는 길에 '팔라초 바르
베리니'의 회화 박물관에 들렀다. 특별한 것을 기대하지는 않았다. 정
원이 딸린 로마의 저택은 대개 귀족 가문의 팔라초인데, 그런 집에
있는 사립미술관은 어떤지 보고 싶었을 뿐이다.

그림은 대부분 15~16세기의 판에 박힌 종교화였다. 구도는 같지
만 세부는 조금씩 다르게 반복 재생한 성모와 아기 예수 그림, 가톨
릭 성인과 귀족의 초상화가 압도적으로 많았다. 표현의 자유와 작품
을 판매할 수 있는 시장이 존재하지 않았던 시대의 '예술'은 개인의
창조적 활동이 아니었다는 것을 새삼 확인했다. 이 박물관의 전시 작
품에서는 창작자의 개성과 감정을 느끼기 어려웠고, 그래서 예술적
감동이란 것을 느낄 수 없었다.

그렇지만 한 가지 '뜻밖의 발견'을 했다. 회화 박물관에는 '알렉
산드리아의 성녀 카테리나'를 그린 작품이 여럿 있었다. 카테리나는 4
세기 초 막센티우스 황제의 기독교 박해 때 순교한 알렉산드리아 귀
족 가문의 젊은 여인이다. 라파엘로와 카라바조를 비롯한 여러 화가

가 저마다의 스타일로 이 여인을 그렸다.

카테리나가 박해를 당한 것은 단순히 기독교를 믿어서가 아니라 주변 사람들을 너무 많이 개종시켰기 때문이다. 황제가 직접 나서서 협박하고 회유해도 전혀 흔들리지 않고 죽음을 맞아들인 카테리나를 로마 가톨릭과 그리스정교회 모두 대단한 성인으로 추앙했다. 백년 전쟁 때 영국군을 떨게 만들었던 잔 다르크가 만났다고 주장한 성녀가 바로 카테리나였다. 내게 아주 소중한 사람의 세례명이 카테리나인데, 나는 그 이름의 원래 주인이 어떤 사람인지 알아본 적이 없었다. 회화 박물관에 들어간 덕에 알게 되었으니, 기대하지 않은 소득을 얻은 셈이었다.

퀴리날레 궁전은 청와대를 관람하는 느낌으로 갔지만 정문을 통과할 수 없어서 멀리서 보았다. 언덕이라고 하기가 민망할 정도로 밋밋한 비미날레 언덕의 내무부 청사를 지나 도착한 산타마리아 마조레 성당은 보수공사를 하고 있어서 계단과 앞마당만 감상했다.

잘생긴 소나무가 늘어선 언덕길을 넘어 대전차 경기장 터를 산책한 다음 맞은편 주택가에 있는 산타마리아 인 코스메딘 성당으로 향했다. 영화 〈로마의 휴일〉에서 그레고리 펙이 오드리 헵번을 깜짝 놀라게 했던 '진실의 입'이 여기에 있다. 원래 하수구 뚜껑이었는지 장식품이었는지 모를 진실의 입에 그레고리 펙 흉내를 내면서 사진을 찍으려는 사람들이 줄을 길게 서 있었다. 한때 일본 사람들이, 그다음에는 한국 사람들이 만들었던 그 줄을 이제는 중국 사람들이 만들고 있었다.

이 성당에는 초기 기독교 공동체의 흔적이 남은 지하 공간이 있다. 처음에는 그리스 사람들의 기독교 공동체가 머물렀고, 나중에는 빈민구호소로 썼다는 지하실 입구에서 구세군 복장 비슷한 제복을 입은 남자가 손가락 하나를 펴고 서 있었다. '기부금'이라고 주장하면서 1유로를 받았는데, 돈 내는 사람으로서는 '입장료'를 내는 것보다 기분이 좋았다. 산타마리아 인 코스메딘 성당은 지극히 성당다운 성당이었다. 로마 시내와 바티칸의 화려하고 거대한 성당들은 관광 상품 같았지만, 흙벽돌과 나무로 소박하게 지은 이 집은 지금 막 미사가 끝난 듯한 거룩한 분위기가 났다. 진실의 입에 손을 집어넣기만 하고 성당 내부에는 발도 들이지 않은 채 또 다른 '포토존'을 찾아 떠나는 사람들에게 안으로 들어오라고 말해 주고 싶었다.

로마에서는 에스프레소!

며칠 정도 로마를 둘러보는 단기 여행자라면 음식에 대한 기대 수준을 낮추는 게 현명하다. 관광객이 들끓는 동네에 맛집이 드문 것은 만국 공통의 현상이기 때문이다.

딱 한 번 이 도시를 여행한 내 경험에 따르면 로마는 음식 맛이 천차만별이었다. 도심 한복판 공화국 광장 뒤 오페라 홀 골목의 식당에서는 상상을 초월하는 음식을 받았다. 수프는 짜서 혀가 오그라들었고, 샐러드는 염소가 된 기분을 맛보게 했으며, 피자는 도우가 축축해서 토할 뻔했다. 그래서 베르디의 오페라 〈가면 무도회〉를 보러 갈 때는 저녁밥을 다른 곳에서 미리 챙겨 먹었다.

베네치아 광장 뒷골목 식당 야외 자리에서 백포도주 한 잔과 곁들여 먹은 해물 수프와 스파게티 봉골레, 나폴레오나타 피자는 그런대로 괜찮았다. 인도 바닥이 살짝 기울어져서 테이블에 놓인 음식이 쏟아질까 봐 불안하긴 했지만 옆자리에서 독일인 모녀가 나누는 다정한 대화를 본의 아니게 엿듣는 재미도 있었다.

내 경험으로는 정통 이탈리아 식당이 아닌 곳이 오히려 더 좋았다. 산타마리아 마조레 성당에 가던 중 비미날레 언덕 골목 모퉁이에서 오피스 분위기를 풍기는 조그만 비스트로를 발견했다. 옥호에 든 '리카르도(Ricardo)'라는 이름에 시선이 끌렸다. 경제학의 역사에 굵은 족적을 남긴 영국 사람 데이비드 리카도가 떠올라 무작정 들어갔다가 기대하지 않았던 호사를 누렸다.

불에 구운 해물에 차가운 콩국을 부은 수프, 회향(fennel) 샐러드와 먹물 마요네즈를 곁들인 문어구이, 굵은 생면을 쓴 바지락 파스타는 다 새로운 맛이었다. 달달한 디저트와 에스프레소는 오른쪽에 붙은 제과점에서 가져왔다. 밥 먹는 내내 루이 암스트롱, 레이 찰스, 니나 시몬, 마일스 데이비스의 노래와 연주가 흘러나온 것으로 보아 식당과 제과점을 함께 경영하는 주인장의 음악 취향은 재즈 쪽이 아닌가 싶었다.

이탈리아 음식은 사실상 세계를 '정복'했으며 한국도 예외가 아니다. 정통 이탈리아 코스 요리가 어떻게 구성되는지 알만한 이는 다 안다. 아페르티보-안티파스토-프리모 피아토-세콘디 피아티-돌체-카페로 이어지며 포도주나 맥주를 곁들인다. 아페르티보(Apertivo)는 음식을 기다리는 동안 필요한 '주전부리'로 조그만 빵이나 비스킷, 올리브를 준다. 안티파스토(Antipasto)는 탄수화물이 없는 전채 요리다. 얇게 저민 햄처럼 짭짤한 육류나 해물, 모둠 샐러드가 나오는 게 보통이다. 프리모 피아토(Primo Piatto)는 스파게티, 피자, 라자니아, 라비올리, 리소토 같은 걸 먹는데, 모두 밀가루나 쌀로 만든 탄수화물 덩어리다. 메인인 세콘디 피아티(Secondi Piatti)는 소, 돼지, 양 등의 육류나 생선이다. 먼저 고기를 먹고 밥이나 면을 먹는 우리나라와는 정반대인 셈이다. 후식인 돌체(Dolce)는 티라미수 케이크나 젤라또, 카페(Caffe)는 에스프레소가 기본이다. 이렇게 먹으려면 잘하는 레스토랑을 미리 알아보고 예약을 해두어야 한다. 며칠 로마에 머문다면 하루 저녁 정도는 '이탈리안 파인 다이닝'을 즐길 만하다.

그러나 나는 그렇게 하기보다는 발품을 팔아 동네 식당을 찾았다. 유럽의 낯선 도시에서 맛집을 찾는 내 나름의 방법을 적용했다. 첫째, 관광객이 많은 곳은 일단 피한다. 우리는 테르미니역 앞쪽 주거지역의 식당들을 눈으로 훑으면서 몇백 미터 안쪽까지 들어갔다. 둘째, 신선한 재료를 쓰는 집을 찾는다. 식당 입구에 선어를 진열해둔 유리 덮개 냉장고가 있는 식당을 발견했다. 지중해산 농어와 도미가 보였다. 안에 들어가 보니 한편에 정육 코너가 따로 있었다. 셋째, 현지 손님이 많은 식당이어야 한다. 여러 테이블에 이탈리아 말을 하는 가족 단위 손님이 있었다. '그래 이 집이야!' 다섯 번의 저녁밥 중에서 세 번을 그 집에서 먹었다.

로마 여행 마지막 날 밤, J 신부 일행을 그 식당으로 초대했다. 아침 기차를 타고 다 함께 아시시 소풍을 다녀온 참이었다. 예수회 소속의 다른 신부와 수녀가 한 분씩 동행했다. 아시시는 로마와 피렌체 중간 지점에 있는 오래된 도시인데 '아시시의 프란치스코 성인'이 태어나고 살았던 곳이어서 세계적인 가톨릭 순례지가 되었다.

지면이 부족해 이 도시를 자세하게 소개할 수는 없지만, 바티칸에서 불편했던 마음을 여기에서 풀었다. 그가 신의 계시를 받고 고쳐 지었다는 시골 교회 안마당에서 이런 생각이 들었기 때문이다. '그래, 종교와 종교권력은 다른 거야. 교황들은 그토록 호화로운 생활을 하면서 죄 없는 과학자를 불태워 죽였지만 어떤 이들은 이렇게 절제의 미덕과 사랑의 정신으로 충만한 인생을 살았어. 인간 세상은 원래 그런 것이지.'

간략한 연보를 살펴보니 아시시의 성 프란치스코(1181~1226)는 가톨릭 수도사였다. 사제 서품을 받지 않았으며 높은 지위에 오른 적도 없었다. 수도원 운영 규칙을 만든 것 말고는 이렇다 할 업적을 남기지도 않았다. 그런 사람을 왜 당시 교황이 불러 면담을 했으며, 가톨릭 교회는 왜 그를 성인으로 추앙하는지 물어보았다. J 신부님의 대답은 이랬다. "그런 질문은 처음 받았는데, 생각해보니 하신 일이 없네요. 그분이 성인으로 추앙받는 것은 아마도 예수님처럼 살았기 때문일 겁니다." 궁금한 독자는 '아시시의 성 프란치스코'를 검색해보기 바란다.

수녀님이 저녁 대접을 한사코 사양하기에 이렇게 말씀드렸다. "저녁값은 제가 아니고 출판사에서 내는 겁니다." 식당은 규모가 제법 크고 인테리어가 편안했으며, 식기나 플레이팅 스타일이 수수했고 맛도 고급스럽지는 않았다.

하지만 피자와 파스타는 간이 적당하고 불맛이 제대로 났다. 토마토를 넉넉하게 써서 국물이 자작한 해물찜은 입맛을 돋우었고, 저민 농어살에 올리브 기름을 살짝 묻히고 소금과 후추로 한 듯 만 듯 간을 해 루꼴라 잎을 말아 먹는 생선회는 탱탱해서 씹는 맛이 났다. '로마에서 생선회를 먹을 줄이야!' 소고기 육회 무침도 메뉴에 있었지만 수녀님 눈치가 보여 참았다.

카베르네 소비뇽 적포도주도 훌륭했다. 웬만한 포도주는 한 병에 우리 돈으로 3만 원이면 충분했다. 후식으로 아이스크림과 에스프레소를 시켰다. 로마에서는 아메리카노 커피를 피하는 게 현명하다. 에스프레소 더블 샷에 물을 타서 에스프레소의 두 배 값을 받는다. 에스프레소 더블은 두 배가 아닌데 말이다. 흑설탕을 듬뿍 넣고 대충 저은 다음 홀짝 마시고, 잔에 가라앉은 설탕을 티스푼으로 떠먹었다. 에스프레소를 머금은 설탕은 감칠맛이 났다. "디저트 아이스크림은 한 접시에 네 덩이가 나오는데 다섯 분이라 주방에 부탁해서 하나 더 얹었어요." 아담한 키에 노래하듯 영어를 하는 여직원한테 넉넉하게 팁을 주었다.

수녀님이 말했다. "인생 만찬이었어요. 로마에 4년 동안 파견 나와 있었는데 식당에 오면 피자나 파스타에 음료 한 잔이 다였거든요. 난 이탈리아 음식은 원래 그렇게만 먹는 건 줄 알았답니다." 내가 대답했다. "바티칸에서 마음이 좋지 않았는데 그걸 아시시에서 풀었어요. 고맙습니다. 예수님처럼 사는 분들을 대접하니 예수님을 대접한 것처럼 기쁘네요. 제 돈을 쓴 건 아니지만요."

로마의 동네 맛집 가격표는
공부하는 재미를 맛보게 한다.

e nostre specialità - Our specialties
€
- gioli al fiasco - Beans baked in traditional flasks — 7,00
- gioli all'uccelletto - Beans, tomato, sage — 7,00
- ppa di fagioli - Beans soup with bread — 7,00
- ppa di pomodoro - Tomato soup — 7,00
- ppa di verdure - Vegetable soup — 7,00
- gioli con salsicce - Beans, sausages — 8,00
- sta e fagioli - Beans and pasta soup — 8,00
- rciofi alla Romana — 8,00
- rtichokes with bread crumbs, olive oil, parsley and garlic
- rciofi alla Giudia - Jewish style artichokes — 8,00
- bbolita
- vegetable soup with bread, beans and black cabbage

imi piatti / pasta - First course
€
- e all'Arrabbiata - Penne with tomatoes, hot pepper — 7,00
- chi al pomodoro e basilico - Gnocchi with Tomato sauce and basil — 8,00
- gna al forno - Lasagna with meat sauce — 8,00
- li al pomodoro - Ravioli with tomato sauce — 9,00
- ccine alla Bolognese - Fettuccine with meat sauce — 9,50
- hetti alla Gricia - Spaghetti with Bacon and cheese and black pepper — 9,00
- hetti alla Carbonara - Spaghetti with Bacon, eggs and cheese — 9,50
- tini all'Amatriciana - Bucatini with Tomato, bacon and cheese — 9,50
- arelli cacio e pepe - Tonnarelli cheese and black pepper — 10,00
- ccine ai funghi porcini — 12,00
- ccine with porcini mushrooms*, garlic, oil
- ccine Alfredo - Fettuccine with butter and Parmesan cheese — 12,00
- ccine al cinghiale* - Fettuccine with wild boar ragout* — 13,00
- to funghi porcini - Risotto with porcini mushrooms — 12,00
- ccine ai carciofi - Fettuccine with artichokes — 10,00
- ti al salmone - Penne with salmon — 12,00
- hetti alle vongole - Spaghetti with clams — 14,00
- ccine cozze e pecorino - Fettuccine with mussel and pecorino — 14,00
- hetti alla Pescatora - Spaghetti with seafood — 14,00
- to alla Pescatora - Risotto with seafood — 14,00
- arelli all'astice* - Tonnarelli with lobster* — 25,00
- i dello Chef - Whim of the chef — 19,00

roma - Via dei Pastini, 13 - Tel. 066793797
www.ilbarroccio.com - ilbarroccio2015@pec.it
CONSULTARE IL MENU' ALLERGENI CHIEDERE AL PERSONALE
TO SEE THE MENU ALLERGENS ASK THE STAFF

Bistecca alla griglia - Grilled beef steak — 16,00
Tagliata di manzo con rucola e grana — 19,00
Cut of beef meat with rocket and Grana Padano cheese
Filetto all'aceto balsamico-Fillet meat with cream balsamic vinegar — 20,00
Filetto alla griglia - Grilled fillet of beef — 20,00
Filetto porcini e tartufo*** - Grilled fillet with mushrooms and truffle — 25,00
Filetto al pepe verde - Fillet of beef, green pepper source — 22,00
Grigliata mista di carne - Mixed grilled meats (2 person) (x 2 persone) — 33,00

Secondi piatti di pesce - Main courses of fish
€
Spigola o Orata alla griglia o al forno — 5,00
Sea bass or sea bream grilled or baked
Pesce del giorno S.D. (alla griglia, in crosta di patate, acqua pazza) 100 gr. — 6,50
Fish of the day (grilled, in a potato crust, crazy water)
Frittura mista (calamari*, gamberi*) — 16,00
Mixed fried (squid**, shrimps*)
Mazzancolee alla griglia - Prawns grilled — 18,00
Trancio di Pesce Spada alla Siciliana — 18,00
Steak Swordfish alla Siciliana
Grigliata mista di pesce* x 2 persone — 45,00
Mixed grilled fish* (2 person)

Insalate e Contorni
Salads and Side dishes
€
Insalata mista - Mixed salad — 5,00
Insalata Marco Aurelio (Insalata, radicchio, pomodoro, olive, mozzarella) — 8,00
Green salad with radicchio, rocket, tomato, olives, mozzarella
Insalata alla Rotonda (Insalata con pere e parmigiano) — 8,00
Green salad with pear and parmesan cheese
Insalata Caligola (Insalata con mais, cipolla, rucola e parmigiano) — 8,00
Green salad with corn, onion rocket and parmesan cheese
Insalata Nerone — 9,50
(Insalata con uova, carciofini, olive, pomodoro e mozzarella)
Green salad, eggs, artichokes, olives, tomato and mozzarella
Insalata Cesare — 10,00
(Insalata con petto di pollo grigliato, cetrioli, ravanelli, yogurt)
Green salad with grilled chicken breast, cucumbers, radishes, yogurt
Insalata Adriano — 10,50
(Insalata con tonno, gamberetti, salmone affumicato, salsa rosa)
Green salad with tuna, shrimp, smoked salmon, cocktail sauce
Insalata Capricciosa - Rich mixed salad — 10,00
Patate arrosto o fritte - Roast or fried potatoes — 5,00
Cicoria o Spinaci - Chicory or spinach — 5,00
Carciofi alla Romana (2) - Roman styles artichokes — 8,00
Carciofi alla Giudia (2) - Fried roman artichokes — 8,00
Verdure gratinate o gratinate - Grilled vegetables or gratin — 8,00
(freschi S.D.) - Roast porcini mushrooms — 18,00

Amarone della Valpolicella (r)
Frascati Superiore (b) - Montep
Chianti (r)

Spumanti - Cha
Prosecco
Moscato (doc Piemonte)
Ferrari (Brut)
Veuve Cicquot Ponsardin (B
Moët & Chandon (Brut)

Pizza and foca
€
Focaccia
Focaccia con cicoria - Foca
Focaccia con prosciutto - Fo
Marinara - Tomato, oregan,
Margherita - Tomato, mozza
Napoletana - Tomato, mozz
Pizza rughetta - Tomato, m
Funghi - Tomato, mozzarella
Salsiccia - Tomato, mozzare
Nduja (Pomodoro, mozzarel
(Tomato, mozzarella, Nduja
Capricciosa - Tomato, ham,
Funghi e prosciutto - Tomat
Funghi e salsiccia - Tomato, m
Funghi e radicchio - Mushro
Pizza fagioli e salsiccia - Toma
Pizza provola e rughetta - To
Pizza vegetariana - Vegetar
Pizza fior di zucca e alici
Mozzarella, anchovy, veget
Funghi, Gorgonzola e radic
Mushrooms, mozzarella, go
Pizza rughetta e prosciutto - Tom
Pizza tonno, cipolla rossa e c
Pizza bresaola, rughetta e Parmigia
Pizza ai frutti di mare - Pizz
Crostini al prosciutto - Toas
Crostini al tartufo - Toas
Crostini con salsicce - Toas
Crostini prosciutto e funghi - T
Crostini al tartufo - Toasted
Calzoni Primavera - Trousers Sp
Calzone - Trousers (Egg, mo
Calzone ai porcini - Trousers with p
Calzone al tartufo - Trousers

로마는 전성기를 다 보내고 은퇴한 사업가를 닮았다. 대단히 현명하거나 학식 있는 사람은 아니었으나 뛰어난 수완으로 돈과 명성을 얻었고, 나름 인생의 맛과 멋도 알았던 그는 빛바랜 명품 정장을 입고 다닌다. 누구 앞에서든 비굴하게 행동하지 않으며 돈지갑이 얄팍해도 기죽지 않는다. 인생은 덧없이 짧으며 모든 것이 부질없음을 알지만, 그렇다고 해서 한때 거두었던 세속적 성공에 대한 긍지를 버리지는 않는다. 로마는 그런 도시인 것 같았다.

"어때? 종종 만나서 놀면 괜찮지 않겠어?" 로마가 물었다. 테르미니역 승강장에서 공항 가는 기차에 오르며 가볍게 대꾸했다. "그래, 가끔 만나는 건 뭐, 나쁠 것 없겠지. 다음에 보자. 바쁜 일 좀 끝나면. 차오(Ciao, 안녕)!"

아테네, 멋있게 나이 들지
못한 미소년

로마, 뜻밖의 발견을
허락하는 도시

이스탄불, 단색에 가려진
무지개

파리, 인류 문명의
최전선

이스탄불

차낙칼레

앙카라

터키

이즈미르

카파도키아

보드룸

안탈리아

나의 이스탄불 여행지

술탄 메메트 대교
아나돌루 히사리
루멜리 히사리
보스포루스 대교
위스퀴다르
오르타쾨이 지미
체비의 탑
돌마바흐체 궁전
탁심광장
이스티클랄 거리
갈라타 탑
톱카프 궁전
갈라타교
갈라타 다리
예미뇌뉘 선착장
퀼헤베 공원
블루 모스크
아야소피아
지하궁전
카페르 치친수
시르케지 기차역
술레이마니예 지미
아타르튀르크 대교
피에르 로티 언덕

이스탄불, 단색에 가려진 무지개

다양성을 잃어버린 국제도시

이스탄불 공항에서 구시가로 가면서 본 셔틀버스 창밖의 풍경은 상상과 달랐다. 넓고 깨끗한 큰길, 키 큰 가로수 너머로 잘 지은 빌라와 아파트가 즐비했다. 날이 새기도 전에 보스포루스해협 위쪽 구시가의 작은 호텔에 도착해 일단 짐을 맡겼다. 프런트를 지키던 남자는 방이 비어 있으니 아침 먹고 오면 바로 안내하겠다고 하면서 장난스럽게 물었다. "군인이세요?" "아뇨." "그럼요?" "작가예요." "뭘 쓰시나요?" "에세이 씁니다." 뜬금없는 '신상 조사'를 당한 뒤 호텔을 나왔다.

이른 아침이라 마땅히 할 일이 없어서 높다란 성벽 아랫길을 걸으며 가랑비 내리는 해협의 새벽 풍광을 보았다. 어쩐지 비현실적이라는 느낌이 들었다. 새벽에 도착한 덕에 아직 눈뜨지 않은 이스탄불의 분위기도 맛보았으니, 시작이 좋은 여행이었다. 그렇지만 비 내리는 5월의 아침 공기는 밖에 오래 머물기엔 너무 차가웠다. 허기를 달래고 몸도 녹일 겸 성벽 위쪽 골목의 동네 식당에 들어가 오믈렛과 카푸치노를 주문했다. 그런데 주문할 때는 "빵 없어요(no bread!)"를 외치던 사장님이 큰 접시에 빵을 가득 담아주는 게 아닌가. '빵 없어요' 가 아니라 '빵은 돈 안 받아요'였던 것이다. '그래, 여긴 이스탄불이지. 주민과 여행자들이 각자 제멋대로 영어를 해도 그럭저럭 소통할 수 있는 도시.'

호텔로 돌아오니 프런트 직원이 정중하게 인사를 했다. "우리 호텔을 찾아주셔서 감사합니다!" 읽고 있던 책을 들어 보이면서 터키말로 된 기독교 신약이라고 자랑한 그는 숙박 바우처에 있는 내 이름을 검색해봤다고 했다. '이런, 영어판 〈위키피디아〉에는 내가 국회의원과 장관을 지낸 정치인이라고 나와 있을 텐데.' 직업을 속였다고 오해할까 걱정이 되어, 믿거나 말거나 한마디 했다. "지금은 글을 써요, 유럽 도시에 관한 에세이."

역사가 무려 2천700년이나 되는 이스탄불의 최초 이름은 비잔티움(Byzantium)이었고, 콘스탄티노폴리스(Constantinopolis, 영어로는 콘스탄티노플)로 이름이 바뀐 4세기부터 15세기까지는 동로마제국(비잔틴제국)의 수도였으며, 그 다음 500년은 오스만제국의 수도 이스탄불이었다.

오랜 세월 경제적·문화적 번영을 누렸던 이 도시는 20세기에 터키공화국의 영토가 된 후 국제도시의 면모를 거의 다 잃고 말았다. 고대 그리스, 로마제국, 비잔틴제국의 역사와 문화는 실종되었고, 그때 만든 몇몇 건축물만 박제당한 공룡처럼 덩그러니 남아 있다.

터키공화국의 수도는 동쪽의 아시아 내륙에 있는 앙카라이지만 경제, 문화, 역사, 관광의 중심은 이스탄불이다. 이스탄불은 유럽과 아시아 두 대륙을 껴안고 있다. 흑해의 물은 보스포루스해협, 마르마라해, 다르다넬스해협, 에게해를 차례로 지나 지중해로 가는데, 이스탄불은 가장 좁은 보스포루스해협의 양안(兩岸)을 끼고 형성되었다. 이 도시는 고대 그리스 세계의 일원이었다. 그리스와 터키 사이에 놓인 에게해는 문명이 태동한 신화의 바다였고, 보스포루스해협의 언덕에 최초의 도시를 세운 사람들도 에게해를 건너왔다.

이스탄불은 데이터로 짐작했던 것보다 훨씬 크고 사람이 많았다. 상주인구가 국민의 20%인 1천500만 명에 육박하는데, 셋 중 둘은 유럽 사이드에 거주하고 하나는 아시아 사이드에 산다. 95%가 무슬림인 터키 국민은 대부분이 수니파에 속하지만, 더 개방적이고 세속적인 성향을 지닌 알레비파도 500만 명 정도 된다. 남들이 보면 다 똑같은 무슬림이지만 그 사람들 스스로는 큰 차이가 있다고 여긴다. 무슬림이 아닌 극소수의 터키인과 외국인은 대부분 이스탄불에 산다.

인구를 기준으로 볼 경우, 이스탄불은 유럽 도시 중에서 가장 크고 세계에서도 5위권에 든다. 하지만 역사와 문화는 뉴욕, 베를린, 파리, 베이징보다 훨씬 깊고 넓다. 아시아 사이드인 아나톨리아(Anatolia)에는 8천 년 전 청동기 시대부터 호모 사피엔스가 살았으며 멸종된 호모 에렉투스의 흔적도 남아 있다.

유럽 사이드인 트라키아(Thracia)는 3천 년 전부터 인간이 거주했다. 전설에 따르면 B.C.7세기에 그리스 사람들이 유럽 사이드 '골든 혼(Golden Horn)'이라는 만(灣)의 언덕에 처음으로 마을을 세웠다. 그리스 남부 도시 메가라(Megara)의 권력자였던 비자스(Byzas) 또는 비잔타스(Byzantas)가 그 주인공이다. 비자스는 델피 신전에서 '눈먼 자해뜨기 전의 보스포루스해협.
어쩐지 비현실적이라는 느낌이 들었다.

들의 땅'에 도시를 세우라는 신탁을 받고 사방을 헤맨 끝에 골든 혼 남쪽에 솟은 언덕을 찾아냈다. 비잔티움은 비잔타스에서 유래한 이름이었다.

비잔티움은 330년 콘스탄티누스 황제가 이곳을 '새로운 로마'의 수도로 선포하면서 콘스탄티노폴리스라는 새 이름을 받았다. 그러나 로마를 건국해 거대한 제국으로 키운 라틴족의 지배권은 그리 오래가지 않았다. 그리스 사람들은 동로마제국의 권력을 서서히 잠식한 끝에, 6세기에 들어서는 황실의 공용어까지도 라틴어에서 그리스어로 바꾸었다. 역사학자들은 이런 변화가 일어나기 전과 후를 구분하려고 '비잔틴제국'이라는 용어를 만들었다. 이 글에서는 비잔틴제국과 콘스탄티노플을 기본으로 하되, 맥락상 꼭 필요할 때는 동로마제국과 콘스탄티노폴리스를 사용한다.

콘스탄티노플은 제국의 수도답게 다양성과 관용의 정신을 구현한 국제도시로 발전했다. 기독교가 국교였지만 다른 종교와 민족과 언어를 박해하거나 배척하지는 않았으며 15세기에 이스탄불이 된 후에도 그런 분위기는 지속되었다.

이스탄불은 두 대륙의 접점이고 보스포루스해협의 지정학적 요충이라는 경제 지리학적 특성 때문에 과거에는 실크로드의 전략 거점이었고 지금은 유럽과 아시아를 잇는 철로의 연결점이 되어 있다. 하지만 도시의 규모는 예전과 비교하기 어려울 만큼 달라졌다. 무엇보다 인구가 1950년대 이후에만 열 배 늘어 1천500만이 되었다. 보스포루스 대교(大橋)와 술탄 메메트 대교를 설치해 두 대륙을 도로로 연결했고 마르마라해협을 가로지르는 해저터널도 건설하였다. 터키 국내총생산의 1/4을 창출하는 도시답게 이스탄불 곳곳의 부도심에는 초고층 오피스 빌딩과 아파트가 들어서 있다.

도시의 성격은 더 크게 바뀌었다. 예전의 이스탄불이 지녔던 문화적·종교적·민족적 다양성은 거의 다 사라졌다. 터키공화국이라는 그릇은 1천500년 이어진 국제도시 이스탄불의 문화 자산을 담아낼 만큼 크지 않았던 듯하다. 이스탄불의 흠을 잡으려고 하는 게 아니다. 이 도시의 오래된 건축물과 공간을 독해하려면 이런 변화를 고려해야 하기에 하는 말이다.

난해하고 불친절한 박물관, 아야소피아

처음 이스탄불에 온 여행자는 대개 아야소피아 박물관을 먼저 찾는다. 이 집을 깊이 있게 들여다보기만 해도 도시의 역사와 터키공화국의 고민을 이해할 수 있기 때문이리라. 나도 그곳에서 이스탄불 탐사를 시작했다.

이스탄불은 8시가 넘어야 기지개를 켠다. 사람뿐만 아니라 거리의 개와 고양이도 해가 높이 떠오른 후에야 느긋한 자세로 새로운 하루를 시작한다. 이스탄불 시민이 된 기분으로 여유롭게 다녔지만 아야소피아, 블루 모스크, 토프카프 궁전 등이 모여 있는 구시가를 하루에 둘러보는 데 큰 어려움이 없었다.

오스만제국이 자미(Camii, **이슬람 사원을 가리키는 터키어**)로 사용한 교회와 수도원 말고는 비잔틴제국의 유적이 거의 남아 있지 않은 이

돔 지붕을 미나레가 둘러싼 아야소피아 박물관은
겉모습부터 무언가 난해하다는 인상을 준다.

스탄불에서 아야소피아는 단연 독보적인 건축물이다.

그런데 아야소피아 박물관은 '박물관'이 아니었다. 이름만 박물관일 뿐 특별한 전시품이 없었다. 나도 전시품이 아니라 아야소피아 그 자체를 보려고 갔다. 사실 아야소피아는 그 자체가 '살아 있는 박물관'이다. 이 도시가 콘스탄티노플이 된 이후 지금까지 겪었던 중대한 사건들을, 이곳에서 명멸했던 여러 문명의 영광과 수치를, 이스탄불의 과거와 현재를 모두 끌어안고 있다.

'카오스(혼돈)!' 아야소피아에서 이 말을 떠올렸다. 붉은 기운을 은은하게 내뿜는 아야소피아의 외관은 웬만한 궁전보다 화려했다. 원래 교회였다는데 주위를 이슬람 사원의 표식인 미나레(minare, **첨탑**) 4개가 둘러싸고 있었다. 기둥을 바깥벽으로 밀어내어 만든 거대한 중앙 홀에서 돔 천장을 올려다보니 종교행사를 위해 만든 공간임을 단박에 알 수 있었다.

중앙 제단에는 이슬람의 계단식 설교단 민바르(Minbar)와 기도 방향(메카)을 표시하는 벽장식 미흐랍(mihrāb)이 있었다. 벽에는 기하학적인 아라베스크 문양이 가득했고, 벽 상단을 따라 코란 글귀를 새긴 원형 나무판이 걸려 있었다. 틀림없는 자미였다. 그렇지만 중앙의 미흐랍 위 벽과 2층 곳곳에는 마리아, 예수, 세례 요한, 천사, 비잔틴 제국 황제가 등장하는 기독교 성화가 있었다. 원래 기독교 교회였다는 증거들이다. 2층 대리석 바닥에 새겨진 '단돌로(Dandolo)'라는 글자는 사람을 더욱 혼돈스럽게 만들었다. '단돌로가 뭐지? 사람이라고? 그게 누구야? 왜 여기 그 이름이 있는 거지?'

기독교 예배당 건물에 이슬람식 인테리어를 얹은 아야소피아 박물관의 내부.
종교 자체도 이렇게 융합할 수 있다면 좋을 것을!

많은 정보를 검색한 끝에, 아야소피아가 지극히 불친절하고 난해한 박물관이라는 결론을 얻었다. 사람들이 아야소피아를 크고 화려한 종교적 건축물로만 받아들이는 것은 이 집이 난해한 텍스트이기 때문이다.

최초의 아야소피아를 지은 사람은 콘스탄티누스 황제였다. 그는 황궁과 히포드롬(Hippodrome) 사이의 빈터에 나무와 벽돌로 소박한 교회를 짓고 '하기아 소피아(Hagia Sophia, 그리스어로 거룩한 지혜를 뜻한다. 아야소피아는 하기아 소피아의 오스만식 표기)'라는 이름을 붙였다. 이 교회는 콘스탄티노플에서 큰 정변이 날 때마다 부서지고 불타고 다시 지어졌다. 지금의 아야소피아는 유스티니아누스 황제가 537년에 완공했다. 대리석과 진흙 벽돌로 지은 이 집만큼 큰 교회는 그 전에 없었고, 그 후에도 천 년 동안 없었다.

유스티니아누스 황제는 왜 이토록 화려하고 큰 교회를 지었을까? 죄책감과 두려움 때문이었으리라고 나는 짐작한다. 아야소피아 맞은편에는 블루 모스크와 술탄 아흐메트 광장이 있다. 이 둘은 동로마제국의 타원형 공연장 히포드롬 자리에 들어섰다. 히포드롬은 로마의 콜로세오와 대전차 경기장을 섞어 놓은 공연장이었다. 콘스탄티노폴리스의 시민들은 여기서 검투사 대결, 검투사와 맹수의 혈전, 이륜 전차 경기를 보았다.

그런데 신앙심 깊었던 유스티니아누스 황제가 잔혹한 검투 경기를 금지하고 전차 경기도 막아버렸다. 화난 시민들은 관리들의 심각한 부정부패 사건을 도화선 삼아 대규모 반란을 일으켰다. 523년 터진 이 사건을 '니카반란'이라고 한다. 비잔틴제국의 역사에서 가장 격

렬했던 이 반란을 진압하는 과정에서 당시 거주민의 15%인 3만 명이
죽었다.

유스티니아누스 황제는 혹독하게 권력을 행사하면서도 대량학살
의 죄책감을 덜고 싶어서 신앙에 더 깊게 의존했으며, 또 다른 반란을
예방하려고 황제의 권위를 더 높이 세우려 했다. 하기아 소피아는 이
두 가지를 한꺼번에 이루는 수단이었다. 당대 최고의 건축가와 수학
자들을 투입했지만 쉬운 사업이 아니었다. 신속하게 건축을 완료하려
고 공사 책임자들은 그리스 신전의 돌기둥을 마구 뽑아다 썼다. 에페
수스의 아르테미스 신전과 델피의 아폴론 신전이 이때 무너졌다.

로마 판테온의 '업그레이드 버전'인 하기아 소피아는 비잔틴제국
황제의 권력이 얼마나 크고 강했는지 보여준다. 황제와 교황이 따로
있었던 로마와 달리, 콘스탄티노플의 정교회(正敎會)에서는 황제가 교
황을 겸직했다. 외관을 화려하게 만든 것은 하기아 소피아가 미사를
여는 교회였을 뿐만 아니라 황제 대관식을 비롯해 중요한 국가 의전
을 집행하는 정치적 공간이었기 때문이다. 내부 공간을 최대한 확장
하기 위해 돔이 하나인 판테온과 달리 보조 돔과 아치를 여럿 만들었
고, 늘어난 돔 지붕의 하중을 견딜 수 있도록 이중 주두 기둥을 쓰고
강력한 내력벽을 쌓아 압력을 분산했으며, 실내를 더 밝게 하려고 중
앙 돔 아래에 창을 40개나 냈다.

하기아 소피아는 많은 시련을 겪었고 여러 차례 생사의 갈림길에
섰다. 구조적 결함과 지진 때문에 완공한 직후부터 오늘날까지 크고
작은 보수 공사와 증·개축 작업을 했다. 그런데 교회였던 하기아 소

피아에 최초의 심각한 손상을 입힌 것은 유럽의 기독교도들이었다. 예루살렘을 무슬림의 손에서 되찾겠다는 명분을 내세우고 베네치아에서 출정한 제4차 십자군은 엉뚱하게도 헝가리 왕국에서 약탈과 학살을 저지른 다음 콘스탄티노플로 몰려갔다. 1203년 6월 베네치아 상선을 타고 골든 혼에 들어온 십자군은 겁쟁이 황제가 귀중품을 챙겨 달아난 덕에 손쉽게 도시를 점령했다. 그들은 허수아비 황제를 세우고 돈을 요구했지만 황실 금고가 비어 있어서 헛물을 켰다. 그러다 황실의 내분이 내전으로 번지자 방화, 살인, 약탈을 저지르면서 수많은 예술품을 파괴했다.

십자군은 우연히 콘스탄티노플을 침략한 게 아니었다. 로마 가톨릭 신도였던 그들은 콘스탄티노플에 본부를 둔 정교회에 강력한 적대감을 품고 있었는데, 그 연원은 로마 교황청과 콘스탄티노플 정교회의 신학적 대립과 정치적 갈등이었다. 결정적 계기는 그리스부터 동유럽까지 광대한 지역을 관할했던 정교회의 성상 숭배 금지 조처였다. 8세기 초 비잔틴제국에서 우상숭배를 금지한 십계명을 글자 그대로 따르는 운동이 벌어졌는데, 레오 3세 황제가 이 요구를 받아들여 십자가와 성모상, 성화를 모두 금지해 버렸다. 그래서 아야소피아에는 8세기 이전의 기독교 성화가 하나도 남아 있지 않다. 지금 있는 성화는 모두 성상 숭배 금지령이 풀린 846년 이후 그린 것이고 예수와 세례 요한, 마리아를 그린 황금 모자이크도 십자군을 내쫓은 직후 제작했다.

2001년 교황 요한 바오로 2세는 4차 십자군이 저지른 범죄를 공개 사과했고, 2004년에는 로마 교황청과 그리스정교회의 공식 화해를 선언했다. 진정 화해가 이루어졌는지 여부는 알 수 없지만.

십자군이 콘스탄티노플을 장악했던 60년 동안, 십자군을 후원했
던 베네치아 상인들은 보스포루스해협과 동지중해의 해상권을 이용
해 막대한 이익을 얻었으며 수많은 예술품과 귀중품을 실어냈다. 이
모든 행위를 지휘한 베네치아 상단의 '두목'은 눈이 먼 팔십 노인 엔
리코 단돌로였다.

콘스탄티노플에서 노략질한 대리석을 배로 실어 보내 고향에 저
택을 짓게 했던 그가 노환으로 죽자, 추종자들은 하기아 소피아 2층
에 시신이 든 관을 묻었다. 십자군을 내쫓은 콘스탄티노플 시민들이
드나들 때마다 밟으면서 십자군과 베네치아의 약탈자들에 대한 복수
심을 되살리려고 관을 파낸 자리에 단돌로의 이름을 새겼다고 하는
데, 명확한 증거가 있는 건 아니라지만 믿기로 했다. 당시 콘스탄티노
플 시민이었다면 나도 그렇게 했을 것 같아서.

하기아 소피아의 최대 위기는 1453년에 찾아왔다. 콘스탄티노플
을 점령한 오스만투르크 병사들은 사흘 동안 마음껏 약탈하도록 허
용하는 자신들의 전통에 따라 도시 전체를 쑥대밭으로 만들었다. 그
런데 스물한 살의 젊은 술탄 메메트 2세가 하기아 소피아만은 파괴하
지 못하게 막아섰다. 도시의 이름을 이스탄불로 바꾸어 오스만제국
의 수도로 선포한 그는 '하기아 소피아 성당'을 '아야소피아 자미'로
개조했다. 외부에 4개의 미나레를 세우고 내부 벽의 기독교 성화를
회반죽으로 가렸으며, 중앙의 십자가 자리에 이슬람 설교대 민바르
와 예배 방향(메카)을 안내하는 역할을 하는 미흐랍을 설치하고 천장

에는 거대한 샹들리에를 달았다. 이슬람 사원의 부속 첨탑의 영어 이름은 미나레트(minaret)이지만 여기는 이스탄불이니 터키어인 '미나레'를 사용하기로 하자.

기독교 교회 하기아 소피아는 이슬람 사원 아야소피아 자미로 바뀌어 비잔틴제국 황제가 아니라 오스만제국 술탄의 힘과 종교적 권위를 나타내는 표식이 되었다. 부서지지 않았다는 것만 빼면 파르테논과 똑같은 수모를 당한 것이다. 사람이든 집이든, 오래 살면 별일을 다 겪기 마련이다.

아야소피아 자미의 종교적 정치적 지위는 500여 년 유지되다가 터키공화국의 무스타파 케말(아타튀르크) 대통령이 박물관으로 바꾸었을 때 끝이 났다. 그가 그렇게 한 이유는 뒤에서 이야기하고, 여기서는 아야소피아의 비잔틴제국 시대 모자이크와 프레스코화가 1935년에 박물관 개조 공사할 때 다시 빛을 보았다는 사실만 짚어둔다. 무스타파 케말이 아니었다면 그것은 지금도 500년 전의 회칠 아래 잠자고 있을 것이다.

구시가의 아잔 배틀

아야소피아와 '경쟁하며 공존하는' 블루 모스크는 잔디가 깔린 공원을 사이에 두고 아야소피아를 마주 보고 있다. 아야소피아는 비잔틴제국의 아이콘 건축물이고, 블루 모스크는 오스만제국의 아이콘 건축물이다. 정식 이름은 1616년 사원을 완공한 14대 술탄의 이름을 딴

'술탄 아흐메트 1세 자미'이지만, 2만 장의 외벽 청색 타일과 200개 넘는 푸른색 스테인드글라스 창문이 은은한 푸른색을 내뿜고 있어서 다들 블루 모스크라고 한다.

나는 유럽 도시를 여행할 때 성당이나 교회는 대표적인 곳 하나만 자세히 보고 나머지는 대충 흘려보낸다. 이스탄불에서도 자미는 딱 한 곳 블루 모스크에만 넉넉한 시간을 들였다. 제일 크지는 않아도 단연 아름다운 자미라고들 해서.

이스탄불에는 오스만제국 500년 동안 지은 자미만 3천 개가 넘는다. 뭐, 그리 놀랄 건 없다. 대한민국은 기독교가 들어온 지 200년밖에 되지 않았는데도 수도 서울에만 교회가 5천 개나 된다. 가톨릭 성당과 불교 사찰, 다른 종교시설까지 합하면 이스탄불 자미 정도는 가볍게 뛰어넘는다. 신심 가득한 외국인이 서울의 대형교회를 다 보겠다고 한다면 뭐라고 하겠는가? "여기서 이러시면 안 됩니다. 이름 첫 글자 초성이 'ㅅ'인 대형교회만 해도 하나둘이 아니거든요"라고 충고하는 게 맞을 것이다. 서울의 대형교회도 저마다 건축적 특징과 역사가 있지만 기껏해야 사나흘뿐인 서울 여행을 대형교회 구경으로만 채우겠다면 누군들 말리지 않겠는가.

블루 모스크는 출입문이 여럿 있지만 방문자는 정해진 측면 출입문을 써야 한다. 굵은 쇠사슬을 드리워 놓은 탓에 고개를 숙이고 조심스럽게 들어가니 토프카프 궁전처럼 문과 정원이 번갈아 나타났다. 여성 방문자에게는 머릿수건과 치마를 제공해 드레스 코드를 지키게 했다. 블루 모스크는 실제 사용하는 사원이기 때문에 입장료가 없었다. 여기저기 기도를 하고 있어서 숨을 죽이고 가만가만 다니며 내부를 살펴보았다. 바티칸의 성베드로 대성당에서 그랬던 것처럼, 그 집을 지은 권력자가 방문자에게 무엇을 기대했는지 바로 알 수 있었다. 자신이 무력한 존재라는 자각, 그리고 미지의 초월적 존재와 그 존재를 대리하는 종교권력자에 대한 경외심.

블루 모스크는 안팎 모두 하기아 소피아의 복제품이었다. 내가 보기엔 분명 그랬다. 오스만투르크는 여러 갈래의 투르크 부족 중 오스만이라는 가문이 이끈 유목 부족이었다. 그들은 흑해 남동쪽에 국가를 세운 다음 정복전쟁을 벌여 영토를 확장했지만 특별한 건축 기술을 발전시키지는 못했다. 이슬람이 발원한 아라비아반도의 아랍인도 다르지 않았다. 메메트 2세가 하기아 소피아를 보호하고 자미로 개조한 것도, 아흐메트 1세가 뛰어난 건축가를 투입해 블루 모스크를 지으면서 하기아 소피아를 모방한 것도 그래서였을 것이다.

블루 모스크의 중앙 돔은 하기아 소피아와 마찬가지로 30개 넘는 보조 돔이 받치고 있다. 천장과 벽의 장식은 당연히 아라베스크 무늬가 압도한다. 기하학적으로 재창조한 꽃과 나무, 코란의 글귀 캘리그래피를 반복 사용한 아라베스크 무늬는 이슬람 문명의 대표 디자인이다. 자미의 권위를 세우기 위해 미흐랍을 나무가 아니라 대리석으로 만들었고, 메카의 카바 신전에서 가져온 검은색 돌도 모셔두었다. 규모가 조금 작기는 하지만 화려하기로는 블루 모스크가 하기아 소피아를 능가했다.

블루 모스크에는 미나레가 6개나 된다. 미나레의 수는 자미를 만든 사람의 지위에 따라 달라지는데, 술탄의 자미는 4개를 세우게 되어 있었다. 그런데 블루 모스크에 메카의 카바 신전과 맞먹는 수의

나는 블루 모스크의 천장을 보느라 턱을 들었지만,
예배를 올리는 무슬림들은 누구도 위를 보지 않았다.

미나레를 세웠으니 논란이 생기지 않았을 리 없다. 그래서 아흐메트 2세는 메카 성전에 미나레를 하나 더 세워 7개로 늘렸고, 블루 모스크는 유일하게 미나레가 6개인 이슬람 사원이 되었다. 미나레는 개수뿐만 아니라 높이도 자미의 지위를 드러내는 지표였다. 하루 다섯 번 기도 시간이 되면 '무아진'이라는 직책을 가진 자미의 직원이 미나레에 올라가 기도 시간을 알리는 '아잔'을 외친다. 예언자 무함마드가 이슬람을 창시한 7세기에는 시계가 없었다. 따라서 기도 시간을 알려주는 아잔은 종교적 필수품이었다. 사막과 초원이 많은 아라비아반도에서는 미나레가 높고 아잔 소리가 클수록 좋았을 것이다. 요즘은 무아진 대신 확성기가 미나레에 올라가 있다.

아야소피아와 블루 모스크 사이에 있는 술탄 아흐메트 광장의 오벨리스크와 청동 뱀 기둥은 약탈 문화재를 눈여겨보지 않는다는 개인적 원칙에 따라 곁눈질만 했다. 오벨리스크는 기원전 15세기 이집트에서 만든 것이고, 원래 뱀 세 마리가 휘감고 있었던 청동 기둥은 그리스 사람들이 델피 신전에 세운 페르시아전쟁 전승기념비였다. 콘스탄티누스 황제가 오벨리스크에 씌웠던 청동 장식과 금박은 '돈이 되는 것'이라 십자군이 떼어가 버렸다.

이스탄불에는 약탈 문화재가 많지만, 압권은 '지하궁전'이다. 아야소피아 앞 공원 오른쪽 블록 모퉁이에 입구가 있는 '지하궁전'은 궁전이 아니라 지하 저수조다. 터키어 '예레바탄 사라이'를 직역한 '지하궁전'보다 '바실리카 시스턴(Basilica Cistern, 대성당 저수조)'이라는 영어 이름이 훨씬 정확하게 이 공간의 기능과 성격을 알려준다. 그렇지

만 지하궁전이라는 이름으로 이미 널리 알려졌으니 그대로 쓰기로
한다. 하기아 소피아를 지을 때 축조한 지하궁전은 콘스탄티노플 시
절 만들었던 수백 개의 지하 저수조 중에서 가장 크다.

비잔틴제국의 황궁과 공공기관은 모두 언덕 위에 있었기 때문에
물 공급이 매우 어렵고 중요한 과제였다. 침략자의 포위 공격을 받는
경우 저수조는 생명줄과 같았다. 로마의 뛰어난 수로 축조 기술을 이
어받은 비잔틴제국은 20킬로미터 떨어진 수원지에서 물을 끌어와 저
수조를 채웠다. 그러나 콘스탄티노플을 정복한 메메트 2세는 고인 물
을 쓰지 못하게 하는 이슬람 율법에 따라 콘스탄티노플의 지하 저수
조를 모두 폐쇄해 버렸다.

그런 저수조가 이스탄불 관광의 핫 플레이스로 변신한 것은 우연
히 발견된 '메두사' 때문이었다. 1980년대에 진흙과 폐기물을 걷어내
는 복원사업을 하던 중 안쪽 모퉁이에서 메두사를 부조한 돌덩이가 2
개 나왔는데 하나는 옆으로, 다른 하나는 거꾸로 놓여 있었다. 메두사
는 머리카락이 뱀 모양이고, 눈이 마주치는 사람을 돌로 만들어 버리
는 그리스 신화의 괴물이다.

지하궁전에는 300개 넘는 돌기둥이 잘 훈련받은 군인들처럼 오
와 열을 반듯하게 맞추어 천장을 받치고 있다. 국제 규격 축구장보다
큰 지하 공간의 이동로를 걸으며 조명등 빛이 천장과 돌기둥과 수면
에 일렁이는 것을 보고 있자니 세상이 아닌 곳에 온 것 같았다. 내가
영화감독이라면 촬영을 하고 싶었을 테고, 전시 기획 전문가라면 딱
맞는 이벤트를 생각해냈을지도 모르겠다. 거기서 실제로 영화를 찍
기도 하고 이스탄불 예술 비엔날레 행사가 열리기도 한다니, 나만 그

지하궁전을 관광명소로 만들어준 메두사.
1500년 전 이 저수조를 만든 현장감독의 기술적 임기응변이 만든 풍경이리라.

런 생각을 한 건 아니었던 모양이다.

지하궁전은 아흐메트 광장의 오벨리스크나 부서진 청동 기둥과는 비교할 수도 없는 약탈 문화재 창고였다. 그렇지만 콘스탄티노플의 저수조 건설 책임자들이 문화재를 약탈했다는 말은 아니다. 그들은 문화재를 약탈한 게 아니라 건축자재를 재활용했을 뿐이다. 지금도 터키의 지중해 연안 곳곳에는 고대 그리스 돌기둥이 여전히 남아 있지만 이스탄불에는 거의 없다. 에게해의 섬과 그리스 본토의 신전 기둥까지 뽑아왔던 비잔틴제국 관리들이 콘스탄티노플 시내의 그리스 신전 돌기둥을 그대로 두었겠는가.

지하궁전의 돌기둥은 실로 다양했다. 사각기둥, 원기둥, 통으로 깎은 기둥 등, 모양도 두께도 다 제각각이었다. 어떤 것은 주두가 아예 없었고 어떤 것은 도리아식, 이오니아식, 코린트식 주두 장식이 있었다. 저수조 맨 안쪽의 메두사도 재활용한 석재에 지나지 않았다. 그런데 왜 메두사를 그런 식으로 놓았을까? 저수조 기둥은 길이가 모두 같아야 한다. 너무 긴 기둥은 잘라 맞추었겠고 너무 짧은 것은 적당한 돌덩이를 괴었을 것이다. 마침 괴물 형상을 그려놓은 돌덩이 2개가 있었는데, 기둥을 받치기에 적당하게 놓다 보니 하나는 거꾸로, 다른 하나는 옆으로 놓게 되었다. 기둥을 안정시킬 수만 있다면 메두사가 바로 서든 뒤집어지든 아무 상관이 없었다. 그 일을 한 현장감독은 그것이 구름 관중을 불러 모으리라고는 꿈에도 상상하지 못했을 것이다. 이것이 메두사가 거꾸로 앉게 된 경위에 대한 나의 별 근거 없는 추정이다. 그렇지만 제법 그럴듯하지 않은가.

지하궁전의 그리스 돌기둥, 물, 조명이 어우러져
영화 스크린 안에 들어온 듯한 착각을 하게 만든다.

해 질 무렵 히포드롬 근처 카페 야외 테이블에서 차를 마시다가 기대하지 않았던 소득을 올렸다. 터키에서 최고임이 분명한 무아진들의 '아잔 배틀'을 감상한 것이다. 확실치는 않지만, 블루 모스크와 아야소피아에서 나오는 아잔으로 짐작했다. 아야소피아는 박물관이니까 아잔을 내보내지 않을 수도 있다. 그러면 근처에 있는 다른 자미였을 것이다. 어쨌든 두 곳에서 동시에 아잔이 들렸다.

아잔은 고함 같기도 하고 노래 같기도 한데, 텍스트는 알라와 예언자 무함마드를 예찬하고 기도해서 구원을 받으라고 권하는 내용이다. 우리의 전통 시조창과 사찰의 독경 소리를 적당히 섞어서 판소리 스타일로 부르면 비슷하게 들릴 것 같았다.

두 무아진은 한 소절씩 번갈아 노래했는데, 가끔은 소리가 물려들면서 화음(또는 불협화음)을 만들었다. 수많은 첨탑과 돔 지붕이 만든 구시가의 스카이라인 위로 붉은 노을이 번진 옛 제국의 수도에서 소리의 길이와 높낮이를 달리하면서 이어지는 '아잔 배틀'을 듣고 있으니 '이런 맛에 여행하는 것인가' 싶은 만족감이 차올랐고, 메카 쪽으로 엎드려 기도하는 오스만제국 술탄의 뒷모습을 본 듯한 착각마저 들었다.

젊은 황제의 호연지기, 토프카프 궁전

아야소피아와 블루 모스크를 본 다음 이스탄불 구시가의 3대 건축물이라는 토프카프 궁전을 탐사했다. 아야소피아 뒤편 보스포루스해협을 내려다보는 언덕 끝에 있는 이 궁전은 이름도, 건물의 모양도, 공간의 구조도 흔히 생각하는 궁전과는 달랐다.

토프카프는 '포문(砲門)'이라는 뜻으로, 궁전과는 전혀 어울리지 않는 말이다. 건물들은 단순하고 투박한 사각형이었고 정원 역시 화려함이나 우아함과는 거리가 멀었다. 그렇지만 이스탄불에서 본 모든 건축물 중에서 나는 이곳이 제일 좋았다. 그 집을 지은 사람의 호연지기를 느낄 수 있었기 때문이다.

토프카프 궁전은 걸출한 건축가 한 사람의 작품이 아니라 술탄 메메트 2세가 거처와 관청으로 쓰려고 지은 여러 건축물과 생활 공간의 집합이다. 술탄의 집무 공간을 중심으로 이질적인 건물이 한데 모인 토프카프 궁전에는 넓은 정원과 도서관, 술탄의 네 부인과 자녀들이 거주한 하렘도 있었다. 오스만제국 막바지에 술탄의 거처를 돌마바흐체 궁전으로 옮기기 전까지 378년 동안 이 궁전은 남유럽, 동유럽, 서남아시아와 북아프리카 해안지역을 지배한 제국의 심장부였다. 터키공화국 정부는 이곳을 황실의 보물, 무기, 도자기, 귀금속, 장신구를 전시한 박물관으로 만들어 관광객을 끌어모으고 있었다.

메메트 2세는 보스포루스해협이 골든 혼을 만나 마르마라해로 넘어가는 지점의 언덕을 자신의 거처로 삼았다. 1478년 완공한 토프카프 궁전의 입구 벽에는 아랍어로 이렇게 적혀 있다. "알라여, 이 궁전을 지은 사람의 영광이 영원하도록 하소서! 알라여, 그의 힘을 더욱 강하게 하소서!" 그러나 술탄의 힘은 영원하지도, 더욱 강해지지도 않았다. 모두가 헛된 욕망이었을 뿐이다.

토프카프 궁전에서 그나마 궁전 같아 보이는 이 건물도 술탄이 지은 것이 아니라
비잔틴제국 시대의 성당이었다. 오스만제국 초기 술탄의 권력은 컸으나 거처는 소박했다.

토프카프 궁전에는 문이 셋 있는데, 첫 번째 '황제의 문'을 지나면 '예니체리 마당'이라고 하는 안마당이 나온다. 14세기 이후 200여 년 동안 정복전쟁의 최정예 전투부대였으며 제국이 안정된 이후에는 술탄의 경호를 맡았던 예니체리 부대는 정복전쟁의 잔혹함과 권력의 비정함을 극단까지 보여주었다.

오스만제국은 서쪽 발칸 지역의 영토 확장 과정에서 사로잡은 청소년 기독교도들을 무슬림으로 개종시켰고, 혹독한 훈련을 견뎌낸 청년들을 모아 특수부대로 편성했다. 혼인도 하지 않고 집단으로 생활하면서 특별한 대우를 받았던 예니체리는 점차 이스탄불을 장악한 권력 집단으로 변모해 술탄을 암살하거나 갈아치우는 정변을 여러 차례 일으켰다. 1826년 예니체리가 군을 현대화하려는 정부의 방침에 반기를 들고 반란을 일으키자 술탄 마무드 2세는 대포를 쏘아 진압한 다음 살아남은 자를 모두 처형하고 부대를 남김없이 해체해 버렸다.

두 번째 문 안쪽에는 정원 귀퉁이의 각료 회의실 건물 말고는 특별한 것이 없었다. 이 궁전의 핵심 공간은 술탄과 최고위직 측근들만 드나들었던 세 번째 문을 지나서야 만날 수 있었다. 가장 인상 깊었던 곳은 술탄 접견실과 사신 대기실이었다. 접견실에는 침대처럼 생긴 초대형 보료가 있었는데 구석에 설치해둔 수도꼭지가 엉뚱해 보였다. 그렇지만 밀담할 때 밖에서 듣지 못하게 물을 틀려고 설치했다는 이야기를 듣고 보니 나름 괜찮은 아이디어였다는 생각이 들었다. 사신 대기실은 여럿이 둘러앉아 대화할 수 있는 구조였는데, 작은 방으로 갈라놓은 돌마바흐체 궁전의 사신 대기실을 보고 나서야 이것

이 메메트 2세와 오스만제국 초기 술탄들의 드높았던 자존감을 보여
주고 있음을 감지했다. 그들은 외국과 속국의 사신들이 자유롭게 이
야기를 나누도록 허용해도 감히 반역을 획책할 수 없으리라 자신했
으며 반란을 겁내지도 않았다. 사신 대기실은 이렇게 말하고 있었다.
"나 술탄이야. 그대들이 반란을 모의한다 해도 두렵지 않아!"

술탄의 사생활 공간인 하렘도 이 구역에 있었다. 방이 250개나
되었던 하렘에는 정복지에서 끌고 온 여인들이 기거했는데 1909년
술탄 압둘하미드 2세가 퇴위할 때 문을 닫았다. 하렘은 영화에서 본
것처럼 호화롭지 않았다. 평범하고 소박하게 지은 아파트였을 뿐이
다. 호기심에 끌려 추가 입장료를 내고 들어갔지만 다시 가고 싶은
마음은 들지 않았다.

가장 붐비는 곳은 보물 전시실이었다. 주먹만 한 다이아몬드와
보석으로 치장한 요람은 희귀한 구경거리였다. 그러나 모세의 지팡
이, 예언자 무함마드의 턱수염과 터번, 예언자 아브라함의 식기는 '진
귀'하다고 말하기 어려웠다. 누구도 진품임을 보증할 수 없는데도 그
런 것을 '보물'로 공인하고 국가가 관리하는 것은 예언자 무함마드 이
래 이슬람 세계에서는 종교권력과 정치권력이 일체를 이루었기 때문
일 것이다.

이 보물들 때문에 토프카프 궁전은 군인들이 경비한다. 궁전의
보물을 다 팔면 터키 국민이 4년 동안 먹고 살 수 있다는 말이 사실
이라면 그럴 만도 하다는 생각이 들었다. 사실인지 아닌지, 나는 모른
다. 그렇지만 내가 억만장자라 해도 그런 것을 돈 주고 사고 싶은 마
음은 없다.

전체 길이가 22킬로미터나 되었던 콘스탄티노플의 높고 두꺼운 성벽은 난공불락으로 통했다. 테오도시우스 2세 황제가 5세기 초 서쪽 내륙에 쌓은 길이 5.7킬로미터의 콘크리트 성벽은 특히 유명했다. 폭 20미터인 해자 안쪽에 7미터와 10미터 높이의 성벽을 이중으로 올린 테오도시우스 성벽을 넘는 데 성공한 침략자는 천 년 동안 없었다. 황제가 겁을 먹고 도망치지만 않았다면 아마 4차 십자군도 콘스탄티노플에 들어오지 못했을 것이다.

메메트 2세는 이런 성벽을 무너뜨리고 도시를 정복했다. 우월한 무기뿐만 아니라 뛰어난 지략을 가진 군사 지도자였던 그는 보스포루스해협 가장 좁은 곳의 양안에 '루멜리 히사리'와 '아나돌루 히사리'라는 요새를 세워 해협을 통제함으로써 콘스탄티노플을 완전히 고립시켰다.

루멜리 히사리에 올라가 보니 왜 그랬는지 알 수 있었다. 가난한 사람들이 돈을 모아 지었다는 소박한 자미를 지나 루멜리 히사리에 들어갈 때 입장료 10리라를 내고 가방 검사를 받았다. 터키는 자치 또는 독립을 갈망하는 쿠르드족의 무장투쟁 때문에 공안 통치 분위기를 벗어나지 못하고 있다. 시장이나 왕궁, 박물관처럼 사람이 많은 곳에서 테러 예방을 위한 소지품 검사를 하는 건 이해할 수 있는 일이었다. 그렇지만 외진 곳에 있고 방문객도 드문 그 요새에서 도대체 왜 가방 검사를 하는지 알 수 없는 노릇이었다.

높은 감시탑이 3개, 작은 탑이 14개나 있는 루멜리 히사리를 겨우 넉 달 만에 다 지었다는 게 믿기지 않았다. 그렇게 서둘러 지은 건축물이 600년 가까운 세월 동안 멀쩡하게 서 있었다는 것도 신기했

루멜리 히사리에서 해협을 내려다보면 메메트 2세가 왜 먼저 이곳에
요새를 구축했는지 설명을 듣지 않아도 알 수 있다.

다. 루멜리 히사리는 건너편 아시아 사이드의 아나돌루 히사리와 짝을 이루어 흑해 방면에서 콘스탄티노플로 접근하는 모든 선박을 감시 통제할 수 있는 전략 요충이었다. 이곳에 사정거리가 긴 대포를 걸어두자 어떤 배도 허락 없이는 해협을 운항할 수 없게 되었다.

본격적으로 콘스탄티노플 정복에 나선 메메트 2세는 골든 혼 쪽의 상대적으로 취약한 성벽을 먼저 공격했다. 골든 혼은 입구를 가로질러 걸어둔 굵은 쇠사슬 때문에 외부 침략군의 전함이 진입할 수 없었다. 그래서 비잔틴제국 정부는 서쪽 내륙과 달리 골든 혼 쪽에는 홑겹 성벽만 쌓아두었다.

메메트 2세는 단순하지만 위력적인 전법을 썼다. 전함을 땅에 올려 쇠사슬을 묶은 지점을 우회한 다음 다시 바다에 띄워 홑겹 성벽에 접근한 것이다. 적군이 상상하지 못했던 방법으로 접근하자 콘스탄티노플 수비대는 허겁지겁 골든 혼 성벽으로 병력을 분산했고, 오스만투르크의 육군은 대포의 화력에 집중해 서쪽 내륙의 테오도시우스 성벽을 돌파했다. 1453년 5월 29일 아침이었다. 16만 대군의 포위 공격을 두 달 동안 막아냈던 7천 명의 콘스탄티노폴리스 수비대는 거의 다 전사했고 비잔틴제국은 해체되었다. '콘스탄티노플 함락'이라는 비보를 접수한 유럽 기독교 세계는 공포의 도가니에 빠졌다. 테오도시우스 성벽은 그날 무너진 모습 그대로 남아 있다.

오스만제국은 콘스탄티노플 정복의 여세를 몰아 흑해에서 이어지는 동유럽, 북아프리카, 아라비아반도의 해안 지역, 그리스를 포함한 발칸반도를 완전히 장악했다. 그리고 이때 '유럽의 화약고'로 자라날 참극의 씨앗이 발칸반도에 뿌려졌다. 기독교도와 무슬림, 원래 거기 살던 민족과 동방에서 이주해 온 여러 민족이 뒤섞여 살게 된 것이다. 다양성은 좋은 것이지만 서로 다른 민족, 종교, 문화가 뒤섞이면 갈등이 무력 충돌로 비화할 위험이 커진다. 1990년대에 유고연방이 해체된 직후 세르비아계 군인들이 보스니아의 무슬림 1만여 명을 학살한 '인종 청소' 사건을 기억하는 독자가 있을 것이다. 오스만제국은 콘스탄티노플을 정복한 후 두 차례나 빈을 포위 공격했다가 실패하고 물러났는데, 만약 그들이 빈을 함락시키고 서쪽으로 더 진격했다면 서유럽 전체가 발칸반도처럼 되었을지 모른다.

서 있는 곳이 다르면 세상사를 보는 관점도 달라지는 법. 1453년 5월 29일 아침 벌어졌던 사건을 가리켜 유럽 기독교인들은 '콘스탄티노플 함락'이라 했고, 세계의 무슬림들은 '콘스탄티노플 정복'이라 했다. 둘 다 일리가 있다. 메메트 2세는 콘스탄티노플을 정복했고, 콘스탄티노플은 그에게 함락되었으니까.

메메트 2세는 콘스탄티노플을 이스탄불로 바꾸었지만, 도시가 사라지거나 몰락한 것은 결코 아니었다. 오스만제국은 투르크족만의 국가가 아니라 다양한 인종과 민족, 상이한 종교와 문화가 공존하는 제국이 되었고 이스탄불은 그런 제국의 수도다운 도시로 발전했다. 이스탄불에는 투르크인, 그리스인, 이탈리아인, 터키인, 아르메니아인, 조지아인, 쿠르드인이 섞여 살았고 유대교, 기독교, 이슬람 등 다양한 종교와 문화가 공존했다.

메메트 2세 혼자 오스만제국을 건설한 건 물론 아니었다. 제국을 완성한 술탄은 술레이만 1세였는데, 그는 운도 좋았고 능력도 뛰어났

다. 오스만제국에는 술탄의 형제를 모두 감금하거나 죽이는 전통이
있었다. 그런데도 권력 투쟁을 겪지 않고 제위에 올랐던 술레이만 1
세는 1520년부터 46년 동안 제국을 통치하면서 13차례나 원정을 나
가 영토를 크게 확장했다. 이집트, 시리아, 세르비아, 헝가리 일대를
정복한 데 이어 1529년에는 빈을 공격했으며 아르메니아와 바그다
드, 아라비아반도, 페르시아만, 지중해와 흑해, 홍해를 제패하고 튀니
지와 알제리 등 북아프리카 지역과 이베리아반도 서부지역까지 손을
뻗쳤다. 예언자 무함마드의 계승자이자 이슬람 최고 종교지도자로
인정받는 '칼리프' 지위도 손에 넣었다.

　술레이만 1세는 제국의 법 제도를 정비하고 법전을 편찬했으며
교육을 장려하고 문화 예술을 진흥했다. 전쟁, 건축, 문화예술, 교육
등 모든 분야에서 성공했기에 소위 '오스만 르네상스'를 일으킨 위대
한 술탄이라 칭송받았던 그는 열세 번째 원정을 나갔다가 마차 안에
서 죽었고 자신이 만든 자미에 묻혔다. 블루 모스크보다 더 아름답다
고 하는 쉴레마니예 자미는 오스만제국 역사에서 가장 위대한 건축
가라는 미마르 시난이 지었다. 이 자미는 고등어 케밥 노점이 성업
중인 골든 혼의 갈라타 다리 앞 에미뇌뉘 광장을 내려다보는 언덕에
있다. 나는 건물의 외부만 보고 지나쳤는데, 나처럼 블루 모스크 하나
만 들어가 보는 여행자가 많아서 그런지 입구가 붐비지는 않았다.

　이슬람 율법은 중혼을 허용한다. 오스만제국 술탄은 보통 네 여
자와 정식 혼인했고, 다른 여인을 비공식적으로 더 거느리는 경우도
많았다. 그런데 술레이만 1세는 한 여인하고만 정식 혼인을 하고 황
후의 지위를 주었다. 본명이 알렉산드라 아나스타시아 리소프스카였

수상 버스 탑승장 입구에서 마주친 고등어 케밥 노점.
아버지의 장사를 도우려고 뛰어다니는 어린 아들의 몸짓이 어여뻤다.

던 폴란드 여인 록셀라나였다. 열여덟 살에 전쟁포로로 이스탄불에
잡혀 왔던 록셀라나는 노예로 팔렸다가 하렘에 들어가 술레이만 1세
의 아내가 되었는데, 여섯 아이를 낳았고 외교 분야에서 중요한 조언
자 역할을 했다고 한다.

　　여성을 제도적으로 차별해 온 이슬람 세계에서 다른 사람도 아닌
술탄이 한 여인만 사랑했다고 하니 애틋한 마음이 들었다. 한 여인을
진심으로 위하지 못하는 자, 어찌 만백성의 보호자가 될 수 있으랴.
술레이만 1세는 전쟁을 많이 한 술탄이었지만 나쁜 사람은 아니었을
것이라고, 쉴레마니예 자미가 보일 때마다 생각하곤 했다.

돌마바흐체 궁전, 명품을 버리고 짝퉁을 택하다

이스탄불 여행 두 번째 날은 구시가지 외곽과 골든 혼, 보스포루스해
협에 있는 명소를 탐방했다. 버스와 트램(도로 위에 깔린 레일 위를 주행하
는 노면전차), 지하철, 유람선 등 다양한 교통수단을 활용해 돌마바흐체
궁전, 갈라타 다리, 시르케지 기차역, 해협 유람선, 위스퀴다르 등을
돌아보았다. 소설가 오르한 파묵이 한탄한 이유를 알 것 같았다. 파묵
은 이스탄불에서 태어나고 자랐으며, 자서전 제목을《이스탄불: 도시
와 기억》이라 지었을 정도로 이 도시를 사랑했다.

　　그러나 터키 정부와 이스탄불 시 당국은 여행자들이 파묵을 만나
지 못하게 하는 것 같았다. 우리가 이스탄불에 가기 얼마 전 구시가
에서 폭탄 테러가 일어났다. 전쟁터에서도 포탄이 한 번 떨어진 자리

에는 또 떨어지진 않는다는 군대 속담을 들먹이면서 비행기에 올랐다. 다녀온 직후에는 이스탄불 공항에서 폭탄이 터졌다.

이스탄불이 안전하지 않다고 해서 터키 사람 가이드 M을 고용했다. 그런데 M은 탁심 광장 근처 뒷골목 어디에 있다는 '파묵 하우스'를 끝내 보여주지 않았다. 어떤 날은 휴관일이라 했고, 다른 날은 동선이 맞지 않는다고 했다. 시종일관 진지하고 성실하게 우리를 안내했던 M이 그렇게까지 하는 것을 보니 그곳에 고객을 데려가지 말라는 당국의 지시가 있었던 게 아닌지 의심이 들었다.

"이스탄불은 모든 것이 낡고, 한적하고 텅 빈, 흑백의 단조로운 도시로 바뀌었으며 거리에서 그리스어, 아르메니아어, 이탈리아어, 프랑스어, 영어, 히브리어가 사라졌다." 파묵은 자서전에 이렇게 쓴 대가를 치르는 것 같았다. 이스탄불이 단색의 도시로 변한 데는 두 가지 이유가 있다. 첫째는 오스만제국이 해체되어 제국의 수도 지위를 잃은 것, 둘째는 터키인이 아닌 주민들이 도시를 떠난 것이다.

보스포루스해협 유럽 사이드에 있는 돌마바흐체 궁전은 제국이 무너진 이유를 몸으로 증언하고 있었다. 1856년 완공한 이 궁전은 길이 500미터에 연회장이 43개, 방은 285개나 될 정도로 규모가 크다. 술탄들은 그 뒤에도 츠라안 궁전과 이을드즈 궁전, 여름 별장 베이베르베이 궁전 등을 신축했다.

제국의 힘과 술탄의 권위를 내보이려 했던 궁전 신축은 제국의 붕괴를 오히려 재촉했다. 유럽 열강이 교육과 과학 기술을 진흥하고 신무기를 갖춘 상비군을 양성했던 시기에 엉뚱하게도 생산적 기능이 하나도 없는 궁전 신축에 에너지를 소모했기 때문이다.

술탄들이 산업을 진흥하려는 노력을 전혀 하지 않았던 것은 아니다. 골든 혼에 다리를 놓았고, 철도망을 유럽 대륙과 연결했으며, 전화와 전기를 비롯한 선진 기술과 설비를 도입했다. 1845년 만든 갈라타 다리는 구시가의 에미뇌뉘와 골든 혼 건너편 신시가의 카라쾨이를 연결했다. 원래 있던 다리를 골든 혼 상류로 옮기고 1990년대에 새로 만든 갈라타 다리는 관광명소가 되었다. 아래층은 카페와 레스토랑이고 위로는 자동차와 트램이 다닌다. 다리 난간에는 고등어와 청어 새끼를 낚으며 잔 손맛을 보는 낚시꾼이 북적였다.

저녁이 되면 골든 혼 쪽 다리 입구가 있는 에미뇌뉘 광장에는 첨탑이 만드는 신시가의 스카이라인 너머로 석양을 감상하려는 관광객이 모인다. 하지만 나는 그 시간 그 광장에는 다시 가지 않을 것이다. 고등어 케밥 노점들이 내뿜는 연기와 냄새 때문에 거대한 '화생방 훈련장'에 들어온 것 같았으니까.

구시가의 시르케지 트램역 옆에 있는 기차역도 오스만제국 근대화의 흔적이다. 1883년 10월 4일, 파리에서 출발한 첫 오리엔트 특급열차가 뮌헨, 빈, 부다페스트, 부쿠레슈티를 거쳐 이스탄불까지 사흘 동안 2천700킬로미터를 달렸다. 유럽의 귀족과 부자들은 욕실이 딸린 열차의 침실과 호화로운 레스토랑에서 자고 먹으면서 비즈니스를 하고 연애도 했다. 아가사 크리스티의 소설처럼 복수극을 벌인 경우도 없지는 않으리라.

오스만 양식과 유럽 스타일이 결합한 시르케지 기차 역사는 두 대륙을 품고 있는 이스탄불의 지정학적 강점을 보여준다. 오리엔트 특급열차가 없어졌고 통근열차와 단거리 노선 기차만 들어오는 이 역은 사라진 제국에 대한 기억을 소환하기에 좋은, 달콤하지만 쓸쓸한 공간이었다.

'가득 찬 정원'이라는 이름처럼 진귀한 물건이 가득한 돌마바흐체 궁전은 트램으로 수월하게 갈 수 있었다. 토프카프 궁전과 쌍벽을 이룬다고 하지만 둘은 모든 면에서 대조적이었다. 투박하고 검소한 토프카프 궁전은 제국의 탄생을 증언하는 반면, 화려한 돌마바흐체 궁전은 기울어가던 제국의 황제가 느꼈던 불안과 열등감을 보여준다. 혼자 한국어를 익혔다는 M은 나와 같은 생각을 달리 표현했다. "토프카프 궁전에 가면 기분이 좋아요. 여기 오면 안 그래요. 힘이 없어요."

외국인이 봐도 그런데, 조국을 사랑하는 젊은이가 왜 그렇지 않겠는가. 돌마바흐체 궁전은 베르사유 궁전의 '짝퉁'이었다. 외벽만 대리석을 쓰고 집은 나무로 지었는데, 목재 표면을 절묘하게 처리해 전체가 대리석 건물처럼 보이게 했다. 장식과 집기에 금 14톤과 은 40톤을 썼다는 실내 공간에는 크리스털 계단, 거대한 샹들리에, 곰 가죽, 나폴레옹의 피아노를 비롯해 각국 황제들이 보낸 갖가지 '집들이 선물'을 전시하고 있었다.

공간 배치도 베르사유 궁전과 비슷했다. 금으로 도배한 벽, 붉은 크리스털로 장식한 벽난로, 술탄 전용 목욕탕, 복도 벽에 걸린 술탄들의 초상화, 남자만 들어올 수 있었던 대형 연회장, 4명의 황비들이 살았던 하렘까지 차례로 구경했지만 특별한 감동은 느끼지 못했다. 불에 취약한 목조건물이라 부엌이 없다는 점이 특이했다. 술탄 일가와 종사자들이 먹은 음식은 다른 데서 만들어 왔다는 뜻이다. 고귀한 신분과 식은 밥, 돌마바흐체 스타일의 기묘한 불협화음이었다.

아타튀르크, 이스탄불의 터키화

외국계 주민들이 이스탄불을 떠난 경위를 살피다 보면 무스타파 케말 또는 '아타튀르크'라는 사람을 만나게 된다. 내가 돌마바흐체 궁전에 간 것도 술탄들의 허세를 구경하고 싶어서가 아니라 아타튀르크를 만나기 위해서였다.

지금 이 궁전의 주인은 건축주 술탄이 아니라 아타튀르크이다. 예외 없이 9시 5분을 가리키며 멈춰 서 있는 시계가 그 사실을 증명한다. 아타튀르크가 옛 술탄의 침실에서 마지막 숨을 내쉰 시각이 오전 9시 5분이었다. 어떤 사람이었다고 한마디로 말하기는 어렵지만, 그가 이스탄불의 역사에 비잔타스, 콘스탄티누스 황제, 술탄 메메트 2세만큼이나 결정적인 변화를 일으켰다는 것만은 분명하다. 아타튀르크를 모르면 오늘의 이스탄불을 이해할 수 없다.

오스만제국은 제1차 세계대전에서 독일과 손잡았다가 최후를 맞았다. 이집트, 이라크, 팔레스타인을 영국에 넘겨주고 모로코, 튀니지, 시리아와 터키 남동부 지역을 프랑스에 내주었으며, 에게해의 섬 대부분과 에게해 연안 도시들을 그리스에 빼앗겼다. 수도 이스탄불마저 영국, 프랑스, 이탈리아 연합군이 장악했다. 1922년 12월 마지막 술탄이 제국의 해체라는 현실을 받아들이고 이스탄불을 떠나 망명길

모든 면에서 토프카프 궁전과 반대인 돌마바흐체 궁전은
그 입구부터 '세상에서 가장 화려하게 만든 짝퉁'의 기운을 풍긴다.

에 나섰을 때 오스만제국은 공식 사망 선고를 받았다. 그리고 그 제국의 폐허 위에 아타튀르크가 터키공화국을 세웠다.

아타튀르크는 1880년대 초 그리스 북부 마케도니아주의 테살로니키에서 말단공무원의 아들로 태어났으며, 성(姓)이 없었던 오스만제국의 평범한 백성답게 흔하디흔한 '무스타파'를 이름으로 받았다. 여덟 살에 아버지를 잃은 소년 무스타파는 고향의 군사 예비학교에서 이름이 같은 선생님한테 '케말'이라는 새 이름을 받아 '무스타파 케말'이 되었다. 이스탄불 사관학교 보병대를 졸업하고 1902년에 소위로 임관한 무스타파 케말은 1905년 시리아에서 근무할 때 비밀 정치 조직에 가입했다.

오스만제국은 패배했지만 다르다넬스해협의 차낙칼레에서 연합군의 공세를 막아낸 무스타파 케말은 전쟁 영웅으로 떠올랐다. 전쟁이 끝난 직후 그는 오스만제국 장군 계급장을 버리고 정치와 혁명의 길에 들어섰다. 영국과 이탈리아의 연합군이 이스탄불을 점령한 상황에서 터키의 민족주의 정치결사였던 대국민회의 의장이 되었으며, 1921년에는 앙카라에서 터키공화국 헌법을 선포하고 터키군 총사령관 자리를 맡았다. 무스타파 케말은 그리스를 물리쳐 에게해 연안의 영토를 되찾았고 아르메니아가 차지하고 있던 아나톨리아 동부 지역을 탈환했으며, 소련과 평화조약을 맺고 프랑스와 휴전 협정을 체결해 터키공화국을 국제사회에 데뷔시켰다. 터키공화국은 1923년 7월 영국, 프랑스, 이탈리아, 그리스 등과 로잔 평화조약을 체결해 국제사회의 승인을 받았으며, 연합국 군대가 이스탄불을 떠난 직후 무스타파 케말은 터키공화국의 첫 대통령에 취임했다.

무스타파 케말은 단순한 군사 영웅이 아니었다. 우리의 역사 인물과 비교하자면 이순신 장군, 세종대왕 그리고 이승만, 박정희, 김대중 대통령 등을 모두 뒤섞어 놓은 듯한 사람이었다. 전쟁 영웅, 민족주의 혁명가, 대통령, 계몽 군주, 공화주의자인 동시에 독재자였다. 그는 이슬람 문화와 터키 민족주의에 자신의 철학과 정치사상을 접목함으로써 터키공화국을 '창조'했다.

이스탄불 여행자들은 다른 이슬람 국가에는 없는 것을 본다. 시민 대부분이 무슬림이지만 수많은 자미들 사이에 유대교 회당과 가톨릭 성당, 정교회 성당과 개신교회가 끼어 있다. 여성들은 적어도 법적으로는 차별받지 않으며, 머릿수건을 쓰지 않고도 사회생활을 한다. 거리에서 매를 때리는 형벌이 없으며, 하루 다섯 번 해야 하는 예배를 빠뜨려도 처벌하지 않는다. 이정표와 상점 간판의 글자는 알파벳이다. 이 모두를 무스타파 케말이 만들었다.

무스타파 케말은 16년 동안 대통령으로 일하면서 터키공화국을 확실한 '세속국가'로 만들었다. 헌법에서 이슬람 국교 규정을 삭제했고 정치권력자를 종교 지도자로 세우는 '칼리프제도'를 폐지했으며, 오스만 황실의 후손을 추방하고 종교 학교와 종교 법정을 없애버렸다. 공공장소에서 남자는 모자를 쓰지 못하게 하고, 여자는 머릿수건을 두르지 못하게 했다. 또한 정치제도와 교육제도를 현대화하고, 유럽의 과학과 기술을 적극적으로 받아들였다. 성평등법과 시민법을 제정해 여성에게 동등한 법적 권리를 주고 여성 판사를 임명했다. 그의 집권 기간에 20여 명의 여성 국회의원이 탄생했다.

무스타파 케말은 인구조사를 시행해 창립 시기 터키공화국 인구가 1천360만 명이라는 것을 확인했다. 아랍 문자를 버리고 아라비아 숫자와 알파벳을 채택했으며, 현대적인 형법과 상법을 제정해 낡은 이슬람 율법을 대체했다. 중앙은행을 설립하고 국제도량형을 도입했으며, 유럽식 휴일 제도를 실시하고 국제연맹에 가입했다. 국립학교를 열어 알파벳을 보급하는 한편, 터키역사협회와 터키어협회를 설립하고 이스탄불대학교를 비롯한 고등교육 기관을 세웠다.

그는 반대파의 폭동에도 개의치 않고 터키어를 예배 공식 언어로 쓰게 했고, 이슬람 성직자들이 자미 밖에서는 평복을 입게끔 했으며, 500년 동안 자미로 썼던 아야소피아를 박물관으로 바꾸었다. 성(姓)을 쓰도록 강제하는 법률을 만들 때 자신은 '아타튀르크(Atatürk, 투르크인의 아버지)'라는 성을 만들어 썼다. 무스타파 케말은 이때부터 아타튀르크가 되었다. 이런 성을 감히 선택한 동기가 애국심인지 자신감인지는 알 수 없다. 둘 다였을지도 모른다.

이 모든 일을 한 사람이 했다는 게 믿어지는가? 아타튀르크는 인류 문명사에서 비교 대상을 찾기 어려울 정도로 모순적인 인물이다. 탁월한 군사 지도자인 동시에 만만치 않은 내공을 가진 지식인이었으며, 공화주의자였지만 강력한 독재를 했다. 쿠르드족의 반란을 무자비하게 진압하고 주모자들을 냉혹하게 처형했으며, 질서 유지를 명분으로 야당을 해산하기도 했다.

직책은 공화국의 대통령이었지만 행동은 군주에 가까웠으며, 민족주의를 내세우면서도 터키공화국을 서구에 접근시켰다. 평생 엄청나게 술을 마셨고 극도로 불규칙하게 생활했던 그가 1938년 11월 10일 아침 심장병으로 사망하자 터키 정부는 시신을 앙카라 민족학 박물관에 안치하고 '터키공화국의 영원한 지도자'로 선포했다.

아타튀르크의 신념과 인격은 헌법과 제도, 국민들의 마음에 각인되었고 오랫동안 터키공화국을 지배했다. 그러나 민중의 지지를 바탕으로 카리스마를 휘둘렀던 지도자가 사라진 세상이 전과 같을 수는 없었다. 터키공화국은 1950년 선거에서 최초의 평화적 정권 교체를 실현했다. 아타튀르크에게 세속국가의 원리를 수호하는 것을 사명으로 받았던 군부가 여러 차례 쿠데타를 일으켰지만 이슬람 근본주의 정치세력의 성장을 막을 수는 없었다. 에르도안 대통령은 자신을 '21세기의 아타튀르크'라고 생각한 듯했지만, 2019년 3월 뉴질랜드에서 이슬람 사원이 테러를 당해 무슬림들이 목숨을 잃은 비극적 사건이 터졌을 때 아야소피아 박물관을 다시 자미로 바꾸겠다고 한 그의 행태를 아타튀르크가 보았다면 아마도 크게 화를 냈을 것이다.

아타튀르크의 정치철학은 '세속국가론'과 '공화주의', 그리고 '터키민족주의'로 요약할 수 있다. 아타튀르크는 터키를 '터키화'했다. 다문화, 다종교, 다민족을 포용했던 이스탄불이 단색의 도시로 바뀐 것은 '터키화'의 불가피한 결과였다. 19세기 유럽의 어떤 지식인이 100년 후 '세계의 수도'가 되리라고 예언했던 이스탄불은 변방의 가난하고 슬픈 도시로 변해갔다. 누군가에게 책임을 묻는다면, 그 누군가는 아타튀르크일 수밖에 없다.

이스탄불의 '터키화'는 다른 언어를 쓰는 주민들이 도시를 떠나는 방식으로 이루어졌다. 아테네 편에서 이야기한 것처럼, 1920년대의 주민 교환 협정으로 150만 그리스인이 터키를 떠났다. 하지만 그때 적지 않은 그리스계 주민들이 생활 터전을 지키려고 이스탄불에

남았다. 그러나 1955년 불어닥친 민족주의 광풍은 그들마저 다 몰아
내 버렸다. 아르메니아계를 비롯한 다른 소수민족 주민들도 더는 버
티지 못했다. 그 사태 이후 이스탄불 거리에 들리는 언어는 터키말
하나만 남았다. 오르한 파묵은 자전에세이 《이스탄불: 도시와 기억》
에서 그때 목격한 일을 가슴 저린 어조로 회상했다.

> "그들은 예전에 어머니와 함께 가곤 했던 베이올루의 상점과 이스
> 탄불 일부를 불태우고 파괴하고 약탈했다. 술탄 메메트 2세가 이스
> 탄불을 정복한 후 군인들이 벌였던 약탈만큼이나 무자비했다. 이틀
> 동안 도시에 공포를 퍼뜨리고 이스탄불을 기독교인과 서양인들이
> 생각하는 최악의 오리엔탈 악몽보다 더 지옥 같은 곳으로 만든 약
> 탈자들을 부추기기 위해, 정부 지원 조직들이 그들에게 '마음대로
> 약탈하라'고 했다는 사실도 밝혀졌다."

그리스 정부가 영국에서 키프로스섬을 양도받을 준비를 하고 있
던 때 벌어진 이 사태는 국가 조직이 일으킨 범죄였다. 그리스 테살
로니키의 터키 영사관 옆에서 폭탄이 터졌는데, 위력이 변변치 않았
는지 영사관 창문이 부서지고 인근에 있는 아타튀르크의 생가도 경
미한 피해를 봤다. 그런데 이스탄불의 신문들이 터키와 이슬람에 반
대하는 그리스 테러리스트가 저지른 짓이라고 보도하며 일제히 호
외를 발행했다. 흥분한 시민들은 탁심 광장에서 규탄 집회를 한 다음
골든 혼과 구시가의 그리스 상점을 마구잡이로 파괴하고 약탈했다.
테살로니키 폭발사건이 터키의 비밀정보부 요원들이 벌인 자작

극이었다는 사실은 나중에야 밝혀졌다. 아타튀르크가 이런 상황까지 원하지는 않았겠지만, 이 모든 것은 그가 표방했던 터키 민족주의에서 시작되었다.

보스포루스해협 유람선과 위스퀴다르

이스탄불 관광의 꽃이라는 보스포루스해협의 유람선을 빠뜨릴 수 없었다. 지질학자들의 연구 결과에 따르면 보스포루스해협은 원래 육지의 협곡이었지만 7천500년 전 빙하가 녹아 해수면이 상승했을 때 바닷물이 흐르는 해협으로 바뀌었다.

갈라타 다리 바로 앞 에미뇌뉘 선착장에서 유람선을 탔다. 선착장 매표소에서는 5유로, 5달러, 또는 12리라에 탑승권을 팔고 있었다. 외환 시세를 대놓고 무시한, 좋게 보면 순박하고 나쁘게 보면 제멋대로인 가격표였다. 2018년 에르도안과 트럼프 두 대통령이 서로에 대해 불편한 감정을 노출한 일을 계기로 터키 화폐가치가 폭락했는데, 선착장 가격표가 지금은 어떻게 되어 있을지 궁금하다.

유람선은 유럽 사이드를 따라 흑해 방면의 루멜리 히사리까지 올라갔다. 돌마바흐체 궁전, 켐핀스키 호텔이 된 사라간 궁전, 베식타스를 비롯해 해협 곳곳에 자리 잡은 부자 동네, 세계에서 제일 예쁘다는 별다방의 테라스 차양을 보았다. 루멜리 히사리를 지나 술탄 메메트 대교 못 미쳐 유턴한 유람선은 아시아 사이드를 따라 선착장으로 귀환했다.

유람선에서는 가까운 곳에 시선을 두면 눈이 편안했다. 해협의 물, 크고 작은 요트, 연이어 모습을 드러내는 궁전, 자미, 부촌의 저택, 카페의 차양, 푸르른 나무와 숲을 아무 생각 없이 보면서 시간을 보냈다.

그러나 먼 곳을 보면 눈도 마음도 다 불편해졌다. 이스탄불은 포도송이처럼 생긴 거대 도시였다. 보스포루스해협에 수많은 부도심이 포도알처럼 끝도 없이 매달려 있다. 구시가는 제일 굵은 포도알 하나에 지나지 않았다. 해협 가까운 곳에는 부자들이 살고, 먼 언덕에는 서민들이 산다는 것을 바로 알 수 있었다. 먼 동네의 집과 자미의 미나레, 수많은 송전철탑, 타워크레인, 그런 것들이 해협에서 본 이스탄불의 스카이라인이었다. '인간은 지구의 바이러스이고 도시는 그 바이러스가 만든 피부병'이라는, 누구한테 들었는지 모를 말이 떠올랐다. '그래, 다들 이렇게 사는 거야. 저 포도알 중에 몇 군데는 가봐야겠네.'

위스퀴다르라는 포도알에 끌려 수상 버스를 탔다. 최대 승선 인원이 400명이나 될 정도로 큰 목선이었다. 날씨는 청명하고 바람은 쾌적했으며 해협의 잔물결에 햇살이 은가루처럼 부서졌다. 수상 버스에는 검은 천으로 몸을 감싸고 얼굴이나 눈만 내놓은 무슬림 여인이 제법 많았다. 한 여인이 머릿수건을 쓴 두 딸과 휴대전화로 셀피를 찍고 있었다. 한 걸음 떨어진 곳에서는 위아래 흰색 옷을 잘 차려입은 남자가 뒷짐을 진 채 그들을 지켜보았다. 아마도 남편일 것이다. 뺨을 맞댄 채 스마트폰을 들여다보며 웃는 여인과 딸들을 마음으로

정보통신혁명이 보스포루스해협 수상 버스의 무슬림 여인들에게도
더 자유로운 삶의 기회를 열어 주기를!

응원했다. '스마트폰이 제공해주는 정보와 기회와 관계 덕분에, 그대들의 내일이 오늘보다 조금이라도 더 자유로워지기를!'

위스퀴다르까지 20분밖에 걸리지 않았다. 위스퀴다르는 비잔티움 시절부터 있었던 마을이다. 그리스에서 온 최초의 건설자들이 '황금의 도시'라는 이름을 주었는데, 그것이 오스만어로 옮겨져 위스퀴다르가 되었다고 한다. 갓길을 꽉 채우고 주차한 차량만 없었다면 여객선 터미널에서 해협을 끼고 걷는 길은 황홀할 정도로 아름다웠을 것이다. 그런데 왠지 귀에 익은 지명이 아닌가? 유튜브를 검색하면 〈위스퀴다르〉라는, 한 번쯤은 들어본 멜로디가 들릴 것이다.

오스만제국 시대의 터키 민요 〈위스퀴다르〉는 남몰래 연인을 만나는 여인의 애틋한 심정을 담고 있다. 나는 어렸을 때 여자아이들이 이 노래를 빠른 템포로 부르면서 고무줄넘기 하는 것을 본 기억이 있다. 〈위스퀴다르〉가 한국에 알려진 것은 한국전쟁 때였다고 한다. 터키공화국은 미국과 영국 다음으로 많은 연인원 1만 5천 명의 병력을 한국전쟁에 보냈다. 900여 명이 전사하거나 실종되었고, 부상자도 2천 명이 넘었다. 그 군인들의 절반 이상이 강제 징집한 쿠르드족 청년이었다는 주장도 있다. 수원에 주둔한 터키 군인들이 초등학생들에게 이 민요를 가르쳐주었다는데, 정말 그랬는지의 여부는 확인할 방법을 아직 찾지 못했다.

이스탄불에서는 어디를 가든 건축가 시난을 만나게 되는데 위스퀴다르에서는 특히 더 그랬다. '샘시 아흐메드 파샤 자미(새가 머물지 않는 자미)'라는 예쁜 사원도, 술탄 술레이만의 딸을 사모하는 마음으로 해협 양편에 하나씩 지었다는 쌍둥이 자미도 모두 시난의 작품이었다. 위스퀴다르는 지중해 연안의 흔한 마을로 보였다. 발 디딜 수 있는 연안의 땅은 모두 낚시꾼들 차지였고, 햇볕이 쏟아지는 카페의 테라스에는 관광객들이 펭귄 떼처럼 앉아 있었다.

해협 가운데 바위섬에 올라앉은 탓에 갖가지 전설이 생긴 이른바 '처녀의 탑(kiz kulesi, 마이덴 타워)'을 내려다보는 언덕 카페에서 요령껏 자리를 확보해 카푸치노를 마셨다. 검은색 반바지에 검은색 티셔츠를 입은 터키 여자가 유창한 영어로 주문을 받고 돈 계산을 했는데, 이스탄불을 돌아다닌 나흘 동안 딱 한 번 본 '여자 웨이터'였다. 서빙하는 남자 직원들을 지휘하면서 돈을 받고 팁을 챙기는 사람이라 '여자 웨이터'라고 썼다. '웨이트리스'로는 표현할 수 없는 사람이었다. 돌아올 때는 해협을 비스듬히 가로질러 에미뇌뉘역으로 가는 지하철을 탔다. 수상 버스보다 빠르고 편리했지만 눈 호강은 할 수 없었다.

탁심 광장에서 갈라타 타워까지

이틀 동안 이스탄불 여행의 '기본 사양'에 해당하는 곳을 다녔다. 구시가지의 터키 사람은 대부분 관광객을 상대하는 직종 종사자였다. 돌마바흐체 궁전과 보스포루스 유람선, 위스퀴다르도 크게 다르지 않았다. 마지막 남은 필수 코스는 탁심 광장에서 갈라타 타워까지 신시가의 중심지를 걷는 것이었다.

셋째 날 오전에 간 탁심 광장 주변 풍경은 충격적이었다. 한적한 구시가지를 다닐 때는 탁심 광장 일대가 이런 곳일 거라고 상상하지 못했다. 광장 가장자리에서 본 이스탄불 최고 번화가 이스티클랄 거리는 검은 머리 천지였다. 거리 전체가 광화문 이순신 장군 동상 바로 앞 횡단보도 같았다. 이스탄불에 왔음을 비로소 실감했다.

구시가지가 역사와 종교의 무대라면, 신시가지 한가운데 있는 탁심 광장 일대는 시민 생활과 정치의 중심이다. 비잔틴제국과 오스만제국의 정치적 종교적 건축물이 있는 구시가지와 달리 탁심 광장에는 공화국 수립 5주년이었던 1928년에 세운 공화국기념비가 있었다. 니카 반란이나 예니체리 반란과 같은 제국 시절의 정치적 투쟁 현장이 구시가의 히포드롬(술탄 아흐메트 광장)에서 벌어졌고, 공화국 시대의 정치적 투쟁은 대부분 탁심 광장에서 일어났다.

터키의 모든 정치단체와 시민단체는 무언가 할 말이 있으면 일단 탁심 광장에서 집회를 연다. 격렬한 다툼이 생기면 집회는 시위로 번진다. 좌-우파 정치단체가 힘으로 충돌하는 폭력 사태가 심심치 않게 벌어졌고, 유럽 프로축구 클럽 대항전 때는 팬들이 충돌해 폭동을 방불케 했다. 치안 유지를 위해 상시 대기하던 경찰버스 옆에서 폭탄이 터지기도 했는데, 이스탄불에서 일어나는 폭탄 테러는 대부분 쿠르드족과 관계가 있다. 도심 재개발에 반대하는 여론을 등에 업고 일어난 대규모 반정부시위 때는 최루액과 물대포가 등장했다.

탁심 광장은 도시 교통과 관광산업의 중심지여서 주변에는 여행사, 대형 호텔, 레스토랑, 술집, 패스트푸드 체인점이 즐비했다. 오페라하우스를 겸한 아타튀르크 문화센터와 텔레비전 방송 스튜디오들도 근처에 있다. 탁심 광장에서 갈라타 타워 쪽으로 내려가는 이스티클랄 거리는 3킬로미터에 걸쳐 옷가게, 패스트푸드점, 카페 같은 영

탁심 광장에서 본 이스티클랄 거리는 이스탄불이
터키공화국의 도시라는 사실을 오해할 여지없이 깨닫게 한다.

업점들이 이어지며 그리스정교 교회, 아르메니아정교 교회, 외국 대
사관과 영사관, 극장과 영화관을 비롯한 문화 공간이 뒤섞여 있었다.
걷는 것보다 크게 빠르지 않을 것 같은 속도로 인파를 헤치며 거리
한가운데를 운행하는 앙증맞은 트램을 타고 종점에 내려 골든 혼 쪽
으로 골목을 따라가자 갈라타 타워가 나타났다. 1955년 군중이 그리
스 상점을 약탈 파괴했던 신시가지 베이올루지구가 트램 종점 근처
에 있었다.

　갈라타 타워 입구에 줄을 섰다. 과자나 기념품을 파는 노점상들
은 단속반이 뜨면 빛의 속도로 사라졌다가 땅에서 솟은 듯 다시 나
타나곤 했다. 엘리베이터를 타고 올라가 전망대 발코니에 서니 여기
에 왜 탑을 세웠는지 짐작이 갔다. 골든 혼 건너 구시가지의 토프카
프 궁전, 아야소피아, 블루 모스크, 쉴레마니예 자미가 보였고, 갈라
타 다리와 골든 혼뿐 아니라 해협 건너편 아시아 사이드와 마르마라
해까지 시야에 들어왔다. 여기서 보니 이스탄불의 아시아 사이드에
도 여러 군데 마천루 숲이 보였다. 날이 화창한데도 골든 혼은 옅은
해무에 가려 몽환적인 분위기를 내고 있었다.

　6세기 초 비잔틴제국의 유스티니아누스 황제가 이 자리에 세운
탑은 십자군이 부숴버렸다. 골든 혼 입구에 드리워둔 쇠사슬을 지키
고 구시가지를 넘보는 외부 침략자들의 동향을 감시하려면 여기에
관측소가 있어야 했기 때문에 14세기 중엽 탑을 재건했다. 도시가 커
진 후에는 화재 감시 초소로도 활용했다. 이 탑에 얽힌 사건·사고도
많았다. 인공 날개를 달고 뛰어내려 6킬로미터 떨어진 위스퀴다르 비

탈에 착륙한 남자가 있었고, 화약을 채운 로켓으로 보스포루스해협을 건넌 형제도 있었다. 1960년대 들어 갈라타 타워는 부서졌던 지붕과 내부를 말끔하게 수리하고 레스토랑과 전망대를 갖추었다.

내키는 대로 다닌 이스탄불

토프카프 궁전, 아야소피아, 블루 모스크, 갈라타 다리, 에미뇌뉘 선착장, 해협 유람선, 돌마바흐체 궁전, 루멜리 히사리, 위스퀴다르, 탁심 광장, 이스타클랄 거리, 갈라타 타워. 이스탄불 관광 안내서나 패키지 투어 가이드가 권하는 곳을 다 가는 데 이틀 반을 썼다. 나머지 하루 반은 눈길 가는 대로, 발길 닿는 대로, 주로 트램과 지하철을 타고 다녔다.

오스만제국의 스테인드글라스와 도자기, 카펫이 대단하다는 소문에 홀려 토프카프 궁전 초입 왼편에 있는 카펫 박물관을 찾았다. 제1관에는 13~18세기의 소위 '아나톨리안 카펫'을 전시해 두었는데 어두워서 잘 보이지 않았다. 밝은 조명이 카펫을 상하게 할 수 있다는 사실을 처음 알았다. 오스만제국 초기의 카펫은 꽃무늬, 후기 카펫은 아라베스크 문양이 대세였다.

제2관에는 모티브가 뚜렷한 카펫을 모아두었는데 귀걸이는 결혼의 꿈, 새는 지혜 행복 사랑, 양의 뿔은 힘과 용기와 풍요, 중국풍 구름은 황제의 권위와 품격을 표현했다고 한다. 제3관에는 초대형 카펫이 있었다. 쉴레마니예 자미를 비롯한 대형 사원에 있던 것들인데, 이탈리아를 비롯한 유럽 화가들의 그림이 등장하는 것을 보면 오스만 제국 지도자들은 문화적으로 당시 유럽 기독교 세계의 지도자들보다 훨씬 더 개방적이었던 듯했다. 그런데 이 박물관을 방문하면 부작용을 겪게 된다. 웬만한 카펫은 시시해서 상대하기 싫어지는 증상이다.

어느 국가든 수도에는 국립 고고학 박물관이 있다. 이스탄불 고고학 박물관은 토프카프 궁전 왼쪽 언덕 아래에 있었다. 이스탄불의 역사를 공부하는 보람과 고대 유물 사이를 산책하는 즐거움을 누렸다. 언제 어디서 누가 만들었는지 알 수 없는 조각상과 그리스풍 돌기둥이 늘어선 정원의 카페에서는 관광객들이 붙임성 좋은 고양이를 붙들고 셀피를 찍으며 놀고 있었다. 이스탄불에서는 관광객뿐만 아니라 카페 종업원도 셀카봉을 들고 다녔다. 호모 사피엔스가 셀카봉으로 대동단결한 것을 보니 지구 제국의 출현도 멀지 않은 것 같았다.

이스탄불 고고학 박물관에서는 지나치게 진지한 태도를 취하지 않는 게 좋다. 그냥 보여주는 것을 보면 된다. 히포드롬의 청동 기둥 뱀 머리는 2층에 있었다. 초상화의 메메트 2세는 비현실적인 미남이었다. 그런데 3층에서는 난데없이 트로이 유적이 튀어나왔다. 박물관의 전시 역량이 아테네에 미치지 못하는 것이 지나친 '터키화' 때문은 아닌지 의심해 보았다.

출구를 귈하네 공원으로 연결한 것은 마음에 들었다. 이스탄불 시민들의 휴식 공간인 귈하네 공원은 현지인과 관광객이 적당히 섞여 있어서 마음이 편했다.

갈라타 타워에서 본
골든 혼과 보스포루스해협.

시장에 가는 것을 좋아하는 사람도 많다지만 나는 별로 좋아하지 않는다. 그렇지만 '카파르 차르쉬(Kapar Carsi, 그랜드 바자르)'는 하도 유명해서 못 본 척 지나칠 수가 없었다. 회랑과 지붕을 제대로 만든 이 초대형 시장은 명동 골목만큼이나 사람이 많았다. 귀금속, 장신구, 과자, 옷, 실내장식 등 전문 상점이 구역별로 모여 있다지만 얼른 나가고 싶다는 생각밖에 들지 않았다. 통로는 담배 연기가 자욱했고 상인들은 중국어, 한국어, 일본어를 마구 던져댔다. "아가씨, 이뻐요!" "반의반 값!" "안냐세요?" 이스탄불 시장통에서 듣는 한국어가 좀 징그러웠다. '아, 이 위대한 자본주의라니!' 시장 입구에서 경찰관이 금속 탐지기로 가방을 검사할 때는 테러 예방 목적이라는 걸 알면서도 나도 모르게 긴장했다.

쉴레마니예 자미 근처의 이집트 시장은 좀 나았다. 사장님이 정겹게 말을 거는 어느 가게에서 선물용으로 쓸 전통 과자 로쿰(Lokum), 과일차와 꽃차, 말린 무화과를 샀다. 로쿰 맛이 어땠느냐고? 그냥 과자였다. 너무 달았다. 2개를 먹지는 못할 것 같았다.

이스탄불 시민들이 좋아한다는 피에르 로티 언덕은 그럭저럭 괜찮았다. 에미뇌뉘에서 버스를 탔더니 골든 혼을 장악한 낚시꾼들이 여럿 타고 있었다. 나도 30년 전에는 버스를 타고 낚시하러 다녔던 사람이라 괜히 동질감을 느꼈다.

골든 혼 최상류의 '에유프 자미'에서 하차했다. 예언자 무함마드의 친구였던 에유프는 645년 무슬림 부대를 이끌고 콘스탄티노플에 쳐들어왔다가 전사했다. 이슬람 세계에서 예언자 무함마드의 친구이

자 동지는 대단한 성인의 반열에 오른다. 메메트 2세는 콘스탄티노플을 정복한 후 에유프의 시신을 커다란 플라타너스 아래에 묻었다는 전설을 단서로 삼아 추적한 끝에 무덤을 찾아냈고, 그 자리에 자미를 세웠다고 한다. 에유프 자미 뒤편 계곡 오르막길 오른편은 비석이 숲을 이루고 있는 묘지였는데 비석의 글이 대부분 오스만 문자인 것으로 미루어 보면 수백 년 동안 이스탄불에서 나름 성공한 인생을 살았던 무슬림들이 여기 묻혔을 것이다. 언덕 위에 올라서자 골든 혼과 신구 시가지, 옛 성벽까지 모두 한눈에 들어왔다. 갈라타 타워 못지않게 전망 좋은 곳이었다.

이스탄불도 로마처럼 산은 없고 언덕만 7개 있는데, 언덕마다 이슬람 중요 인사의 무덤이 있고 초대형 국기가 휘날렸다. 언덕 꼭대기 카페 '아지야데'에서 과일차를 마셨다. 물담배를 피우는 사람이 많았다. 직원이 권했지만 모양새가 마치 마약 먹는 것 같아서 사양했다. 이럴 때 보면, 나는 내가 놀랄 만큼 보수적이다.

피에르 로티 언덕이라는 지명은 프랑스 소설가 피에르 로티의 이름에서 왔다. 로티는 오스만제국 여인 '아지야데'를 사랑했는데, 프랑스에 갔다가 10년 만에 돌아와 보니 여자가 죽고 없었다. 그는 이 언덕의 카페에서 연인을 그리워하며 글을 썼다. 뭐, 그런 '믿거나 말거나 스토리'였다.

피에르 로티는 파리보다 이스탄불에서 훨씬 더 유명했다. 그의 본명은 줄리앙 비오(Julien Viaud). 해군장교로 복무하면서 소설을 썼는데 대부분 주둔했던 지역 여인을 주인공으로 삼아 만든 사랑 이야기라고 한다. 골든 혼 위 언덕에 그 이름이 붙은 것은 아마도 1879년

피에르 로티 언덕으로 가는 골든 혼 계곡 비탈의 무덤들.
묻힌 사람에 관한 정보를 새겨둔 책 모양의 석판이 예뻤다.

발표한 소설 《아지야데(Asiade)》 때문이었을 것이다. 터키 사람들이 들으면 서운하게 여길지도 모르지만 로티는 타이티, 세네갈, 나가사키, 아이슬란드, 스페인 여인의 사랑 이야기도 썼다. 이스탄불을 특별히 사랑한 것은 아니었다.

케밥, 감자 요리, 그리고 생선구이

이스탄불 음식은 먹을 만했지만 밥 먹는 일이 수월하지는 않았다. 지나치게 적극적으로 사람을 붙드는 식당이 많아서였다. 나는 평소 호객하는 식당은 절대 가지 않지만 이스탄불에서는 어쩔 수가 없었다. 호텔을 드나들 때마다 지나는 길목에 있는 생선 요리 전문 식당 남자가 첫날 저녁에 팔을 붙들었다. 일단 피하고 보자는 생각에 밥을 이미 먹었다고 했더니 선선히 놓아주면서 말했다. "내일 와. 내가 초대한 거야, 알았지?(I invite you tomorrow, ok?)"

　이틀 후 저녁 무렵, 그는 매의 눈으로 나를 포착하고 언성을 높였다. "어제 왜 안 왔어? 초대를 거절하는 거야?" 할 수 없이 그 집에서 농어구이를 먹었다. 그 식당을 자신의 영역으로 관할하는 고양이가 빤히 바라보기에 생선 살을 조금 뜯어주었다. 녀석이 얼른 먹고서 후다닥 나가기에 예의 바른 고양이라고 생각했다. 그런데 조금 후에 친구 하나를 데리고 와서 두 녀석이 또 빤히 나를 처다보는 게 아닌가. '이 집은 고양이도 주인만큼 공격적이군!' 맛은 괜찮았지만, 기분이 썩 좋지는 않았다.

　　식당만 공격적으로 호객하는 게 아니었다. 머릿수건을 쓴 중년 여인이 옛날식 도구로 카펫을 짜고 있는 카펫 전문 가게도 그랬다. 호기심에 잠시 구경하겠다고 했더니 2층 창고로 데려가 카펫을 줄줄이 바닥에 집어던지며 장황하게 자랑을 하고서는 터무니없는 가격을 부르는 것이다. 구경만 하고 나오면서 큰 잘못이라도 저지른 듯 죄의식을 느꼈다.

　　카파르 차르쉬를 나오는 길에 버스정류장에서 말을 섞게 된 남자도 만만치 않았다. 한국인이냐고 묻더니 곧바로 자기 할아버지가 한국전쟁 참전용사라고 했다. 이런저런 대화를 나누던 끝에 자기네 선물 가게에서 차 한잔하라고 초대했다. 가게가 어디 있냐고 물었더니 걸어서 15분쯤 걸린단다. 좋은 말로 초대를 거절했다. 이스탄불에서 한국인은 한국전쟁 참전용사의 손자나 조카를 '우연히' 만나는 일이 많다. 그런 인연을 가진 이가 그토록 많은 줄은 몰랐다.

　　이야기가 엉뚱한 곳으로 갔다. 다시 음식 이야기로 돌아가자. '터키 음식' 하면 누구나 케밥을 제일 먼저 떠올린다. 내가 경험한 바에 의하면 이스탄불에서는 '불에 구운 모든 것'이 케밥이다. 손쉽게 맛있는 케밥 집을 찾으려면 귈하네 공원 앞 트램 정류장 근처에 가면 된다. 여기에는 말이 아니라 음식의 '비주얼'로 호객하는 식당이 여럿 있었다. 어떤 식당은 유리 진열장에 초벌 구운 음식을 쌓아두었고, 어떤 곳은 할머니가 음식을 만드는 광경을 보여주었다. 진열장에는 구운 양송이, 붉은 고추, 가지, 토마토와 각종 채소와, 다져서 간을 하고 양념을 섞어 만든 경단을 꼬치에 꿰어 구운 쾨프테, 양고기, 소고기,

닭고기 꼬치구이 등등이 있었다. 돼지고기는 물론 없었다.

아테네에서는 '떡갈비 꼬치구이'만 케밥이라고 했는데, 그게 이스탄불에서는 '쾨프테'였다. 아테네 사람들은 토막 친 고기를 꿰어 구운 것을 수블라키라고 하는데, 이스탄불에서는 그게 다 케밥이었다. 진열장이 있는 집은 말이 필요 없어서 좋았다. 먹고 싶은 것을 손가락으로 가리키고, 몇 인분인지도 손가락으로 말하면 되니까.

진열장의 음식은 충분히 생각한 다음 정확하게 한 번에 짚어야 한다. 손가락을 함부로 움직이면서 대충 가리켰다가는 지나치게 많은 음식을 받아들 위험이 있기 때문이다. 어떤 식당의 눈이 지나치게 밝은 직원은 내 손가락 끝이 한 번이라도 향했던 것을 다 가져다주었다.

구시가 한복판 트램 정류장 바로 옆에 한국 관광객이 많이들 찾는 케밥 집이 있다. 어느 방송국의 여행 예능 프로그램에 나와서 그렇게 되었다고 한다. 옥호(屋號)에 '술탄'이라는 엄청난 단어가 든 이 식당은 쾨프테 한 가지만 판다. 가성비가 괜찮았지만 맛이 최상급이라고 하기에는 부족했다. 손님이 붐비는 집에서는 분실 사고나 절도 사고가 나는 법, 내부 벽에 이런 안내문이 붙어 있었다. "귀중품은 손님 스스로 잘 챙기세요! 주인 백(Guests are responsible for their own valuables! Thank you, Management)." 문장을 엉뚱하게 번역하고서는 고객의 품위 있는 행동을 촉구하는 철학적 문장으로 잠시 오해했던 내 머리를 남몰래 쥐어박았다.

이스탄불에서 경험한 최고의 케밥 집은 탁심 광장에서 이스티클랄 거리로 들어서는 초입 왼편에 있었다. 비슷비슷하게 생긴 케밥 문점이 여럿 있었는데 옥호도 다 비슷한 'KEBAP ○○○○'이었다. 양고기와 닭고기 케밥 3인분에 채소 샐러드와 고수잎, 매운 향이 나는 보라색 양파, 곱삶은 보리밥과 바람 빵을 곁들여 먹고 음료도 석 잔을 마셨다. 그런데도 음식값이 한국 돈으로 5만 원이 채 되지 않았고, 맛은 별 5개를 줄 만했다. M한테 옥호를 번역해보라 했더니 '케밥 나라' '케밥 천국' 또는 '케밥 세상'과 비슷하다고 했다.

고등어 케밥은 아주 유명하지만 생선 비린내를 싫어하는 사람이라면 도전하기 어려운 길거리 음식이다. 그러나 그보다는 덜 유명한 터키 스타일의 패스트푸드 '쿰피르'는 싫어할 이가 별로 없을 듯했다. 돌마바흐체 궁전에서 해협의 유럽 사이드를 따라 흑해 방면으로 조금 올라간 곳에 '오르타쾨이'라는 동네가 있었다. 포구 초입 광장에는 당국의 허가를 얻어 영업하는 작은 노점이 줄지어 있는데, 어느 집이나 맛은 비슷하다고 한다.

쿰피르는 매우 단순한 음식이다. 노점 주인은 참외가 아닌가 싶을 정도로 커다란 찐 감자에 조각낸 치즈와 올리브, 채 썬 배추, 소시지 등 내가 선택한 토핑을 올리더니 숟가락으로 재료들은 섞어 비볐다. 감자 껍질에 흠집을 내지 않고 토핑과 감자 살을 섞고 비비는 손놀림은 한 판의 예술 공연이었다. 공연이 끝난 후 그 예술가는 작품에 토마토케첩과 겨자 소스를 뿌리고 쿠킹호일로 싸 주었다.

예술품을 선 채 먹는 것은 예의가 아닌 것 같았다. 해협을 내려다보는 카페 2층에서 꽃차를 마시며 티스푼으로 쿰피르를 떠먹었다. 혼자 먹으면 한 끼가 될 정도로 양이 많기에 둘이서 하나를 나누어 먹었다. 우리 말고도 쿰피르를 들고 카페에 온 사람이 많았다. 해협의 수면에는 햇살이 부서지며 춤을 추었고 장애인학교의 학예회가 열린 매일 헤아리기 어려운 횟수의 예술 공연을 펼치는 오르타쾨이 '쿰피르' 노점 주인장.
표정도 몸짓도 다 느긋하고 여유로웠다.

해변의 공연장에서는 학생과 가족들이 피아노 연주를 들으며 몸을 흔들고 손뼉을 치고 있었다. 그런데 갑자기 아잔 소리가 터지자 모든 사람이 일시에 동작을 멈추었다. 흥이 다 깨지고 말았다.

오르타쾨이에는 아담하지만 미나레가 2개 있는 자미가 있었다. 절대 그랬을 리 없지만, 거대한 자미에 싫증이 난 여행자를 위해 만든 게 아닐까 생각했다. 바로크 건축양식을 받아들이고 내부 공간을 크리스털 샹들리에로 장식한 오르타쾨이 자미는 밖에서 보는 것만으로 위로가 되는 집이었다. 이 작은 바닷가 마을은 상가와 시장골목도 정겨웠다. 시장 입구 아치에 걸린 문장이 여행하는 나를 격려해 주었다. "sokakta hayat var(길 위에 삶이 있다)."

이스탄불에 머무는 동안 한 번쯤은 푸짐한 만찬을 즐기고 싶었다. 마침 이스탄불에 온 지인들과 연락이 닿아 일행이 6명으로 불어났다. 구시가지 골든 혼 쪽 비탈 아래에서 발견한, 규모가 제법 큰 생선 요리 전문식당을 답사했다. 손님이 많았고 주차장에는 고급 승용차가 빼곡했다. 식당 입구에 생선 중매인 자격을 표시하는 물고기 문양 나무 간판이 매달려 있어서 눈여겨봐두었던 터였다.

진열장 얼음 위에 빨래판 만한 광어가 누워 있었다. 다른 생선도 있었지만 가격표 하단에 자꾸 눈이 갔다. '광어: 시가(時價).' 오늘의 시가를 물어보았다. 한국 기준을 적용하니 가격이 아주 착했다. 종업원은 자꾸 '프라이'를 권했지만 단호하게 '그릴'을 요구했다. 좋은 생선을 기름에 튀기는 것은 '죄악'이니까.

살짝 소금 간을 해서 널따란 숯불 화로에 석쇠를 놓고 구운 광어는 6명이 먹기에 부족하지 않았다. 모둠 샐러드와 토마토구이, 가지구이, 적포도주 두 병을 곁들인 만찬은 모두를 행복하게 만들었다. 종업원이 계산서를 가져다주면서 봉사료가 포함되지 않았다고 귀엣말을 했다. 팁을 후하게 주었다.

낯선 도시에서 눈썰미와 요령만으로 맛집을 찾는 데 성공하면 세 가지 즐거움을 얻는다. 혀로 맛보는 기쁨, 배로 느끼는 만족감, 그리고 마음이 누리는 뿌듯함이다. '그래, 이스탄불은 광어 숯불구이지!'

터키식 커피? 오스만식 커피!

터키 커피의 명성은 헛소문이라고 생각했다. 이스탄불에서 여러 차례 '터키 커피'라는 걸 주문해 마셨지만 한 번도 특별한 느낌을 받지 못했다. 루멜리 히사리 아래쪽 동네 별다방의 익숙한 커피가 차라리 나았다. 유람선에서 보았던 테라스에 초록색 파라솔이 있는 '스타벅스 베벡'은 지구에서 제일 예쁜 별다방이라고 관광 안내서에 나온 곳이었다. 전망 좋은 2층 홀은 둘러보기만 하고 해협 수면보다 한 뼘 높은 테라스의 파라솔 아래에 앉았다. 해협의 물, 요트의 마스트 위에 조용히 떠 있는 갈매기, 해협 건너편 언덕의 나무들, 눈에 보이는 모든 것이 각자의 자리에 보기 좋게 못 박혀 있었다.

스타벅스 베벡이 지구에서 가장 예쁜 커피숍일 리는 없다. 그러나 별다방 중에서 제일 예쁘다고 주장할 수는 있을 듯했다. 그렇지만 예쁜 건 커피숍 자체가 아니라, 테라스에서 보는 해협의 경치였다. 그

보스포루스해협의 카페.
어느 카페나 보이는 풍경은 같았다.

런데 그것은 해협에 뺨을 대고 있는 베벡의 모든 카페와 레스토랑이 다 마찬가지였다.

M한테 물어보았다. "이 집을 어떻게 알았어요?" "저도 한국 관광객들이 데려다 달라고 해서 처음 왔어요. 여행책에 적혀 있나 봐요. 젊은 터키 사람들도 좋아한대요." "뭐 특별한 게 있나 봐요?" "셀럽들이 와요. 배우, 가수, 작가, 그런 유명인사가 베벡에 많이 살거든요. 운 좋으면 볼 수도 있대요. 그래서 젊은 사람들이 오는 거죠." "한국 사람들은 그 사람들을 모를 텐데?" "한국 사람들은 여기가 예뻐서 온대요." "그렇구나. 나도 한국에서는 셀럽인데, 하하." "정말요?" "저기 건너편 테이블에 한국 남자 둘 있잖아요? 날 알아보면 내 말이 맞는 거죠." 빈 종이컵을 수거통에 넣으러 가면서 일부러 그 사람들 앞을 지나갔다. 하지만 그들은 담배를 입에 문 채 나를 소 닭 보듯 했다. M이 싱거운 소리 한다고 책망하듯 말했다. "못 알아보는데요!"

진짜 터키 커피의 맛이 어떤지, 마지막 날 오후의 마지막 일정에서야 알았다. 수상 버스로 헌책방 골목이 유명한 카디쾨이에 갔다. 보스포루스해협의 물은 골든 혼을 지나면서 드넓은 마르마라해로 들어갔다가 마르마라해 서쪽 끝 다르다넬스해협을 통과해서 에게해로 흐른다. 카디쾨이는 마르마라해 초입의 아시아 사이드에 있다. 마르마라 국립대학교를 비롯한 교육기관이 많아서 젊은이가 많다는 말은 들었지만 이스티클랄 거리 못지않게 북적이는 곳이라고는 생각하지 않았다. 이스탄불은 구시가지만 벗어나면 어디나 사람이 아주 많았다.

헌책방 빌딩과 커피 골목은 선착장에서 멀지 않았다. 헌책방은 한적했고 호객을 하지도 않아서 느긋하게 구경할 수 있었다. 부산 보수동 골목의 헌책방들을 큰 빌딩 하나에 몰아넣으면 그렇게 될 것 같았다. 책은 대부분 터키 소설과 수험서였는데, 영문 소설이나 교양서도 더러 보였다. 잠깐 구경을 하고 카디쾨이 방문 목적을 달성하기 위해 맞은편 커피 골목을 찾았다. 유명한 집 커피 맛이 꼭 최고인 건 아니라고 믿으면서 여행 안내서에는 나오지 않는 초입의 한적한 집을 선택했다.

터키 커피의 명성은 허명이 아니었다. 외국인이 붐비는 구시가지 카페에서 마셨던 터키 커피는 '터키식 커피'가 아니었다. 그냥 터키에서 파는 커피였을 뿐이다. 이곳에서 '터키식 커피'를 어떻게 끓이는지 관찰했다. 입구에 숯불을 담은 화덕이 있었다. 아기 분유보다 곱게 간 원두를 물이 든 주전자에 넣고 화덕에 올렸다. 확실하지는 않지만, 동(銅) 합금으로 만든 주전자 같았다. 주전자를 화덕 위에서 올렸다 내렸다 하며 거품을 가라앉혔다. 8리라짜리 '터키식 커피 더블'을 주문했더니 도자기 잔에 담아주었는데, 양이 싱글의 세 배는 되어 보였다. 손잡이가 달린 조그만 유리잔에 담은 생수가 따라 나왔다.

가루를 물에 넣고 주전자에 끓였으니 '터키식 커피'에는 커피 분말이 섞여 있을 수밖에 없다. 가루가 다 내려앉을 때까지 기다렸다 마셨는데도 미세한 분말이 혀를 간지럽혔다. 아주 살짝 단맛이 나는 것으로 보아 끓일 때 미량의 설탕을 넣지 않나 싶었다. 다 마시고 나니 진흙처럼 가라앉은 커피 가루가 잔의 1/3 정도를 채우고 있었다.

그 커피는 다른 데서 마셨던 것보다 향이 좋았고 맑은 맛이 났다. 혀에 커피 분말이 느껴지는데도 느낌이 깔끔했다. 맛이 어땠는지

'터키식 커피'의 명성은 허명이 아니지만 이름은 적절치 않다.
'터키식 커피'가 아니라 '오스만식 커피'라고 해야 한다.

는 말로 표현하기 어렵지만, 정신이 번쩍 들었다는 건 확실하게 말할
수 있다. '아, 이래서 터키 커피, 터키 커피 하는구나!' 아내가 주문해
마시던 계핏가루 첨가 커피를 한 모금 얻어 마셨는데 그것도 좋았다.
생강가루 넣은 커피도 하나 주문해볼 걸, 후회했다.

　그 커피는 터키식이 아니라 '오스만식 커피'라고 하는 게 맞다.
오스만제국 술탄이 그렇게 끓인 커피를 마셨으니까. 제국의 황실
은 예멘 원두를 썼다는데, 원두 재배와 가공 기술은 그때보다 지금
이 나을 것이니 나는 술탄보다 더 맛있는 커피를 마신 셈이다. 처음
에 술탄의 가족만 마셨던 '오스만식 커피'는 황실 주변 사람들을 거
쳐 점점 널리 퍼졌으며, 빈을 징검다리로 삼아 서유럽을 완전히 정
복했다. 오스만제국 때 사용했던 것과 같은 도구로 그때와 같은 방
식으로 끓인 커피를 마시면서 술탄에게 감정을 이입해 보았다. '정신
이 번쩍 들게 만드는 신비한 음료를 아랫것들과 나눌 순 없지. 감추
어두고 나만 마시고 싶어.'

　그 터키식 커피 전문 카페의 옥호에는 무대 뒤의 빈 곳을 가리키
는 터키말이 들어 있었는데, 굳이 번역하자면 '커피 대기실'쯤 될 것
이다. 잔에 가라앉은 커피 분말을 보며 터키공화국과 이스탄불의 관
계를 생각해 보았다. '그래, 서울 지하철 역삼역 근처에 있는 문화원
이름이 왜 터키문화원이 아니라 이스탄불문화원인지 알겠어.' 이스탄
불은 확실히 터키공화국보다 큰 도시였다. 비잔틴제국과 오스만제국
의 유산 가운데 터키 민족주의가 포용하지 못하는 모든 것은 '터키식
커피'로 이름이 바뀐 '오스만식 커피' 잔 바닥의 분말처럼 가라앉고
말았다. '자신의 궁전에 유배당한 왕'을 보면 이런 느낌이 들까? 마지

막 일정을 마친 밤, 잠들기 전에 이스탄불에게 위로를 보냈다.

절망하진 마, 이스탄불. 물기를 머금은 잔 바닥의 커피 분말에서 오스만제국의 향기를 맡는 여행자도 있어. 다음에 오면 생강가루를 섞은 커피를 청할게. 후미진 골목 구석에 조용히 엎드려 있는 그리스 정교 교회와 아르메니아정교 교회에도 들어가 보고, 파묵 하우스도 가고 말 거야. 귀즐뤼 올(Güçlü ol, 힘내요), 이스탄불!

아테네,
멋있게 나이 들지
못한 미소년

로마,
뜻밖의 발견을
허락하는 도시

이스탄불,
단색에 가려진
무지개

파리,
인류 문명의
최전선

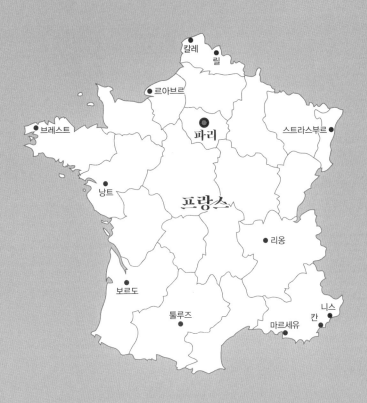

칼레

릴

르아브르

브레스트

파리

스트라스부르

낭트

프랑스

리옹

보르도

니스

툴루즈

칸

마르세유

나의 파리 여행지

사크레쾨르 성당
몽마르트르 언덕
테르트르 광장
몽마르트르 언덕

퐁피두 센터

생루이섬

팡테옹

루브르 박물관

시테섬

팔레 루아얄
튈르리 정원
카루젤 개선문

퐁네프 다리
생미셸 다리
노트르담 대성당

방돔 광장

오르세 미술관

쉬제 대학교
소르본 대학교
뤽상부르 공원

엘리제 궁전
콩코르드 광장

몽파르나스 타워

오랑주리 미술관
부르봉 궁전

로댕 미술관
생 제르맹 거리

앵발리드

개선문

에투알 개선문

마르스 광장
에펠탑

세강

센강

파리, 인류 문명의 최전선

초라한 변방에서 문명의 최전선으로

지금 시점에서 어떤 도시를 지구촌의 문화수도로 정한다면 어디가 좋을까? 나더러 결정하라면 망설임 없이 파리를 선택하겠다. 왜? 파리는 에펠탑이 랜드 마크 1번 건축물이니까.

에펠탑 자체가 그 정도로 특별해서가 아니다. 이상하게 생긴 그 철탑을 도시의 상징으로 만든 과정, 프랑스공화국의 정치체제, 파리 시민들의 정신세계와 문화적 감각이 호모 사피엔스가 도달한 문명의 최고봉을 보여주기 때문이다. 이런 면에서 파리를 능가하는 도시는, 적어도 한동안은 나오지 않을 것이다.

유럽 대륙 한가운데 있는 프랑스는 북동쪽으로 룩셈부르크와 벨기에, 동쪽으로 독일과 스위스와 이탈리아, 남쪽으로 스페인과 지중해, 북서쪽으로는 해협을 사이에 두고 영국을 마주 본다. 국토는 한반도의 세 배 정도이지만 경작할 수 있는 토지는 여섯 배가 넘는다. 샤를 드골 공항에 접근하는 비행기에서 끝없이 펼쳐지는 농경지를 보면 프랑스 포도주와 음식의 명성이 어디서 온 것인지 알 수 있다.

　　프랑스의 인구는 7천만 명에 조금 못 미치는데, 북아프리카의 옛 식민지 이주민을 비롯한 '비(非)백인'이 15%나 된다. 로마 가톨릭 신자가 국민의 70%를 넘지만 미사에 정기적으로 참석하는 사람은 흔치 않다고 한다.

　　프랑스는 독일과 함께 유럽연합 창설을 주도했다. 1인당 국민소득은 2018년 기준으로 세계 20위인 4만 5천 달러 수준이다. 군사력도 만만치 않다. 핵발전으로 에너지 소비량의 30%를 생산하는 만큼, 세계 최고의 사용 후 핵연료 재처리 기술을 가진 핵 강국으로 비축한 핵폭탄이 미국과 러시아 다음으로 많다. 자동차, 화학, 제약, 기계, 전기, 전자 등 제조업과 식품, 패션 산업의 경쟁력이 높지만 국내 일자리의 60퍼센트는 관광, 사회복지, 금융, 항공, 운수 등 서비스업에 있으며, 소수의 거대기업이 아니라 수많은 작고 강한 중소기업이 산업을 주도한다.

　　프랑스공화국의 수도인 파리는 앞에서 만났던 세 도시와 달리 역사의 공간과 시민의 생활 공간이 분명하게 나뉘어 있지 않으며, 오래된 건축물도 모두 살아 숨을 쉰다. 베르사유 궁전을 제외하면, 시민들의 일상과 떨어져 관광객의 볼거리로만 쓰이는 공간은 찾아보기 어려웠다.

　　이렇게 된 것은 무엇보다 파리가 젊은 도시여서다. 파리는 14세기까지만 해도 보잘것없는 변방의 도시였으며 아테네, 로마, 이스탄불에 견줄 수조차 없을 정도로 역사가 짧아 고대의 건축물이 거의 없다.

프랑스공화국 영토에는 구석기 시대부터 인간이 거주했지만, 역사에 기록된 최초의 인간 집단이 등장한 것은 B.C.5세기 무렵이다. 잉글랜드에서 발칸반도까지 유럽 전역에 퍼졌던 켈트족의 한 갈래가 프랑스의 지중해 연안 지역을 삶의 터전으로 삼은 것이다. 로마인은 그들을 '골족(Gauls)', 그들이 사는 땅을 '갈리아'라고 했다. 로마 편에서 이야기했듯, B.C.50년경 갈리아 총독 율리우스 카이사르가 이곳을 평정해 속주로 편입함으로써 문명의 세례를 주었다.

갈리아에 최초의 국가를 만든 집단은 게르만족의 한 갈래였던 프랑크족이었다. 부족 단위로 갈리아에 집단 이주한 프랑크족은 서로마제국이 무너진 5세기 말에 왕국을 세웠는데, 이 왕국이 300년 후 오늘날의 프랑스, 독일, 이탈리아 북부지역을 아우르는 제국으로 성장했다. 프랑크왕국의 전성기를 이끌었던 왕은 곤궁한 처지에 몰려 있던 로마 교황을 돌봐준 덕에 멸망한 로마제국 황제 칭호를 얻기도 했는데, 그의 이름은 샤를마뉴(프랑스), 카를(독일), 카롤루스(이탈리아)로 알려졌고 지금도 세 나라 모두에서 대단한 위인 대접을 받는다. 9세기 초에 서로 다른 언어를 쓰는 세 지역으로 갈라졌을 때 지금과 비슷한 국경선이 출현했다는 점에서 프랑크왕국은 프랑스, 독일, 이탈리아의 공통 조상이라 할 수 있다.

프랑스라는 국호의 연원은 프랑크왕국이지만 프랑스의 역사가 5세기에 시작되었다고 할 수는 없다. 프랑스 사람들의 민족의식 또는 집단적 정체성은 겨우 500년 전에 형성되었기 때문이다. 서로마제국 멸망 이후 1천 년 넘게 지속한 봉건제 사회에서 유럽인은 귀족 계급과 가톨릭교회의 지배를 받으며 살았다. 마을의 땅이 혼인이나 상속을 거쳐 다른 왕이나 귀족에게 넘어간다고 해도 특별히 달라질 건 없었다.

그런데 이른바 '백년전쟁'으로 급진적인 의식의 변화가 일어난 후 프랑스는 강력한 중앙집권 국가로 나아갔고, 파리는 대혁명의 진앙이 되어 문명사의 새로운 국면을 열었다. 오늘의 파리는 그 혁명을 거치면서 시민의 도시, 공화국의 수도로 거듭났다.

잉글랜드 왕이 프랑스의 왕위 계승권을 주장하면서 불붙은 백년전쟁은 1337년부터 1453년까지 대를 이어 벌어졌다. 이 전쟁은 중세 유럽에서 흔하디흔했던 왕들의 다툼에서 출발했지만, 잔 다르크의 등장을 계기로 국민의 전쟁이 되었다. 대천사 미카엘과 '알렉산드리아의 성녀 카테리나'를 만났다고 주장하면서 전쟁에 뛰어든 열일곱 살 시골 소녀 잔 다르크는 1429년의 오를레앙 전투를 비롯해 여러 중요한 전투를 승리로 이끌어 잉글랜드 왕의 야심을 무너뜨렸으며, 잉글랜드군에게 사로잡혀 혹독한 마녀재판을 받은 후 장작불 위에서 불타 죽음으로써 프랑스의 민족 영웅이 되었다. 샤를 7세가 잔 다르크의 후광을 받으며 전쟁을 끝냈을 때, 프랑스 국민은 예전과 달리 강력한 민족의식을 지니고 있었다.

파리는 6세기 초 프랑크왕국의 수도가 되었으며, 10세기 말 이후 긴 시간에 걸쳐 외부의 침략을 막는 성벽을 쌓았다. 13세기 말쯤에는 센강 좌안에 교육기관이 들어오고 우안에 시장이 형성되어 시테섬을 가운데 두고 라탱지구와 레알지구가 좌우에 결합한 도시의 기본 구조가 자리를 잡았다.

백년전쟁 때 잉글랜드의 동맹 세력에게 점령당했고, 뒤이어 프랑스의 개신교도인 위그노와 로마 가톨릭 세력의 참혹한 내전이 벌어져 긴 세월 혼돈에 빠졌던 파리는 앙리 4세가 다스린 16세기 말 번영의 기회를 잡았다. 앙리 4세가 종교의 자유를 폭넓게 인정해 위그노전쟁의 후유증을 가라앉히고 사회적 평화를 정착시킨 덕분이다.

파리 면적은 서울특별시의 1/6 정도이고 인구는 2019년 기준 214만 명이다. 행정 구역은 20개로 분할되어 있는데, 노트르담 대성당과 루브르 박물관이 있는 1구역이 도시의 중앙이다. 센강이 도시 한가운데를 북서쪽으로 흐르다가 에펠탑 근처에서 남서 방향으로 꺾어지기 때문에 파리 도심은 강북과 강남이 아니라 우안과 좌안으로 나눈다. 우안에는 정부청사와 오피스타운, 백화점, 기차역이 있고 좌안에는 대학과 연구 기관이 많다. 시가지는 중세 성벽 터를 따라 만든 36킬로미터 순환도로 안쪽에 있다.

센강의 도심 구간에 있는 시테섬과 생루이섬은 다리로 이어져 있는데, 파리 최초의 마을이 시테섬에 형성되었다. 카이사르는 《갈리아전기》에서 시테섬에 사는 사람들을 '파리시'족이라 기록했는데, 파리라는 도시 이름은 여기에서 비롯한 것으로 보인다. 파리는 지중해에서 멀리 떨어진 내륙에 있고 북위 50도에 가까운 곳이어서 여름이 짧은 편이고 연중 100일 넘게 비가 내린다. 마로니에와 플라타너스처럼 꽃가루 날리는 가로수가 많기 때문에 알레르기가 심한 사람은 파리 여행을 가을에 하는 게 현명하다.

파리는 도로가 복잡하고 주차도 어려운 도시라서 주로 지하철(Metro)로 다녔다. 100년 역사를 자랑하는 파리 지하철은 도시의 모든 곳을 연결하며, 1970년대 이후 만들어진 광역급행전철(RER)은 교외 지역과 주변 도시에 신속하게 데려다준다. 닷새 머무는 동안 대중교통으로만 다녔지만 조금도 불편하지 않았다.

노트르담 대성당과 생 미셸 다리, 문학의 힘과 프랑스 민주주의

레알지구에 숙소를 마련한 덕에 편리하게 파리 심장부를 걸어 다녔다. 레알지구는 루브르와 시테섬, 퐁피두센터와 가까웠고 레알역에는 메트로와 광역급행전철이 들어왔기 때문이다. 근처에 가성비 좋은 식당이 많았고 거리 분위기도 젊고 활기찼다.

파리는 문화자산이 너무나 많기 때문에 여행자들은 자기만의 여행 경로를 선택해야 한다. 우리는 로마에서처럼 도시의 역사와 그 역사를 만든 인물들을 따라가는 데 첫 하루를 썼다.

시테섬의 노트르담 대성당에서 출발해 퐁네프 다리-루브르 박물관-튈르리 정원-콩코르드 광장-샹젤리제 거리-개선문-에펠탑-오르세 미술관-로댕 미술관을 거쳐 앵발리드까지. 스마트폰 기록으로는 열 시간 동안 13킬로미터를 걸었다. 이 코스는 로마로 치면 팔라티노 언덕 황궁 터에서 출발해 콜로세오와 콘스탄티누스 개선문을 보고 포로 로마노와 비토리오 에마누엘레 2세 기념관을 거쳐 판테온까지 가는 것과 비슷하다. 파리의 역사, 종교, 정치의 중심 공간을 관통하는 것이다.

그러나 두 경로의 차이가 없는 것은 아니었다. 파리에는 박제된 건축물이 없었다. 시민들의 일상과 가장 멀리 떨어진 베르사유 궁전조차, 궁전 건물 모퉁이에 있는 레스토랑과 운하 건너 숲에는 현재의 삶을 즐기는 사람들이 있었다.

시테섬에 있는 파리 대주교좌 성당의 이름 '노트르담(Notre Dame)'은 이탈리아 성당들이 너나없이 이름 첫머리에 붙이고 있는 '산타마리아'와 비슷한 뜻이다. 파리 주교와 로마 교황청이 12세기 중반부터 200여 년 동안 건물과 첨탑을 올리고 파이프오르간과 성가대석을 포함한 내부 시설을 지었다. 폭 48미터, 길이 130미터, 천장 높이 35미터인 이 고딕양식 성당의 건축학적 특징은 따로 말하지 않겠다. 아야소피아나 베드로 대성당과 비교하면 노트르담은 평범하고 소박하다.

노트르담은 종교시설인 동시에 정치의 중심이었기 때문에 종교적 갈등이나 정치적 격변이 일어날 때마다 심각한 타격을 입었다. 16세기 중반 위그노전쟁 때는 개신교도들이 우상숭배의 상징으로 지목해 파괴했다. 루이 15세가 개축했지만 얼마 지나지 않아 대혁명 때 또 부서졌다. 나폴레옹이 황제 대관식을 하면서 조금 손을 보았지만 그 효과는 오래가지 않았다. 폐허를 방불케 하는 흉물로 퇴락해 19세기 초에는 철거 여부를 둘러싼 사회적 논쟁마저 벌어졌다.

작가 빅토르 위고가 존폐의 기로에 선 노트르담을 구했다. 우리나라에서는 '노틀담의 꼽추'라는 제목으로 알려졌던 소설 《파리의 노트르담(Notre-Dame de Paris)》(1831)이 대중의 마음을 움직인 것이다. 시민들은 노트르담 복원 기금 조성 캠페인을 벌여 성당을 완전하게 복원했다. 연합군이 나치 독일의 군대를 물리친 1944년에 파리 시민

노트르담 대성당의 파사드.
2019년 4월 불이 났을 때 뒤편 첨탑과 지붕은 무너졌지만 파사드는 살아남았다.

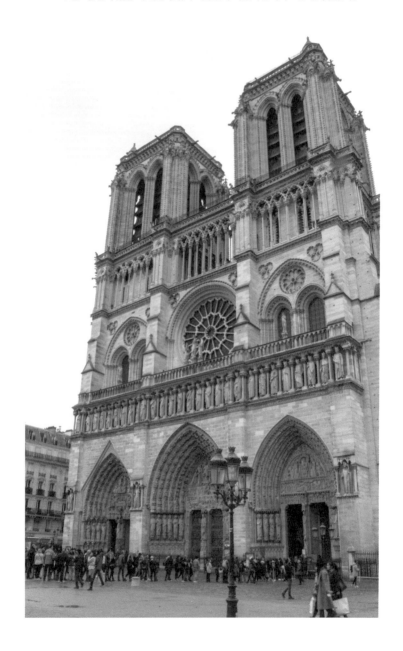

들은 여기서 해방 축하 미사를 열었다. 드골 대통령과 미테랑 대통령의 장례 미사도 노트르담에서 치렀다.

노트르담 대성당 마당의 '샤를마뉴 대제' 청동 기마상에 눈길을 주는 관광객은 없었다. 우측면 정원의 기도하는 요한 바오로 2세 교황 조각상도 그랬다. 이 청동상과 조각상은 '노트르담이 종교와 정치의 권력 중심'이라고 외치고 있었지만 관광객들은 아무 관심도 주지 않았다. 밖에서나 안에서나 모두들 성당의 위만 바라보았다. 성당 전면 상단 '장미의 창'이나 독일군의 폭격에 부서질까 봐 떼서 숨겨 두었다는 스테인드글라스도 인기가 있지만, 사람들의 시선은 콰지모도가 에스메랄다를 교수대에서 구출해 숨어들었던 공간을 탐색하는 중이라고, 나는 내 마음대로 짐작해 보았다. 문학의 힘이 총칼보다 센지는 모르겠으나, 더 오래 지속한다는 것은 분명하다고 생각하면서.

2019년 4월, 노트르담의 첨탑과 지붕이 불에 타 무너졌다. 무릎을 꿇고 기도하면서 눈물을 흘리는 파리 시민들, 장미의 창을 비롯한 노트르담의 귀중품을 구해내려고 분투하는 소방관과 시민들의 몸부림이 화염이 첨탑을 집어삼키는 장면보다 더 강한 여운을 남겼다. 불과 며칠 만에 우리나라 돈으로 1조 원이 넘는 복구 성금이 모였다는 뉴스는 이런 의문을 일으켰다. '노트르담이 도대체 뭐기에?'

프랑스 국민과 파리 시민에게 노트르담은 집단적 정체성을 집약한 '문화 아이콘'이다. 노트르담이라는 아이콘을 클릭하면 그들의 세계관과 생활양식, 그들의 의식과 감정 아래 깔려 있는 역사, 종교, 정치, 문화 콘텐츠가 한꺼번에 떠오른다. 조계사, 경복궁, 남대문, 독립문, 명동 성당이 한날한시에 불타 무너졌다고 상상해 보면 파리 시민들의 감정을 이해할 수 있을 것이다. 그렇지만 노트르담이 이런 참사를 처음 겪은 것은 아니다. 프랑스 사람들은 불타고 깨어진 그 아이콘을 완벽하게 복구할 것이며, 노트르담은 또 하나 장대한 '부활의 서사'를 얻게 될 것이다.

노트르담을 나와 시테섬의 좌안을 따라 퐁네프 다리 쪽으로 걷다가 뜻밖의 풍경을 보았다. 서안의 라탱지구로 건너가는 생 미셸 다리들머리 동판 아래에 놓인, 시들어 버린 여러 개의 꽃묶음이었다. 프랑스어를 몰라도 동판에 새겨진 '1961년 10월 17일'은 알아볼 수 있었다. 그 꽃묶음은 일주일 넘게 거기에 있었던 것이다.

1961년 10월 17일의 파리에 무슨 일이 있었는지 검색했다. 거기서 알제리 사람들이 죽었다. 몇 명이었는지는 아직도 모른다. 동판과 꽃묶음은 시대의 비극에 대한 기억을 소환하고 있었다. 프랑스는 나치 독일에 빼앗겼던 국토를 미국과 손잡고 되찾았다. 그런데 그러면서도 자기네가 힘으로 정복했던 식민지를 풀어주지 않았다. 프랑스가 기나긴 전쟁 끝에 참패하고 베트남에서 철수한 1954년, 알제리민족해방전선이 무장 독립투쟁을 개시했다. 1962년까지 또 9년 동안 전쟁을 치르면서 자유의 나라 프랑스는 만신창이가 되었다.

1961년 10월 17일 밤, 생 미셸 다리 근처 센강 좌안에서 파리와 인근 지역에 사는 알제리 사람 3만여 명이 알제리민족해방전선을 지지하는 집회 시위를 했다. 이 무장투쟁 조직의 폭탄 테러로 많은 사상자가 난 터라 경찰이 파리 거주 알제리인의 야간 통행을 금지했지만 그들은 멈추지 않았다. 경찰국장 모리스 파퐁은 병력을 총동원해

생 미셸 다리 들머리의 시들어버린 꽃묶음은
내가 몰랐던 프랑스 현대사의 어둠 속으로 나를 이끌어 주었다.

북아프리카 이민자를 1만 명 넘게 체포했고 시위 군중을 곤봉으로 때려눕혔으며, 도망치는 이들을 강에 빠뜨렸다. 경찰은 알제리인끼리 패싸움을 하다가 3명이 죽었다고 발표했지만 1990년대 들어 몇몇 역사학자들이 사망자만 수백 명이 넘었다는 사실을 밝혀냈다.

그러나 이 사건의 전모는 아직 제대로 밝혀지지 않았으며 책임을 진 공무원도 없었다. 경찰국장 파퐁이 징역 10년 형을 받고 감옥에서 사망한 것은 보르도 지방의 유대인 수천 명을 나치에 넘긴 부역죄 때문이었다. 세월이 더 가서 경찰의 사건 관련 문서가 법에 따라 공개되면 전모가 더 분명하게 드러날 듯하다. 사건 당시 대통령은 현대 프랑스의 국민 영웅인 샤를 드골이었다. 희생자를 추모하는 생 미셸 다리의 동판은 격렬한 논쟁 끝에 2001년 설치했으며, 시민들은 해마다 그 앞에서 추모 행사를 연다.

대혁명의 나라 프랑스, 프랑스의 수도 파리, 센강의 생 미셸 다리에서 시들어버린 꽃묶음을 보며 생각했다. 민주주의는 어떤 제도의 집합이 아니라 영원히 끝나지 않는 과정이 아닐까? 완성할 수 없음을 알면서도 조금이라도 더 개선하려고 도전하는 몸부림이 아닐까? 때로는 망가지고 부서져 절망에 빠지기도 하지만, 그것 말고는 이해관계와 생각과 취향이 다른 사람들이 평화롭게 다투며 공존하는 다른 방법을 찾을 수 없기에 포기하지 못하는 제도와 규칙과 관행, 민주주의란 그런 게 아닐까.

생 미셸 다리의 꽃묶음은 프랑스 민주주의도 아직 완성형이 아니라고 말하는 듯했다.

루브르, 들어가도 들어가지 않아도 후회할 박물관

영화 〈퐁네프의 연인들〉 덕분에 전 세계에 알려진 퐁네프 다리는 시테섬의 북서쪽 끝에서 섬을 강 좌우안과 연결한다. 시테섬의 여러 다리 중 하나일 뿐, 특별한 점은 없다. 불타오르는 연인들은 센강의 어느 다리 아래서든 볼 수 있었다. 그런데도 하도 많은 사람이 퐁네프 다리에 '사랑의 자물쇠'를 달자 시 당국이 금지 조처를 했다. 그랬더니 센강의 다른 모든 다리 난간에 자물쇠가 매달렸다. 풍선효과는 부동산 투기를 단속할 때만 나타나는 현상이 아니다.

퐁네프 다리가 보이는 노천카페에서 다리쉼을 한 다음 우안의 루브르 박물관으로 건너갔다. 루브르는 부르봉가의 왕궁이었다. 센강 기슭의 군사 요새 한쪽에 있던 수백 년 묵은 궁전을 헐고 16세기에 신축한 이후 여러 차례 증·개축을 거듭해 규모를 키웠다. 사각형 대형 건물 2개는 대혁명 이전에도 있었지만 전시장으로 쓰는 양쪽 날개는 공공 박물관으로 개조하면서 만들었다. 1980년대에 박물관을 완공할 때 거대한 지하 공간을 조성해 주차장, 식당, 상가를 넣고 앞마당에는 강철과 유리로 만든 피라미드를 세웠다.

루브르는 들어가도 후회, 들어가지 않아도 후회하게 된다. 비행기로 9천 킬로미터를 날아간 한국인 여행자들은 비행기 삯이 아까워서 빠뜨리지 못한다. 200개가 넘는 전시실에 고대 이집트와 그리스유물부터 왕가의 보물, 중세와 근대 유럽의 유명한 조각과 그림까지무려 40만 점이나 되는 예술품을 보유한 이 박물관을 어찌 겉만 보고지나친단 말인가. 그러나 겨우 며칠 파리에 머무는 경우 여기에 긴

시간을 쓰기는 어렵다. 서너 시간에 다 보려고 종종걸음을 하다 보면 힘들고 지치고 숨이 막힌다. 아무리 좋은 것도 지나치면 괴롭다. 루브르는 이런 불편한 진실을 체험하는 데 딱 맞는 박물관이다.

예전에 두 번 들어가 보았기에 이번에는 그냥 지나쳤다. 좋았다면 또 갔겠지만, 솔직하게 말해서 두 번 모두 악몽이었다. 수학여행 온 모범 학생처럼 처신하지 않으면 그나마 좀 낫다. 여행 안내서가 시키는 대로 하지 말라는 뜻이다. 안내서들은 유리 피라미드 아래 반지하층 입구에서 출발해 여러 전시실을 드나들면서 3층까지 올라갔다가, 다시 아래로 내려오면서 관람하라고 권한다. 그렇게 해야 스핑크스, 밀로의 비너스, 고대 로마 유물, 함무라비법전을 비롯한 메소포타미아 유물, 르네상스 이후 이탈리아 조각과 회화, 특히 레오나르도 다빈치의 〈모나리자〉와 라파엘로의 그림들, 미켈란젤로의 조각, 수를 헤아릴 수 없는 프랑스 근대 회화 작품들, 프랑스 왕실의 진귀한 보물, 나폴레옹 3세의 아파트까지 최대한 많은 것을 짧은 시간에 볼 수 있다고 말한다. 정말 그렇게 할 수 있는지, 해보면 어떤지, 안내서 쓴 분들은 직접 체험해보고 권하는 건진 모르겠다. 열 번 정도 온다면 그래도 된다. 하지만 한 번 방문하면서 그렇게 할 수는 없다.

루브르를 지배하는 것은 작품의 아름다움과 예술가의 열정이 아니라 인간의 탐욕과 권력의 횡포, 집단적 허영심이다. 적어도 내 느낌은 그랬다. 루브르의 건물은 프랑스의 국력과 왕의 권력에 비례해 커지고 화려해졌다.

전시품도 마찬가지였다. 중세와 근대의 예술작품 중에는 왕가의 수집품이 적지 않고 남의 나라 고대 유물은 여러 가지 방식으로 약탈해 온 게 대부분이다. 특히 이집트와 메소포타미아의 중요한 유물은 나폴레옹 군대가 1798년 이 지역을 침략했을 때 가져온 것이다. 루브르는 파르테논의 대리석을 보유한 대영박물관과 비슷한 문화재 포로 수용소였다. 1886년 로즈 제독의 함대가 강화도 외규장각에서 의궤와 서적을 약탈해 간 일이 떠올라 기분이 좋지 않았다. 한국인만 루브르에서 이런 감정을 느끼는 건 아니리라 믿는다.

예술 작품을 보는 건 분명 즐거운 일이다. 하지만 '한계효용 체감의 법칙'은 루브르에서도 어김없이 작동한다. 끝도 없이 나타나는 르네상스 시대 이후의 예술작품을 보고 있자니 점차 그게 그것 아닌가 싶어졌다. 게다가 다빈치의 〈모나리자〉, 들라크루아의 〈자유의 여신〉, 앵그르의 〈오달리스크〉처럼 유명한 그림 앞에는 사람이 말 그대로 구름처럼 몰려 있었다. 팔꿈치로 격렬한 전투를 치르면 가까이 갈 수는 있지만, 남들도 팔꿈치를 세우기 때문에 차분하게 감상할 수는 없었다. 그렇다고 해서 뚝 떨어진 곳에서 까치발을 하고 다른 사람들 머리 위로 보면, 인터넷에서 이미지를 보는 것과 다를 게 없다. '오버투어리즘'은 베네치아나 만리장성에서 생긴 현상이 아니다. 루브르에서는 수십 년 전에도 그랬다.

루브르는 한 번에 많은 것을 볼 수 있는 박물관이 아니다. 꼭 보고 싶은 것만 보면서 최대한 신속하게 움직여도 두세 시간은 금방 간다. 정치권력의 위세와 예술의 향취는 서로 다른 공간에서 따로따로 보는 게 훨씬 나았다. 대혁명 이전 정치권력의 민낯은 루브르보다 베르사유 궁전에서 더 적나라하게 목격할 수 있었고, 대혁명 이후 프랑스 예술은 오르세 미술관에서 여유 있게 즐길 수 있었다.

루브르에서 제일 마음에 드는 것은 서쪽 건물 앞 광장의 유리 피라미드였다. 이 피라미드는 광장에도 솟아 있지만 매표소와 진입로가 있는 반지하층 로비에도 거꾸로 매달려 있다. 대혁명 200주년을 맞은 1989년, 옛 궁전과는 전혀 어울리지 않는 강철과 유리 소재의 피라미드를, 그것도 중국계 미국인 이오밍 페이가 디자인한 작품을 박물관의 표식으로 맞아들인 프랑스 정부와 시민들의 진취적 태도와 예술적 안목은 분명 남다른 면이 있다. 이런 것이 파리를 여느 도시와는 다르게 만들었다.

카루젤 개선문에서 샹젤리제 거리까지, 황홀한 산책길

루브르에서 샹젤리제 거리로 가려면 카루젤 개선문을 지나게 된다. 여기서부터 튈르리 정원과 콩코르드 광장을 지나고 샹젤리제 거리를 따라 에투알 개선문이 있는 샤를 드골 광장까지 걷는 동안 온몸이 호강하는 기분이었다. 파리의 심장부인 이 공간은 왕정에서 공화정으로 바뀐 정치 체제의 교체가 도시의 공간을 어떻게 바꾸었는지 명료하게 보여주었다.

카루젤 개선문은 나폴레옹이 1808년에 세웠는데, 선 곳이 카루젤 광장이라 그렇게 부른다. 개선문은 로마제국의 문화 아이콘이며, 다른 도시의 모든 개선문은 로마 개선문의 복제품이라 할 수 있다. 어디에 어떤 모양으로 서 있든 장군과 권력자의 과시욕을 드러낸다는 건 똑같다.

카루젤 개선문은 너무 작아서
권력자의 과시욕을 충족하지 못했다.

콘스탄티누스 개선문을 본 따 만든 카루젤 개선문의 기둥에는 나폴레옹 시대 군인들이 서 있다. 위에는 청동 말 네 마리와 여신상 셋을 올려놓았는데, 말들은 금테 목장식을 둘렀고 좌우 두 여신은 금칠을 했다. 처음에는 베네치아 산마르코 대성당에서 떼어온 청동 말을 올려두었지만, 얼마 지나지 않아 돌려주고 비슷한 것을 새로 만들었다. 그런데 이 개선문은 황제의 권위를 과시하는 데 적합한 크기가 아니었다. 나폴레옹은 에투알 광장(지금은 드골 광장)에 큰 것을 하나 더 세우라고 명령했다.

카루젤 개선문 아래에 서자 튈르리 정원과 콩코르드 광장의 오벨리스크 너머 에투알 개선문이 희미하게 보였다. 튈르리 정원은 앙리 2세의 왕비였던 피렌체 메디치 집안의 딸 카트린 드 메디시스가 16세기 중반에 만든 궁전의 뜰이었다. 카트린 왕비는 머리가 좋은 데다 충분한 교육을 받은 사람이었다. 그리스어와 라틴어를 알았고, 천문학과 수학에도 밝았다.

남편이 다른 여자들의 꽁무니를 쫓아다니는 동안 카트린은 마키아벨리의 《군주론》을 읽으면서 외로움을 견뎠다. 노스트라다무스는 아들 셋이 왕위에 오를 것이라는 말로 왕비를 위로했는데, 그 예언대로 앙리 2세가 말에서 떨어져 죽은 후 아들 셋이 차례로 왕이 되었다. 카트린은 30여 년 동안 섭정하며 국정을 좌우했다. 그러나 남편과 세 아들을 먼저 보냈으니 행복한 인생이었을 리는 없다.

카트린 왕비는 변변한 식사 예법도 없었던 프랑스 왕실에 피렌체 부잣집의 고급 요리와 디저트를 들여왔고, 강변에 튈르리 궁전을 지어 전망 좋은 테라스를 귀족들의 놀이터로 제공했다. 그러나 튈르

산책하기 좋은 파리에서 특히 좋았던 튈르리 정원.
이 길은 몸과 마음의 모든 감각을 깨운다.

리 궁전은 1871년 혁명 때 일어난 조직적인 방화 행위로 완전히 불타 무너졌고 정원만 남아 시민공원이 되었다. 앙리 4세가 정원 귀퉁이에 조성한 오렌지 농장 자리에는 오르세 미술관과 짝을 지어 운영하는 오랑주리 미술관이 들어서 있다. 튈르리 정원을 걷는 동안 왼편 강 건너 오르세 미술관과 국회의사당으로 쓰는 부르봉 궁전의 지붕을 보는 즐거움을 덤으로 누렸다.

튈르리 정원이 끝나는 지점에 콩코르드 광장이 펼쳐졌다. 대혁명이 터진 후 이 광장에는 루이 15세의 기마상이 철거되고 단두대가 들어왔고, 루이 16세와 왕비 마리 앙투아네트는 그 단두대에 열 달 간격으로 목이 잘렸다. 그런 광장의 이름을 콩코르드(Concorde, 화합 또는 일치)라고 지었으니 대단한 아이러니가 아닐 수 없다. 토론과 타협으로 내전을 막은 사실을 근거로 삼아 이름을 지은 아테네의 오모니아 광장과 달리 콩코르드 광장에서는 그렇게 이름을 지은 1830년 이후에도 혁명과 반혁명이 일어날 때마다 무력 충돌과 학살 행위가 벌어지곤 했다. 그러니 콩코르드라는 이름은 사회적 평화와 정치적 화합에 대한 간절한 소망을 담은 것으로 해석하면 될 듯하다.

광장 양편에서 괜찮게 생긴 분수가 물을 내뿜었고 한가운데에는 꼭대기에 금박을 한 23미터짜리 오벨리스크가 서 있었다. 3천200년 된 이 오벨리스크는 1829년 오스만제국의 이집트 총독 무함마드 알리가 프랑스 정부에 선물한 것이다. 운송하는 데 무려 4년이 걸렸고 훼손되어 없어진 꼭대기의 금박은 프랑스 정부가 복원했다. 오벨리스크 아래서 강 건너를 보니 고대 그리스 건축양식을 본뜬 부르봉 궁전이 손에 잡힐 듯 가까웠고, 에펠탑은 허리까지 안개에 잠겨 있었다.

콩코르드 광장에서 에투알 개선문이 있는 드골 광장까지 2킬로미터 정도 곧게 뻗은 샹젤리제 거리를 걸었다. 광장에서 600미터 떨어진 로터리까지 오른편에 펼쳐지는 샹젤리제 정원은 엘리제 궁전의 정원이었다.

엘리제 궁전은 대통령의 관저여서 멀리서만 보고 지나쳤다. 이 궁전은 1722년 완공했는데, 그때 루이 15세가 열두 살이었으니 그가 결정한 일은 아니었다. 그런데 나중에 그는 '공식 정부(情婦)' 마담 퐁파두르에게 파리의 최고 품격 건물로 평가받던 엘리제 궁전을 선물로 주었다. 분개한 시민들이 '매춘부의 집'이라고 쓴 팻말을 들고 '1인 시위'를 벌였다는 그 궁전을 대통령 관저로 쓰고 있다니, 감탄이 절로 나왔다. '프랑스 사람들, 대단하군!'

정부(情婦)는 '아내 있는 남자가 몰래 정을 통하는 여자'이니 '공식'이라는 말을 붙이는 게 논리적으로는 말이 되지 않는다. 그러나 부르봉가의 왕들은 다들 '공식 정부'를 두었다. 그리고 '공식 정부'라는 말은 '비공식 애인'도 있었음을 시사한다. 하긴, 누군가 왕의 '공식 정부'가 되려면 먼저 '비공식 애인'이 되어야 하니, 없으려야 없을 수가 없는 일이었다.

앙리 4세 이전의 왕들이 그렇지 않았던 건 결코 아니지만, 창시자인 앙리 4세부터 루이 15까지 부르봉가의 왕들은 특히 심했다. 유일한 예외가 루이 16세였는데, 왕비만 바라본다고 해서 오히려 왕답지 않다는 비아냥을 들었다. 프랑스 국민들이 총리나 대통령의 사생활에 너그러운 태도를 보이는 것은 이런 '역사적 전통'과 관련이 있는지도 모른다.

마담 퐁파두르의 원래 이름은 잔-앙투아네트 푸아송이었다. 평민이지만 재산이 많은 금융업자의 딸로 태어나 귀족 교육을 받고 자란 이 여인은 독서를 즐겼고 예술적 재능이 있었으며 다른 무엇보다, 예뻤다. 악기 연주, 그림, 보석 디자인 등 여러 분야에 솜씨를 발휘했고, 식물학을 공부한 조경 전문가이기도 했다. 잔-앙투아네트는 딸이 있는 유부녀였지만 왕의 여자가 된다는 점괘를 믿었다. 말을 타고 왕의 사냥터 근처를 오가는 등의 집요한 노력 끝에 마침내 왕의 애인이 되었을 때 잔-앙투아네트는 스물세 살이고 왕은 서른네 살이었다.

루이 15세는 1년 정도 지나 잔-앙투아네트에게 퐁파두르 후작이라는 새 이름과 작위를 주고 베르사유 궁전에 데뷔시켰다. 몰락한 폴란드 왕가의 공주였던 레슈친스카 왕비는 퐁파두르를 왕의 '공식 정부'로 선선히 인정했다. 루이 15세보다 일곱 살 많았던 왕비는 13년 동안 쌍둥이를 포함해 11명의 자녀를 낳았는데, 또 아이가 생길까 두려워 남편이 침실에 오는 것을 마다하던 터였다.

마담 퐁파두르는 엘리제 궁전에 살면서 왕비 이상의 역할을 했다. 볼테르와 몽테스키외 같은 계몽주의 철학자들을 살롱에 초대했고 여러 유능한 남자들을 각료로 추천했으며 정부의 외교정책을 좌우하는 한편 예술가를 후원하고, 극장을 짓고, 도자기와 그림을 수집했다. 퐁파두르는 서른 살이 넘은 뒤로는 왕의 침실에 가지 않았지만 베르사유 궁전의 정원에 젊고 예쁜 여인들을 데려가 왕의 신임을 받았고 마흔세 살에 폐결핵으로 죽을 때까지 권력을 놓지 않았다.

풍파두르가 죽자 왕실은 엘리제 궁전을 금융업자 니콜라 보종에게 매각했는데, 프랑스의 최고 갑부였던 새 주인은 정원을 더 화려하게 바꾸고 최고 수준의 예술품으로 실내를 장식해 살다가 세상을 떠나기 직전에 궁전을 루이 16세에게 바쳤다. 대혁명 이후 잠깐 인쇄공장으로 쓰였던 엘리제 궁전을 나폴레옹은 무도회장으로 재활용했으며 나폴레옹 3세는 밀회 장소로 이용했다.

1870년 나폴레옹 3세의 제정이 무너지고 '제3공화국'이 들어선 후 엘리제 궁전은 공식 대통령 관저가 되었다. 이것을 거주 공간과 집무실이 제대로 갖추어진 관저로 만든 사람은 1959년에 출범한 제5공화국의 드골 대통령이었다. 미테랑 대통령은 사회주의자답게 궁전을 싫어해서 사택에 살며 출퇴근했다. 반면 우파 시라크 대통령은 1995년부터 두 차례 임기 12년 내내 이곳에 살면서 관저 예산을 크게 늘렸다. 사르코지 대통령은 부인과 이혼한 탓에 아파트에 머물렀고, 2017년 마흔 살에 대통령이 된 에마뉘엘 마크롱과 연상의 부인은 관저에 들어갔다.

가을 분위기를 물씬 풍기는 샹젤리제 정원을 벗어나 상업 시설이 줄지어 선 샹젤리제 거리에 진입했다. 이 거리를 가지 않는 파리 여행자는 없을 것이다. 샹젤리제 거리는 앙리 4세의 왕비 마리 드 메디시스가 나중 베르사유 궁전의 정원을 만든 조경 전문가 앙드레 르 노트르에게 의뢰해서 만든 산책로였다. 앙리 4세는 돈을 노려 왕비와 이혼하고 마리와 혼인했지만, 하필이면 그때 메디치 가문이 파산 상

태여서 헛물만 켰다. '엘리제'는 그리스 신화의 낙원을 가리키는 말이
니 '샹젤리제'는 '낙원의 뜰'로 번역할 수 있다. 1836년 에투알 개선
문을 완공한 이후 이 거리는 큰 인기를 끌었고, 나폴레옹 3세와 조르
주 외젠 오스만 남작이 파리 도심을 완전히 뒤집어엎는 새로운 도시
계획을 실행하면서 지금 모습을 갖추었다. 플라타너스와 마로니에
를 심은 거리 양편에 부자와 권력자와 예술가들이 저택을 지었고, 고
급 레스토랑과 명품 상점, 화랑, 노천카페가 촘촘하게 들어선 것이다.
그러나 요즘은 패스트푸드 체인점, 영화관, 기념품점, 여행사 사무실,
노점이 늘어나 모습이 많이 달라졌다.

　샹젤리제 거리를 '파리의 명동길'이라고 하는 건 적절하지 않다.
우선 이 거리는 폭이 70미터나 된다. 서울 남대문에서 광화문까지 큰
길 주변을 명동처럼 만들면 비슷한 분위기가 날 듯하다. 하지만 샹젤
리제는 그저 넓기만 한 거리가 아니라 중요한 정치적·문화적 이벤트
가 열리는 곳이다. 나폴레옹은 관에 누운 채 이 길을 지나 개선문을
통과한 다음 앵발리드 성당 지하에 묻혔다. 1871년 파리를 점령한 프
로이센의 빌헬름 프리드리히 왕도 베르사유 궁전에서 독일제국 황제
대관식을 하기 전에 이 길을 행진했다. 1940년에는 히틀러가, 1944년
8월에는 드골 장군이 행진했다. 프랑스 축구 대표팀이 월드컵 결승전
을 치를 때도 축구 팬들이 여기에서 환호성을 질렀다. 그럴 때 샹젤
리제 거리는 촛불집회와 월드컵 응원이 열리는 광화문광장과 비슷해
진다.

개선문의 나폴레옹

노천카페에서 뜨끈한 커피 한 잔을 마시며 기력을 충전한 다음, 거리
의 상가들을 구경하면서 에투알 개선문으로 갔다. 지하도를 건너기
전에 광장 로터리 바깥쪽을 돌면서 높이 50미터 폭 45미터 정도 되는
개선문의 외관을 살펴보았다. 1806년 시작했던 건축공사가 러시아
원정 참패로 한동안 중단된 탓에, 이 개선문은 나폴레옹 사후 15년이
되던 1836년에 완전한 모습을 갖추었다.

에투알 개선문은 나폴레옹 개인만이 아니라 대혁명과 프랑스 현
대사를 상징하는 건축물이다. 나폴레옹의 여러 전승 장면이나 병사
들의 출정 풍경과 함께 대혁명 직후 영웅적 전투를 수행한 마르소 장
군과 최초의 공화정을 세운 1792년 시민군의 모습도 부조해 놓았다.
중앙 제단의 꽃과 파르라니 타오르는 불은 제1차 세계대전 때 목숨
을 바친 무명용사를 추모한다.

시테섬에서 루브르를 거쳐 개선문까지, 파리의 중심지는 왕실과
귀족계급의 권력과 부를 표현하는 공간이었다. 대혁명은 정치제도를
변혁했을 뿐만 아니라 왕의 권력 공간도 자유와 다양성이 넘치는 시
민의 생활 공간으로 바꾸었다. 개선문 전망대에 오르면 드골 광장의
원래 이름이 왜 에투알(étoile, 별) 광장이었는지 알 수 있다. 샹젤리제
거리를 포함한 길 12개가 광장에서 사방으로 뻗어 있었다. '드골 광장
이라니? 별마당이 훨씬 더 정확하고 아름다운 이름 아닌가!' 광장 이
름을 잘못 바꾸었다.

개선문은 나폴레옹이라는 사람을 생각해보기에 적절한 곳이다.

에투알 개선문의 건립 동기는 황제의 과시욕이었지만,
지금은 공화국의 정신을 드러내는 공간으로 쓰인다.

보나파르트 나폴레옹은 모순으로 점철된 인생을 살았다. 대혁명의 전사로서 왕당파의 반란을 진압했고, 자유의 깃발을 높이 흔들며 주변 군주국의 동맹을 깨뜨리고 유럽을 평정했다. 하지만 그렇게 해서 얻은 인기를 이용해 황제가 됨으로써 대혁명의 정신을 배반했다.

나폴레옹은 프랑스 해군이 영국의 넬슨 제독 함대에 궤멸당한 탓에 이집트에 고립되자 몰래 파리로 돌아와 1799년 11월 이른바 '브뤼메르 쿠데타'를 일으켰다. 폭력으로 정부를 해산한 다음 국민투표를 시행해 새 헌법을 제정하고 10년 임기의 제1통령이 되었을 때 그의 나이는 겨우 서른이었다. 연합국이 강화 제안을 거절하자 알프스를 넘어 이탈리아 북부로 진격해 오스트리아를 격파하고 라인강 일대와 북이탈리아를 보호령으로 만들었을 때는 인기가 하늘을 찔렀다.

나폴레옹은 여러 면에서 고대 로마의 카이사르와 비슷한 인생을 살았다. 제위에 올랐다는 점은 달랐지만, 그도 카이사르처럼 민중의 열망과 시대의 요구를 받아들였다. 조세제도와 행정조직을 정비했고 제조업과 금융업을 진흥했으며, 공공교육법을 제정하고 법 앞에서의 평등과 경제활동의 자유를 기본정신으로 하는 민법 체계를 세웠다. 종교의 자유를 인정했으며 파벌을 가리지 않고 능력을 중심으로 인재를 중용하는 인사제도를 확립했다.

카이사르는 황제가 되기 전에 암살당했지만 나폴레옹은 황제가 됨으로써 과거의 자신을 죽였다. 그는 1802년 8월 아부꾼들의 부추김을 받고 국민투표를 시행해 만장일치에 육박하는 찬성표를 받아 황제가 되었다. 나폴레옹이 부르봉 왕가의 예배당이었던 생드니 성당을 내치고 노트르담 대성당에서 즉위식을 열었을 때, 왕의 목을 잘

랐던 대혁명의 깃발은 땅에 떨어졌다. 왕정을 폐지한 혁명이 겨우 10년 만에 제정으로 귀결되었으니, 역설도 이런 역설이 없었다.

나폴레옹 황제는 파리를 제국의 수도답게 만들고 싶었다. 묘지를 정리하고 도심 곳곳에 분수를 만들었으며 광장과 공연장, 시장, 제방, 교량 등 공공시설을 만들었다. 그러나 영국과 오스트리아, 러시아 등의 군주국들이 또다시 동맹을 체결해 프랑스를 공격하는 상황이라 사업을 제대로 추진하지는 못했다. 프랑스군은 오스트리아와 러시아의 연합군을 격파하고 빈을 점령했지만 트라팔가르 해전에서 영국군에게 대패했다. 게다가 처음에는 해방군이라며 반겼던 유럽의 민중이 시간이 지나면서 나폴레옹의 자의적인 통치와 점령군처럼 행동한 프랑스 군인들의 횡포에 반발하기 시작했다. 그래서 한때는 독일과 폴란드에 이어 스페인까지 점령했지만 기세를 오래 유지할 수 없었다.

영국을 겨냥한 대륙봉쇄령이 유럽 대륙에도 심각한 경제 위기를 몰고 온 것도 나폴레옹의 몰락을 부추겼다. 참다못한 러시아가 대륙봉쇄령을 위반하자 나폴레옹은 1812년 60만 대군을 일으켜 러시아를 침공했다. 러시아군이 도시와 들판에 불을 지르고 후퇴한 탓에 프랑스군은 손쉽게 모스크바를 점령했지만 식량 부족과 혹독한 추위를 견디지 못하고 철수하다가 추격해 온 러시아군에 전멸당했다.

고전을 거듭하던 프랑스는 1814년에 파리를 빼앗겼고, 나폴레옹은 이탈리아 중부 서쪽 앞바다의 엘바섬으로 쫓겨났다. 유럽 전역에서 왕정복고의 반동이 밀어닥쳤다. 그런데 루이 16세의 동생인 루이 18세가 왕이 되어 형 못지않게 어리석고 무능한 짓을 계속하자 나폴레옹은 엘바섬을 탈출해 파리로 돌아와 황제 자리를 되찾았다. 하지만 그의 치세는 '백일천하'로 끝나고 말았다. 워털루 전투에서 영국과 프로이센 연합군에 완패한 나폴레옹은 남대서양의 영국령 세인트헬레나섬에 갇혀 체스와 영어 공부로 소일하면서 자신의 인생과 세계관을 구술한 회고록을 남기고 1821년 5월 5일에 사망했다. 유해는 1840년 프랑스 정부가 영국 정부의 협조를 받아 앵발리드 성당에 안치했다.

나폴레옹이 파리에 남긴 건축물은 개선문 2개뿐이라고 해도 과언이 아니다. 전쟁하느라 도시를 건설할 시간이 없었던 나폴레옹 황제를 대신해 조카인 샤를 루이 나폴레옹 보나파르트가 그 일을 해냈다.

루이 보나파르트는 어린 시절 스위스에 살 때부터 '가문의 영광'을 재현하겠다는 야망을 품고 왕이 되는 데 필요한 군사훈련과 학습을 했다. 성년이 된 후에는 쿠데타 세력을 조직하다가 여러 차례 적발당했다. 영국으로 도망쳐 기회를 엿보던 그는 1848년 2월 혁명이 터져 왕정이 무너지고 제2공화정이 들어서자 재빨리 파리로 돌아와 '보나파르트당'을 조직했다. 엉뚱하게도 부르봉 왕가와 가톨릭교회를 지지하는 세력의 지원을 받으며 출마한 그는 대통령이 되었고, 1852년 의회가 가난한 시민들의 선거권을 박탈하는 법을 만들자 민중의 분노를 부추기면서 쿠데타를 일으켰다. 의회를 해산하고 두 차례의 국민투표를 거쳐 제2제정을 세우고 나폴레옹 3세 황제가 된 그는 처음부터 끝까지 삼촌 나폴레옹의 뒤를 따랐다.

나폴레옹 3세는 금융제도를 현대화하고, 철도산업을 진흥했으며,

해군력을 강화하고 영국과 함께 수에즈 운하를 건설했다. 농업을 현대화하고 자유무역협정을 추진했으며 여성에게 교육 기회를 제공하는 개혁 조처를 했다. 그중에 많은 사람이 좋게 평가하는 업적은 파리와 몇몇 대도시를 개조한 일이었다.

나폴레옹 3세는 1870년 7월 터진 전쟁에서 프로이센에 패해 권좌에서 끌려 나왔다. 보불전쟁은 스페인에서 혁명이 일어나 부르봉가의 왕이 쫓겨난 후 왕위 계승권자 지명을 두고 대립한 끝에 벌어졌다. 나폴레옹 3세는 포로가 되었고, 파리 시민들은 혁명 자치정부인 파리코뮌을 세워 저항했지만 프로이센군을 막을 수는 없었다.

파리를 점령한 프리드리히 빌헬름 왕은 1871년 1월 베르사유 궁전 거울의 방에서 독일 제국 수립을 선포하고 황제 대관식을 했다. 프랑스에는 제3공화정이 들어섰고, 나폴레옹 3세는 영국에서 병사했다. 유전자 감식 결과 나폴레옹 1세와 나폴레옹 3세는 혈연관계가 없었다는 이야기가 있다. 그게 사실이라면 나폴레옹 3세의 생물학적 아버지는 모친의 불륜 상대 중 하나였을 것이다.

오스만 남작의 파리 대 개조

카를 마르크스는 나폴레옹 1세의 행적을 고스란히 재현한 루이 보나파르트의 쿠데타가 희극으로 끝날 것이라고 했지만, 그 말이 다 맞았던 건 아니다. 그 쿠데타는 전혀 희극적이지 않은 결과도 남겼는데, 대표적인 것이 바로 '파리의 재구성'이다.

나폴레옹 3세는 20년 가까운 집권 기간 동안 조르주 외젠 오스만 남작을 기용해 파리와 마르세유, 리옹 등 프랑스의 대도시들을 혁명적으로 개조했다. 드골 광장을 중심으로 12개의 대로가 방사형으로 퍼져나간 오늘날 파리의 도시 구조를 만든 것이다.

그 이전의 파리는 루이 13세가 만든 성벽에 둘러싸인, 좁은 골목이 미로처럼 얽힌 중세도시에 지나지 않았다. 여기저기에 있는 큰길은 연결되지 않은 채 따로따로 존재했고, 왕궁과 성당 주변에는 날림으로 지은 주택이 무질서하게 들어서 있었다. 생활하수가 그대로 흘러드는 센강 물을 끌어다 식수로 사용했기 때문에 콜레라를 비롯한 수인성 전염병이 끊이지 않았고, 왕궁의 정원을 빼면 녹지가 거의 없었다. 부자들은 외곽으로 이주했고 도심은 빈민가로 변했다. 대혁명 전후의 파리를 배경으로 한 소설과 영화에 등장하는 골목길은 나폴레옹 3세가 등장하기 전의 모습이다.

사람의 생각은 경험에 따라 크게 달라진다. 국가의 최고 권력자도 예외는 아니다. 나폴레옹 3세는 청년 시절 런던에 살면서 유기적으로 연결된 도시의 교통망과 넓은 녹지를 보았다. 그는 파리를 런던처럼 만들겠다는 야심을 품고 오스만 남작을 파리의 행정 책임자로 발탁했다.

오스만이 1852년 말부터 1870년까지 실행한 '파리 개조 계획'은 황제의 권위를 과시하기 위한 것이 아니라, 도시를 새로운 유기체로 재창조하는 일이었기 때문에 나폴레옹 3세가 쫓겨나고 제3공화정이 들어선 후에도 한동안 이어졌다. 오스만은 건축가, 원예가, 토목 전문가, 법률가, 재무 전문가들을 총동원해 재산권 제도가 확립된 현대사회에서라면 불가능했을 방식으로 사업을 강행했다.

무엇보다 도로를 건설하는 데 필요한 땅을 징발하고 방해가 되
는 주택을 철거하면서 토지 보상금이나 이주 지원금을 주지 않았다.
외곽의 성벽 자리를 따라 큰길을 만들었고, 도심에도 남북과 동서
방향으로 축을 이루는 대로를 여럿 신설했으며, 큰길이 만나는 곳에
광장과 교차로를 조성했다. 도로를 따라 수도관과 하수도관, 가스관
을 설치하고 건물을 도로와 나란히 짓게 했으며 600킬로미터의 수로
와 340킬로미터의 하수도, 빗물 저장 시설과 식수 공급에 필요한 상
수원을 구축했다. 에투알 광장을 중심으로 12개의 대로를 만들어 20
개로 구분한 도시의 지구들을 연결했다. 돈이 부족해지자 오스만 남
작은 상업지구의 황금 필지를 부동산 업자들에게 팔아 재원을 조달
했다.

에투알 개선문 전망대에서 오스만 남작이 한 일의 결과를 확인
할 수 있었다. 파리 도심의 건물들은 모두 높이가 비슷하며 지붕은 45
도로 기울어져 있다. 2층이 넘는 건물은 대부분 테라스가 있으며 벽
의 모서리가 굴곡졌다. 오스만의 건축 규제 때문에 그렇게 되었다. 그
는 파리 개조 계획의 첫 8년 동안 2만 채가 넘는 건물을 철거했고, 그
후 10년 동안 두 배나 많은 주택이 새로 들어서게 했다. 리옹역과 북
부역을 지어 철도 교통의 요충으로 삼고 외곽에 불로뉴 숲과 빈센느
숲을 조성했으며, 대성당과 중요한 교회 근처의 집을 헐어내고 도로
를 연결했다. 센강의 교량을 보수하고 신축했으며 경찰서와 신설 구
청 청사를 짓고 가르니에 오페라극장을 비롯한 극장과 공연장을 세

도심의 길과 집들은 오늘날의 파리가 오스만 남작의
도시 개조 사업과 건축 규제의 산물임을 분명하게 보여준다.

었다. 이렇게 해서 파리는 훨씬 더 살만한 도시가 되었다. 콜레라를 비롯한 수인성 전염병이 자취를 감추었고, 교통과 거주 환경도 몰라보게 좋아졌다.

이런 사업에 정치적 목적이 없었던 것은 물론 아니다. 일부 지주들은 정치적 소요와 무장투쟁의 거점이었던 뒷골목이 사라질 것이라는 기대를 품고 토지 징발에 협력했다. 오스만도 무기와 병력을 신속하게 옮겨 소요를 진압하는 데 유리하다는 사실을 숨기지 않았다. 오스만의 건축 규제는 1884년 폐지되었지만, 건축주가 제멋대로 건물을 짓는 행위를 탐탁지 않게 여기는 사회 분위기는 지금까지 남아 있다. 1960년대 드골주의자들이 르코르뷔지에의 현대적 건축양식을 도입해 파리를 다시 한번 현대화하려 했지만 성공하지 못했다. 몽파르나스 타워나 신도시 라 데팡스의 초현대식 건물들은 파리에 덧붙여졌을 뿐, 이미 존재하고 있는 거리와 건물을 대체한 게 아니다. 파리는 여전히 오스만이 만든 모습으로 존재하고 있다.

드골 광장에서 뻗어 나간 큰길 뒤편에는 식당과 카페가 즐비했다. 파리를 대표할 만한 이름을 가진 카페 겸 비스트로에서 늦은 점심을 먹었다. 프랑스 영화의 주인공들은 쉴 새 없이 말을 하는데, 영화 속에서만 그런 게 아니었다. 파리 사람들은 영화에서 본 것보다 말을 더 많이 했다. 큰 소리를 내는 이는 없었지만 조용히 먹기만 하는 테이블도 없었다. 루브르에 들어갔다 나왔다면 이곳에서 저녁을 먹어야 했을 것이다. 하지만 루브르를 건너뛴 덕에 오후 시간이 남아 있었다. 에펠탑을 거쳐 오르세 미술관과 로댕 미술관, 앵발리드까지 갔더니 해가 졌다. 대혁명 이전의 파리를 마저 살펴보는 게 좋을 것

같아서, 미술관 이야기는 뒤로 미루고 베르사유 궁전으로 바로 넘어
가겠다.

부르봉 왕가의 남자들

베르사유 궁전은 볼만한 가치가 있다. 루브르처럼 사람을 피곤하게
만들지도 않는다. 파리에서 20킬로미터 정도 떨어져 있기에 광역급
행전철역에서 '베르사유 원데이 패스(Le Passport Chateau de Versailles)'
를 미리 구매하는 게 좋다. 왕복 기차비부터 입장료, 오디오가이드까
지 포함하면 가격이 저렴하고, 무엇보다 궁전에서 입장권을 끊는 시
간을 아낄 수 있다. 하지만 궁전 내부에 들어가려면 반드시 줄은 서
야 한다. 바티칸 박물관 방식의 급행료 입장은 없다. 미리 와서 아침
에 문을 열자마자 들어가거나 정원과 트리아농, 왕비의 촌락 같은 곳
을 먼저 본 다음 오후 4시 지나서 들어가면 덜 붐빈다고 매표소 직원
이 귀띔해 주었다.

　　베르사유 궁전은 세상에서 제일 화려한 집일 것이다. 그렇지만
아름답다거나 감동적이라고 할 수는 없었다. 사람마다 다를 수 있으
니, 내게 무슨 잘못이 있다고는 생각하지 않는다. 베르사유 궁전은 원
래부터 감동을 주려고 지은 집이 아니다. 나는 세 번 베르사유 궁전
에 들어가 보았는데, 매번 베블런(Thorstein Veblen)의 책《유한계급론
(有閑階級論, The Theory of the Leisure Class)》을 떠올렸다. 혹시 베블런
이 이 궁전을 보고 책을 쓴 게 아니었을까, 근거 없는 상상을 하면서.

베르사유 궁전에 들어가려면 반드시 줄을 서야 한다.
바티칸 박물관의 이탈리아식 급행료 영업 관행이 그리워진다.

'유한계급'은 생산적 노동을 하지 않고 살면서, 그 사실을 자랑하기 위해 자신의 부를 '과시적으로 소비'한다. 베르사유 궁전은 유한계급의 정신세계와 문화양식을 극단적인 형태로 보여주고 있었다.

앙리 4세가 문을 연 부르봉 왕가의 권력 중심지는 루브르 궁전이었는데, 루이 14세가 1682년 베르사유 궁전으로 이사를 했다. 파리를 버린 게 아니라 베르사유 궁전을 파리의 정치적 공간으로 포섭한 것이다. 루이 14세가 혼자 힘으로 궁전을 지은 것은 아니다. 안정된 중앙집권 국가를 만들고 왕권을 크게 강화했던 할아버지 앙리 4세와 아버지 루이 13세가 아니었다면 그토록 크고 값비싼 궁전은 지을 엄두를 내지 못했을 것이다. 베르사유 궁전이 보여주는 유한계급의 문화양식은 루이 14세 개인이 아니라 부르봉 왕가 전체가 창조한 것으로 보아야 한다.

16세기 말부터 17세기 초까지 통치했던 앙리 4세는 강력한 중앙집권 체제를 구축했다. 그는 성격이 밝고 매사에 긍정적이었으며 군주로서 유능했다. 종교의 자유를 폭넓게 인정함으로써 로마 가톨릭과 개신교 위그노의 내전을 종식하고 국민을 통합했다. 농민의 세금을 줄이고 귀족의 세금을 늘려 국가 재정을 확충했으며 도로와 운하를 건설하고 상공업을 진흥했다. 백성들이 일요일에 닭고기를 먹을 수 있게 하겠노라 공언했고, 그 약속을 지키려고 진지하게 노력했다.

그렇지만 앙리 4세는 살아서나 죽어서나 '바람둥이 왕'이라는 비난을 받았다. 이러한 부르봉가의 '가풍'에 대해서는 앙리 4세의 경우만 구체적으로 말하고 나머지는 생략한다. 더 자세히 알고 싶다면 '루이 ○세의 여자들'을 검색해보기 바란다.

앙리 4세는 왕비가 아이를 낳지 못하는 것을 핑계로 삼아 다른 여자들을 가까이했다. 왕의 혼외 자녀를 셋이나 낳고 또 아이를 낳다가 죽은 여인을 포함해 평생 수십 명의 여인과 어울렸다. 그런 와중에 재혼한 왕비 마리가 왕세자를 낳았다. 그 아이가 아홉 살이 되었을 때 종교의 자유를 인정한 데 앙심을 품은 가톨릭 광신자가 앙리 4세를 칼로 찔러 죽였다.

마리 왕비는 어린 왕 루이 13세를 섭정하면서 정치를 잘못해 민중의 지지를 잃었다. 그러자 앙리 4세 때 특권을 빼앗겼던 지방 귀족이 곳곳에서 반란을 일으켰다. 열여섯 살에 어머니의 섭정을 거부하고 친정을 시작한 루이 13세는 추기경 리슐리외를 총리로 기용해 귀족계급의 반발을 잠재웠다. 개신교를 억압해 종교 갈등을 재발하게 만든 것을 빼면 선왕의 정책을 대부분 충실히 계승했으며 상업과 해운업을 장려하고 해외 식민지를 획득하는 데 열성을 보였다.

그렇지만 열심히 일하는 왕은 아니었다. 정치보다 음악을 더 좋아했고 사냥을 즐겼다. 열다섯 살에 두 살 어린 합스부르크 가문의 스페인 공주 안 도트리슈와 혼인했는데, 왕비보다는 왕비의 시녀들을 더 챙겼다. 그런데 어찌 된 일인지 왕비가 혼인 22년 만에 아들을 낳았다. 그 아들이 다섯 살이었던 1643년, 마흔두 살이었던 루이 13세가 심장마비로 죽었다.

루이 14세는 다섯 살에 왕이 되어 72년 넘게 재위함으로써 유럽 군주제 역사의 최장 재위 기록을 세웠다. 이탈리아에서 온 추기경의 섭정을 받다가 성년이 되면서 친정을 펼쳤던 그는 불타는 야망을 품고 있으면서도 두려움에 떠는 모순적 성격의 소유자였다. 밖에서는 큰 전쟁을 세 번이나 벌여 영토와 식민지를 확장하면서, 안에서는 예술가를 후원하고 문화 발전을 북돋웠다. 왕권을 신에게 받았다고 주장하면서 자신이 국가 그 자체인 양 절대 권력을 휘둘러 프랑스의 봉건제를 사실상 해체했지만, 귀족들이 반역을 일으킬지 모른다는 두려움을 죽을 때까지 벗어던지지 못했다. 그가 20년 동안 지었지만 아직 미완공 상태였던 베르사유 궁전으로 서둘러 이사하면서 파리와 지방의 귀족들을 모두 그곳으로 불러 모은 것도 바로 그 두려움 때문이었다.

베르사유 궁전 안내서는 건축 과정의 진실을 말하지 않는다. 궁전과 정원을 만든 과정과 방법을 알면 그곳에서 미학적 쾌감을 느끼는 것이 불가능해지기 때문이리라. 베르사유 궁전은 모든 면에서 전제군주제의 폭력적 본성을 증언한다. 루이 14세는 개신교 신자들에 대한 차별을 없앤 앙리 4세의 칙령을 폐지했다. 그러자 부당한 차별에 대한 분노와 두려움 때문에 개신교도 수십만 명이 종교적 관용이 있는 주변 국가로 떠나버렸다. 그런데 그들 중에는 상공업에 종사하던 이가 많아서 프랑스의 산업은 큰 타격을 받았다. 파리를 비롯한 도시의 거리에는 굶어 죽거나 전염병에 걸려 죽은 시신이 즐비했지만, 잦은 전쟁 때문에 국가의 재정이 바닥을 보인 탓에 정부는 적극적인 빈민 구제 사업을 할 수 없었다.

루이 14세는 이런 상황에서 백성을 강제 동원해 공사를 벌였다. 사고가 나서 사람이 죽으면 아무 보상도 하지 않고 묻어버리게 했다. 그렇게 해서 지은 호화 궁전에 귀족들을 불러 모아 사냥과 승마, 당구와 춤을 즐겼다.

'태양왕'이라는 별명은 어릴 때부터 발레를 했던 그가 태양신 아폴로 역으로 공연에 출연한 일과 관련이 있다. 그는 1715년 세상을 떠나기 직전 어린 증손자에게 후회가 담긴 유언을 남겼다. "전쟁을 피하고 국민의 고통을 덜어주는 정치를 해라." 루이 14세의 자녀와 손자들이 대부분 천연두와 홍역을 비롯한 전염병으로 일찍 죽었기 때문에 왕위가 증손자에게 바로 내려간 것이다. 프랑스 국민들은 70년 넘게 재위했던 왕의 죽음을 슬퍼하지 않았다.

베르사유 궁전에서 태어난 루이 15세는 열네 살에 친정을 시작했는데, 성격은 증조부와 반대였고 능력은 그만 못했다. 영토 확장 야심은 크지 않았지만 세 차례 왕위 계승 전쟁에 휘말려 국가 재정을 파탄 내고 많은 해외 영토를 잃었다. 하지만 독일 접경 로렌 지역을 병합하고 이탈리아 중부 앞바다 코르시카를 사들여 영토를 조금 넓히기도 했다. 소심하고 인정이 많은 편이었으며, 화려한 의전보다는 개인적인 즐거움을 누리는 데 몰두했기 때문에 '친애왕'이라는 별명이 생겼고 인기도 있었다.

하지만 두드러진 정치적 무능과 선왕들을 능가한 엽색행각으로 결국은 민심을 잃고 말았다. 대혁명으로 목이 잘린 왕은 루이 16세였지만, 부르봉 왕가의 파멸을 초래한 원인 제공자는 루이 15세였다고 해야 공정한 평가가 될 것이다.

루이 15세는 심한 우울증에 시달리다가 1774년 천연두에 걸려 사망했다. 아들이 먼저 같은 병으로 죽었기 때문에 열여섯 살 먹은 손자가 왕위를 이어받아 루이 16세가 되었다.

베르사유 궁전의 왕과 왕비, 왕자, 공주들의 생애와 관련한 정보를 검색해보면 전염병이 매우 '공정'해서 신분과 계급을 가리지 않았음을 알 수 있다. 페스트, 콜레라, 천연두, 홍역, 발진티푸스 등 전파가 쉽고 치사율이 높은 전염병은 대부분 농업혁명으로 인간과 가축의 접촉 빈도가 높아지면서 생겼다.

하지만 19세기 중반까지는 세균과 바이러스 등 미생물이 물이나 체액, 공기를 통해 인체에 들어와 질병을 일으킨다는 사실을 몰랐다. 원인을 모르니 예방법과 치료제가 있을 수 없었다. 부르봉 왕가의 권력자들 가운데 전염병으로 죽은 이가 그토록 많았으니 훨씬 더 비위생적인 환경에서 살았던 백성들은 얼마나 죽었을지 넉넉히 짐작할 수 있을 것이다.

전염병은 지금도 '공정'하다. 권력자 자신이 생명을 위협하는 그 공포에서 벗어나려면 만인을 전염병에서 해방해야 한다. 19세기 후반 이후 문명국가들은 생물학, 병리학, 공공보건학, 도시계획학, 건축학 등 여러 분야에서 새로운 지식과 정보를 생산하는 전문가들의 능력을 모아 악성 전염병을 퇴치하는 데 성공했다. 그러나 지구촌에는 전염병이 창궐하는 지역이 여전히 많다. 어디선가 전염병이 창궐한다는 뉴스가 들리면 그 지역의 국가조직 자체가 붕괴했거나, 아니면 지극히 무능하거나, 사악하거나 또는 둘 모두인 자들이 권력을 행사하고 있지 않은가 의심해볼 충분한 이유가 된다.

유한계급론의 살아 있는 증거, 베르사유 궁전

루이 14세가 루브르 궁전보다 더 좋은 집을 짓고 사는 지방 귀족을 보고 화가 나서 베르사유 궁전을 지었다는 이야기가 사실인지는 모르겠지만, 이웃 나라의 왕궁을 이겨 먹으려는 경쟁심을 가졌던 것만큼은 분명해 보인다. 그는 당대 최고의 건축가, 조경 전문가, 예술가들을 동원해 한적한 시골 마을의 저지대에 50년 동안 이 궁전을 지었다. 숲과 호수를 만들고 강에서 물을 끌어오는 대형 토목공사를 벌였을 뿐만 아니라, 건물 벽에 박은 못의 머리까지 장식할 정도로 사치를 부렸다. 지구촌 어디에도 없는 집이니 관광객이 구름처럼 몰려드는 게 당연하다.

궁전 내부에 일단 들어가고 나면 별로 고민할 게 없다. 일방통행로를 따라가면서 모든 것을 강제 관람해야 한다. 대충 보느냐 오디오 가이드를 켜고 찬찬히 보느냐, 선택할 수 있는 건 그뿐이다. 정말 잘 그렸다 싶은 천장화, 올라갈 수 있을까 싶을 만큼 크고 높은 침대가 놓인 왕과 왕비와 왕자와 공주들의 침실, 방마다 걸린 왕과 왕족의 초상화, 남자들이 당구를 치고 카드 게임을 했다는 오락실, 여자들이 차를 마시며 담소를 나누었던 살롱은 사생활 공간이었다.

국무회의를 연 회의실과 경호원들의 방, 나폴레옹의 대관식 그림이 있는 방, 아폴론 이름이 붙은 루이 14세의 접견실, 왕을 알현하는 사신과 귀족들의 대기실, 인기 최고인 '거울의 방'은 넓은 의미에서 공적 공간이었다. 궁전의 모든 것을 자세히 알고 싶으면 오디오가이드나 안내 책자에 의지해야 하는데, 과연 그럴만한 가치가 있는지

파리의 권력을 차지한 지배자들은
모두가 이 방을 좋아했다.

는 의문스러웠다.

내가 제일 눈여겨본 곳은 궁전의 서쪽 회랑 전체를 차지하고 있는 '거울의 방' 또는 '유리의 방'이다. 길이가 70미터 넘는 이 방에는 창문 17개와 거울 578개가 있다고 하는데, 정말 그런지 세어보지는 않았다. 여기서는 뒤편 십자형 인공 호수(또는 운하)와 좌우 정원, 원래의 1/10밖에 남지 않았다는 숲까지 한눈에 볼 수 있었다. 실내에 있는 물건 중에서 관람객에게 가장 인기 있는 품목은 크리스털 샹들리에와 황금 촛대라고 한다.

베블런이 주로 정치, 전쟁, 종교 분야에 활동한다고 한 유한계급은 베르사유 궁전의 수많은 방 가운데 이곳을 제일 좋아했다. 이 방을 차지했다는 것은 곧 베르사유 궁전과 프랑스를 차지했음을 의미한다. 프로인센 왕 프리드리히 빌헬름은 1871년 이 방에서 독일제국의 수립을 선언했다. 제1차 세계대전 승전국 대표들이 베르사유조약에 서명한 장소도 이 방이었다. 사족이지만 그때 서명한 조약에 '샴페인에 관한' 조항이 포함되어 있었다. 프랑스의 샹파뉴 지방에서 생산한 스파클링 와인에만 '샴페인'이라는 이름을 붙이는 게 여기에 근거를 두고 있다. 굳이 이렇게 한 것은 혹시 맛으로는 구별할 수 없기 때문이 아니었을까?

거울의 방에서 정원과 숲을 내려다보며 루이 14세와 나폴레옹, 빌헬름 황제에게 감정을 이입해 보았다. 그리고 그 정도로는 성이 차지 않아, 2층 모퉁이에 있는 레스토랑에서 점심을 먹었다. 그곳은 궁전 내부에서 가장 활기찼다. 버섯과 삶은 통밀이 든 샐러드, 소고기와

거울의 방에서 본 베르사유 궁전의 운하와 정원과 숲은
심장을 더 빨리 뛰게 만든다.

오리고기를 조합한 스테이크를 먹었다. '흠, 베르사유의 왕과 귀족들
은 이런 걸 먹었단 말이지?' 궁전 관람을 완성하는 기분이 들 정도로
맛이 훌륭했다. 그렇지만 파리 시내의 괜찮은 식당보다 갑절 비쌌다.
어쩌다 한 번 해보는 사치여서 좋은 것이지, 날마다 그렇게 먹는다면
그다지 좋은 줄 모를 것도 같았다. 행복을 느끼는 데는 결핍이 필요
하다는 게 헛말은 아니었다.

　　파리 시민들이 바스티유 감옥을 습격했을 때 베르사유에 있었던
루이 16세는 15년 재위 끝에 비극적 최후를 맞았다. 그는 성격이 나
약하고 우유부단했으며 정치와 행정에 무능했다. 그러나 특별히 목
이 잘릴 만한 잘못을 저질렀다고 하기는 어렵다. 좋지 않은 시기, 좋
지 않은 상황에서 왕좌에 있었을 뿐이다.

　　루이 16세는 신흥 부르주아 계급의 협조를 받아 왕실의 재정을
확충하겠다는 헛된 희망에 끌려 루이 13세 시대 이후 160년 동안 잠
자고 있었던 신분제 의회를 소집했다가 대혁명의 불씨를 제공했다.
민중의 궐기가 입헌군주제 운동으로 번지는 사태를 막으려고 군대를
동원했지만 오히려 타오르는 불길에 기름을 끼얹는 꼴이 되었다. 광
야를 태우는 불처럼 혁명이 번져나간 데는 왕비 마리 앙투아네트가
오스트리아제국 여제 마리아 테레지아의 딸이라는 사실도 작용했다.
오스트리아제국이 주변국 군주들을 부추겨 동맹을 형성하고 전쟁을
준비한다는 소식을 들은 프랑스 민중은 왕비가 '오스트리아 간첩'이
라고 욕하면서 적개심을 터뜨렸다.

　　독일에서 공부하던 1994년 7월, 어머니를 초대해 파리를 여행했
다. 그때가 김영삼 대통령과 남북정상회담을 하기로 합의했던 북한

김일성 주석이 사망했고 한국이 가마솥 안처럼 뜨거웠던 해여서 정
확하게 기억한다. 그게 어머니 인생의 유일한 해외여행이었다. 그때
찍은 사진을 크게 뽑아 20년 동안 방에 걸어두셨던 어머니를 떠올리
면 더 많은 기회를 드리지 않았던 것을 반성하게 된다. 그때는 나도
살기 바빠서 그랬다고 변명하지만 마음이 부족해서 그랬다는 자책감
이 사라지지는 않는다.

베르사유 궁전을 보고 나온 어머니가 내게 물었다. "여기 살던 임
금이 목 잘려 죽었다고?" "예." 한마디 덧붙이셨다. "그럴 만도 하네."
백성들이 굶어 죽는다는 걸 알면서도 저런 사치를 누린 왕의 목을 자
른 것이 마땅한 처사였는지는 모르겠다. 하지만 이 궁전의 왕족과 귀
족들이 지극히 인간답지 않은, 자연스러움을 완전히 소거한, 생산적
인 활동과는 동떨어진 삶을 영위했다는 것만큼은 더없이 분명하다.

궁전의 방마다 걸린 초상화에서 왕들은 이렇게 말하고 있었다.
"내가 아무런 생산적 활동도 하지 않고 산다는 걸 알아주기 바란다.
금실 은실로 수놓은 옷, 정교하게 꾸민 왕관, 무거운 망토, 요즘에는
'킬힐'이라고들 하는 뾰족구두, 보석을 박은 단장, 이런 차림으로 내
가 무엇을 할 수 있겠니?" 한마디로 우스꽝스러운 차림새였다. 왕비
들의 초상화가 말하는 것도 다르지 않았다. 그들은 헤어 스타일마저
도 많은 시간과 노력을 들여 생활하기에 최대한 불편하게 만들었다.

왕과 왕비의 침대도 그랬다. 잠을 자려고 그렇게 큰 방에 그처럼
높고 큰 침대를 놓은 게 아니었다. 실제로는 침실에 딸린 작은 방의
편안하고 작은 침대에서 잤다. 왕의 침실에 놓인 것은 '기침 행사'를
위한 의전용 침대였다. 왕과 왕비는 극소수 귀족들이 '알현'하는 가

초상화 속의 루이 14세는 이렇게 말한다. "이 차림으로 내가 무슨 일을 할 수 있겠어?"
왕의 패션은 수컷 공작새의 꼬리 깃털과 같은 것이었는지도 모른다.

운데 그 침대에서 일어나는 행위로 공식 일과를 시작했다. 이 모두는 루이 14세가 왕족뿐만 아니라 지방 귀족들까지 모두 베르사유에 불러 모은 탓에 생긴 문화양식이었다.

기괴한 궁전 내부를 보면서 지쳐버린 눈과 다리를 달래려고 정원 들머리 중앙분수 옆에서 출발해 십자형 호수 양편 정원과 호수 너머 숲, 2개의 별궁까지 갔다가 돌아오는 마차를 탔다. 정원은 루이 14세 시대의 최고 조경 전문가 작품인데, 나중 다른 전문가들이 여러 차례 손을 보았다. 미로 같은 산책로에 으슥한 모퉁이마다 예쁜 벤치와 조각상을 놓아둔 정원과 숲은 밀회하기에 딱 좋아 보였다.

마차는 '그랑 트리아농'과 '쁘띠 트리아농', '왕비의 마을'을 돌아 중앙 분수로 귀환했다. 붉은 대리석으로 만든 그랑 트리아농은 공식적으로는 루이 14세가 가족과 시간을 보내는 곳이었지만 실질적으로는 애인과 노는 장소였다. 쁘띠 트리아농은 루이 15세가 마담 퐁파두르를 위해 식물원에 지은 저택인데 퐁파두르는 일찍 죽는 바람에 들어가 보지 못했다. 왕비의 마을은 마리 앙투아네트가 식물원에 영국식 농가 열두 채를 지어서 조성한 주말농장인데, 농사보다는 남몰래 애인을 만날 때 쓸모가 있었다.

베르사유 궁전 전체를 박제된 유적이라고 할 수는 없다. 봄부터 가을까지 주말마다 여는 중앙 분수의 '음악이 흐르는 분수 쇼'와 여름 밤의 불꽃 축제, 운하 보트 놀이, 숲길의 산책과 자전거 하이킹 등 궁전 밖에서는 시민들이 일상의 즐거움을 누린다. 운하 밖의 숲은 대부분 시민공원이 되었다. 근교에 이렇게 멋진 시민공원이 있는 대도시가 어디 그리 흔한가.

'과시적 소비'의 전형이었던 베르사유 궁전과 부르봉 왕가의 생활방식은 종말을 눈앞에 두고 있던 유럽 군주정 국가의 유한계급에게 널리 퍼져나갔다. 유럽의 왕과 귀족들은 저마다 베르사유를 본뜬 짝퉁 궁전을 지었으며, 부르봉 왕가의 의상을 흉내 내고 프랑스말을 배웠다. 이슬람 세계의 맹주였던 오스만제국 황제가 보스포루스해협에 짝퉁 베르사유 궁전을 지었을 정도이니 더 말해 무엇 하겠는가. 그러나 파리의 패션산업이 그것 때문에 흥했던 것은 아니다. 대혁명으로 문명사의 새 시대를 연 프랑스 사람들이 개인의 자유와 창의성을 존중하는 정치제도와 사회풍토를 형성하고 역사가 남긴 문화자산에 새로운 숨결을 불어넣었기 때문이기도 하다. 이런 면을 가장 두드러지게 보여주는 것이 바로 에펠탑이다.

에펠탑, 지구촌 문화수도의 자격 증명

노트르담에서 샹젤리제 거리와 개선문을 거쳐 베르사유 궁전까지, 20세기 이전 파리의 건축물과 공간이 담고 있는 이야기는 이 정도로 마친다. 20세기 이후의 파리를 만나려면 무엇보다 먼저 에펠탑과 인사를 나누어야 한다. 에펠탑은 단순한 랜드 마크 1번 건축물이 아니라 파리가 사피엔스의 문화수도가 될 자격이 있음을 보여주는 증거이기 때문이다.

아테네의 대표 건축물은 파르테논이고, 로마의 대표 건축물은 콜로세오다. 이스탄불은 하기아 소피아와 블루 모스크가 경합한다. 나중에 살펴볼 도시의 대표 건축물을 미리 말하자면 빈은 슈테판 성당, 부다페스트는 왕궁과 국회의사당, 바르셀로나는 사그라다 파밀리아 성당(성가족교회), 드레스덴은 성모교회가 대표 건축물이다. 이 모두는 왕(정치권력)과 신(종교권력)의 권세와 영광을 드러내기 위해 지었다. 에펠탑이 없었다면 파리의 대표 건축물 자리를 두고 경쟁할 루브르 궁전과 베르사유 궁전, 노트르담 대성당도 마찬가지다. 그러나 에펠탑은 그렇지 않다. 에펠탑은 정부가 공개적인 절차를 통해 디자인을 확정했고 시민들의 응원 덕분에 생명을 유지해 온 예술품이다.

에펠탑은 에투알 개선문 맞은편 센강 좌안의 마르스 광장에 있다. 대혁명 100주년을 기념해 개최한 세계박람회의 관문으로 쓰기 위해 만든 324미터 높이의 이 철골 구조물은 1889년 완공했지만 20세기의 건축물로 보는 게 적절하다. 디자인을 한 구스타브 에펠의 이름이 붙은 이 철탑은 아름답다기보다는 독특하다. 이것 덕분에 파리를 지구촌의 문화수도가 될 자격이 있다고 말하는 이유를 차근차근 이야기해보겠다.

왜 그런지는 모르겠으나 사람들은 높은 곳에 올라가는 걸 좋아한다. 3단 구조인 에펠탑은 크게 높지는 않아도 파리 전체를 볼 수 있다는 점에서 매력적이지만 처음부터 환영받았던 건 아니다. 도시 풍경과 전혀 맞지 않는 생뚱맞은 탑이라는 전문가들의 비난이 쏟아졌다. 어떤 작가는 에펠탑이 보이지 않는 유일한 곳이라며 에펠탑의 레스토랑에서 점심을 먹곤 했다. 그러나 시민들은 전문가들의 혹평에 아랑곳하지 않았다. 정부는 원래 계획대로 20년이 지나면 철거하려고

했지만 사람이 구름처럼 몰려들어 에펠탑을 살렸다.

130년 세월 동안 에펠탑에서는 숱한 사건이 일어났으며, 처음에는 상상하지 못했던 이벤트도 벌어졌다. 어떤 재단사는 첫 번째 층 난간에서 뛰어내렸다가 낙하산이 펴지지 않아 목숨을 잃었지만 모험심 넘치는 다른 남자는 경비행기를 몰고 탑 아래 아치를 통과하는 데 성공했다. 멀쩡한 에펠탑을 고철로 속여 두 번이나 팔아치운 사기꾼도 있었다. 프랑스 쪽에서 승강기 케이블을 끊어둔 탓에 히틀러는 파리를 정복하고서도 에펠탑 꼭대기에는 올라가지 못했다. 손수 만든 특수 섬유의 성능을 확인하려고 꼭대기에서 번지 점프를 한 사람, 줄을 감는 전동 윈치를 이용해 허가를 받지 않고 여섯 번 연속 곡예 점프를 한 사람이 경찰에 체포되었다. 1995년 유네스코 자선 콘서트 때는 마르스 광장에 130만 명이 모였다. 1999년 12월 31일엔 밤새 천년맞이 불꽃놀이를 한 후 탐조등과 전구 2만 개를 달아 야간 불빛 쇼를 하였다. 2002년 11월 28일에는 2억 번째 관람객이 탑에 올랐다. 첫 번째 층에 스케이트장이 들어서기도 했다.

에펠탑은 세 가지 측면에서 파리가 지구촌의 문화수도가 될 자격이 있음을 보여준다. 첫째, 에펠탑은 과학혁명의 산물이다. 세계박람회장 관문을 만들기 위한 건축 공모를 할 때 프랑스 정부는 '기술적 진보와 산업 발전을 상징할 기념물'이라는 조건을 달았다. 에펠탑은 금속 7천300톤을 포함해 전체 무게가 1만 톤이 넘으며, 자체 하중과 바람의 압력을 거뜬하게 견뎌낸다. 발명왕 에디슨이 괜히 공학의 발전과 기술자들의 능력을 찬양하는 글을 방명록에 남긴 게 아니다. 프랑스의 과학자, 엔지니어, 수학자 72명의 이름을 탑에 새긴 것도 같은 맥락이다.

둘째, 에펠탑은 공화정이라는 프랑스 정치제도의 특징을 체현하고 있다. 왕이나 교황이 취향 따라 만든 게 아니라 공모 절차와 전문적 평가를 통해 디자인을 결정했으며 전문가와 비평가들이 아니라 대중이 좋아했기 때문에 살아남았다. 에펠탑은 민주주의 시대 도시의 주인은 권력자가 아니라 시민이며, 시민이 선출한 정부가 합당한 과정을 거쳐 중대사를 결정한다는 것을 보여준다. 이런 정치제도가 문명의 대세로 확고하게 자리 잡은 계기는 1789년에 터진 프랑스대혁명이었다. 에펠탑은 이 혁명의 심장이었던 도시의 대표 건축물로 손색이 없다.

셋째, 에펠탑은 자유와 평등, 인권의 시대에 맞는 방식으로 만들었다. 고대와 중세의 왕궁이나 교회와 달리 에펠탑은 개인이 디자인한 예술품이며 노예 노동이나 강제 노동 없이 축조했다. 디자인을 설계한 에펠은 물론이요 과학자, 수학자, 엔지니어들도 자발적으로 참여했다. 위험이 따르는 작업을 수행한 노동자들도 저마다의 권리를 누리면서 일했고, 당국은 사고를 방지하기 위해 최대한의 안전 조처를 했다. 자본주의는 격차와 불평등을 만들어내는 시스템이지만 적어도 공공연한 강제 노동이 없다는 점에서는 인류 역사상 가장 진보적인 질서임이 분명하다.

센강 좌우안의 파리 시가지를 내려다보고 싶은 생각이 없다면 에펠탑에 군이 올라갈 필요가 없다. 꼭대기 전망대에 오르지 않으려면 탑 아래에는 가지 않아도 된다. 거기서는 탑도, 도시도 보이지 않는다. 살벌하게 두꺼운 철골만 볼 수 있을 뿐이다. 에펠탑은 낮이든 밤이든 멀리 떨어진 곳에서 보아야 멋이 있다.

해가 기울어갈 시각, 에펠탑을 뒤로하고 마르스 광장 동쪽 모퉁이 방향에 있는 앵발리드로 향했다. 앵발리드는 루이 14세가 지은 군용병원 옆에 파리 경비사령부와 무기고가 들어오면서 형성된 군사 시설이었다. 지금도 군사 박물관이 제일 큰 공간을 차지하고 있다. 대혁명 때 시민들은 이곳 무기고에서 총기를 대량 탈취한 다음, 소문과 달리 정치범이 아니라 소수의 '잡범'만 갇혀 있었던 시테섬 우안의 바스티유 감옥을 공격해 수비대의 늙은 병사 80여 명을 죽였다. 나폴레옹의 시신을 안치한 성당은 중간에 오르세 미술관과 로댕 미술관을 들르느라 너무 늦게 도착한 탓에 들어가지 못했다. 죽은 이의 무덤이야 못 본들 또 어떠리.

오르세 미술관과 로댕 미술관

파리에 4박 5일간 머물렀지만 오가는 날을 제외하면 실제 여행 시간은 사흘뿐이었다. 베르사유 궁전을 포함해 지금까지 이야기한 곳과 오르세 미술관, 로댕 미술관을 보는 데 이틀이 들어갔다. 파리에는 박물관과 미술관, 공원 등 문화 공간이 너무 많아서 하나라도 더 보려면 메뚜기처럼 뛰어다닐 수밖에 없다. 수학여행 온 학생도 아닌데 그럴 필요는 없을 것 같아서 마지막 날은 파리 시민이 되었다고 상상하면서 느긋하게 시간을 보냈다.

프랑스의 근대 미술 작품을 맛보는 데는 튈르리 정원 건너편의 센강 좌안에 있는 오르세 미술관이 딱 좋았다. 인상파를 비롯한 19세기 프랑스 화가들의 그림을 중심으로 현대 조각과 사진 작품을 전시하는 이 미술관은 모네의 작품을 많이 보유한 오랑주리 미술관과 짝을 이룬다.

집 자체도 예술작품이라는 평가를 받는 오르세 미술관은 철도회사가 1900년 세계박람회를 맞아 지었던 역사(驛舍)와 호텔 건물이었다. 그런데 승강장을 너무 짧게 만든 탓에 얼마 지나지 않아 기차 역사로 쓸 수 없게 되었고, 호텔도 영업이 되지 않아 문을 닫았다. 시 당국은 수십 년 동안 논의한 끝에 미술관으로 개조했고, 미술관은 1986년 문을 열자 단박에 파리의 새로운 스타로 떠올랐다. 오르세 미술관은 시간 여행자가 주인공인 영화를 찍는 세트장 같았다. 관람객들이 옛 역사의 커다란 벽시계를 뒤에 두고 인증샷을 찍는 것은 그런 느낌 때문일 것이다.

오르세 미술관은 그리 크지 않고 전시품도 많지 않아서 한 시간 정도에 둘러볼 수 있었다. 마네, 모네, 르누아르, 뭉크, 고갱, 고흐, 앵그르 등 학창시절 미술 교과서에서 보았던 작품들이 눈앞에 걸려 있었다. 인상파를 태동시킨 19세기 후반의 사진은 덤으로 구경했다. 파리는 한국인이 좋아하는 여행지여서 루브르와 베르사유 궁전뿐만 아니라 오르세 미술관도 한국어 오디오가이드를 갖추고 있었다. 플래시만 터뜨리지 않으면 마음껏 사진을 찍을 수 있는 것도 마음에 들었다.

이 미술관에는 '왕따'를 당하는 작품이 있었다. 독방에 갇힌 죄수처럼, 1층의 가장 후미진 방에 걸려 있는 쿠르베의 그림 〈세상의 기

오르세 미술관은 시간 여행자 영화를 찍으려고 만든 세트 같아서
일정이 허락했다면 더 오래 머물렀을 것이다.

원)이다. 비스듬히 누운 여자의 몸을 가슴에서 허벅지까지만 그린 작품이다. 제목은 그림의 한가운데 있는 것이 '생식기'라고 주장하지만, 사람들은 그것을 '성기'로 간주했다. 그렇지 않다면 군이 별도 공간에 그것 하나만 걸어두었을 리 없다. 무엇을 그렸는지는 쿠르베 자신만 정확히 알겠지만, 나는 그 그림에서 성적인 자극을 받지 못했다.

하지만 사람들이 아무런 근거 없이 〈세상의 기원〉을 '예술을 빙자한 외설'로 본 것은 아니었다. 화가와 고객 모두 그런 혐의를 받을 만한 인물이었다. 자유분방한 예술가였던 구스타브 쿠르베는 나폴레옹 3세를 공개 비난한 공화주의자로서 루브르를 박물관으로 개조하는 작업에 열정적으로 참여했는데, 튈르리 정원 북쪽의 방돔 광장에 있던 나폴레옹 동상을 때려 부순 죄로 작품과 재산을 모두 빼앗기고 스위스로 쫓겨난 이후 다시는 파리에 돌아오지 못했다. 사실주의를 추구한 쿠르베는 '야한 그림'으로 악명이 높았고, 〈세상의 기원〉의 첫 구매자였던 파리 주재 오스만제국 대사 역시 외설적인 그림을 밝힌다는 소문이 자자했다. 1995년 오르세 미술관에 걸린 이 작품은 정신분석학자 자크 라캉을 비롯해 여러 주인의 손을 거쳤지만 모두가 은밀한 곳에 보관했기에 거의 손상되지 않은 상태를 유지할 수 있었다.

오르세 미술관에서 앵발리드 모퉁이 근처 로댕 미술관까지는 걸어서 15분밖에 걸리지 않았다. 이곳은 미술관보다는 박물관이라고 하는 편이 낫다. '로댕의 집'이라 했다면 더 좋았을 것이다. 이 집에는 창작무용을 예술로 끌어올린 '현대무용의 창시자' 이사도라 덩컨이 산 적이 있다. 화가 앙리 마티스, 프라하에서 태어난 독일계 시인 라이너 마리아 릴케도 작업실로 썼다.

프랑스 정부가 매입해 작업 공간으로 제공한 덕분에 10년 동안 걱정 없이 살았던 로댕은 자신의 작품과 소장품을 국가에 기증하고 세상을 떠났고, 그가 마지막에 살았던 그 집은 1919년 미술관으로 문을 열었다. 로댕이 기증한 모든 것은 집안과 정원에 전시되어 있었다.

가장 유명한 작품 〈생각하는 사람〉은 팡테옹 앞에 있던 것을 옮겨다 놓았다. 소설가 발자크를 모델로 삼아 만든 〈오노레 드 발자크〉와 〈발자크 두상〉, 단테의 《신곡》 지옥 편을 모티브로 한 여러 작품을 합친 〈지옥의 문〉, 백년전쟁 때 잉글랜드의 포위 공격에서 시민들을 살리기 위해 스스로 자기 목숨을 내놓았던 사람들을 기리는 〈칼레의 시민들〉을 비롯해 수많은 작품이 있었지만, 압도적으로 크고 강렬한 느낌을 준 것은 〈지옥의 문〉과 〈칼레의 시민들〉이었다. 그러나 내 마음에 가장 깊이 들어온 작품은 실내에서 본 카미유 두상이었다.

촉망받던 신예 조각가 카미유 클로델은 〈지옥의 문〉 제작팀 조수로 일하다가 스물다섯 살 연상이었던 로댕의 연인이 되었으며 15년 동안 조수이자 연인으로서 곁을 지켰다. 하지만 로댕은 카미유 말고도 다른 연인이 많았으며, 오랫동안 사실혼 관계였던 마리 로즈 뵈레와 헤어지려 하지 않았다. 카미유는 예술가로서 독립활동을 시작하면서 로댕과 헤어졌고, 정신분열 증세 때문에 삶의 마지막 30년을 병원에서 보냈다. 로댕은 늙고 병든 후 마리를 다시 찾아갔으며 국가에 기증한 작품을 제외한 재산을 마리와 아들에게 물려주었다.

로댕 미술관에는 카미유를 떠올리게 하는 작품이 여럿 있다. 비탄에 잠긴 듯 웅크린 채 뒷모습과 옆얼굴을 보이는 〈다나이드〉의 모

'챙 없는 모자를 쓴 카미유 클로델'을
로댕은 왜 죽을 때까지 간직했을까?

델이 카미유였다고 한다. 그리스 신화의 '다나이드'는 전쟁의 와중에 정략 결혼한 남편을 첫날밤 죽여야 했고, 그로 인해 온갖 고통을 겪는 비운의 여인들이다. 카미유 두상을 로댕이 끝까지 간직한 이유가 무엇이었을까? 나는 그 두상에서 사랑의 감정을 느꼈다. 로댕은 카미유의 비극적 인생 때문에 심한 도덕적 비난을 받았지만, 적어도 연인이었던 동안은 정말 사랑했던 게 아닐까?

로댕의 작업실, 소장품, 정원의 아담한 나무와 작품들 사이로 난 산책로, 정원의 수수한 카페까지, 로댕 미술관은 일단 발을 들여놓으면 계속 머물고 싶어지는 공간이었다. 스카이라인 너머로 사라져가는 태양의 붉은 기운을 받으며 그 모든 것들을 눈으로 음미하다가 폐관 시간을 알리는 재촉을 받고 어쩔 수 없이 미술관을 나왔다.

몽마르트르, 몽파르나스, 라탱지구

세 번째 날 일정은 몽마르트르 언덕에서 시작해 몽파르나스를 거쳐 라탱지구를 산책하고 뤽상부르 공원에서 마쳤다. 평평한 파리에서 하나뿐인 언덕 몽마르트르에 간 것은 테르트르 광장을 보기 위해서였다. 메트로역에서 15분 정도 오르막을 걸으니 시내 쪽을 보고 선 사크레쾨르 성당이 먼저 반겨주었다. 멀리서 볼 때 햇빛을 받아 하얗게 빛났지만 가까이서 보니 그렇게 희지는 않았다. 보불전쟁 때 국난 극복을 바라는 마음으로 시민들이 돈을 모아 지었다는 이 비잔틴 양식 성당 이름의 뜻은 '거룩한 마음'이라고 한다.

사크레쾨르 성당은 성당 자체보다 버스커들이 활약하는
앞마당의 계단 때문에 사랑받는 듯했다.

파리 시내가 훤히 보이는 성당 정면 계단 아래 마당과 테르트르 광장으로 가는 골목에서 가지각색의 악기로 가지각색의 노래를 부르는 가지각색 외모의 버스킹 팀을 보았다. 단연 눈길을 끈 사람은 성당 앞마당 계단에서 혼자 하프를 연주한 남자였다. 〈마이 웨이〉와 〈아드린느를 위한 발라드〉처럼 널리 알려진 곡을 통속적인 스타일로 연주하면서 동전을 모으는 남자를 보면서 생각했다. '언제 어디서나 예술 하는 사람이 배를 곯지 않으려면 지불 능력을 지닌 사람의 취향을 저격해서 지불 의사를 북돋워야 해.' 그런데 알고 보니 이 남자, 여행자들의 블로그에 숱하게 등장하는 '글로벌 스타'였다.

성당 왼편 담벼락을 따라 테르트르 광장 가는 쪽에 총 든 군인들이 있었다. 가로수 잎 사이로 스며드는 아침 햇살을 마주하고 카페 야외 의자에서 뜨끈한 홍차를 마시며 광장을 오가는 사람들을 구경했다. 세상은 얼마나 빨리 변하는가. 파리의 유일한 언덕인 이곳은 150년 전만 해도 포도밭과 채석장, 공동묘지가 있는 변두리였다.

몽마르트르의 역사는 오스만 남작의 파리 개조 계획으로 시내의 허름한 집과 골목길이 거의 다 사라져 버린 1870년대 이후, 오르세 미술관에 걸린 작품을 그린 화가들이 아직 유명해지기 전이었을 때 넓고 저렴한 작업실을 찾아 모여들면서 막이 올랐다. 마네를 비롯한 인상파의 그림이 미술품 시장의 대세로 떠오르자 화가의 작업실만 드문드문 있었던 언덕은 미술상, 학생, 화구상, 구경꾼들을 끌어모았다. 언덕 아래쪽에는 선술집과 식당, 여관, 객줏집이 들어섰으며, 극장식 카바레 물랭루즈가 있는 언덕 서남쪽 메트로 피갈역 근처는 파리 최고의 유흥가로 변모했다.

몽마르트르의 땅값은 가난한 예술가들의 둥지가 되기에는 너무 높아졌고,
테르트르 광장에서는 예술의 향기보다 돈 냄새가 난다.

몽마르트르는 소위 '젠트리피케이션(gentrification)'이라는 경제
지리학적 현상의 발상지일지도 모른다. 이 언덕의 땅값은 가난한 예
술가들의 둥지가 되기에는 너무 높아졌다. 테르트르 광장의 풍경도
그 사실을 보여 주었다. 언덕의 가장 높은 곳에 있는 광장을 주변 레
스토랑과 맥줏집에서 깔아둔 야외 탁자가 죄다 차지하고 있었다. 협
회에 속한 화가들은 가장자리 나무 그늘 아래 화구를 폈고 뜨내기 화
가들은 광장 주변을 배회하다가 고객을 잡으면 길가에 서서 초상화
를 그렸다. 예술의 도시라고들 하는 파리, 그런 파리의 상징 중 하나
인 테르트르 광장도 자본주의적 경쟁의 압력에서 풀려난 곳은 아니
었으며 낭만이라는 것과는 거리가 멀어져 있었다.

파리 남서쪽에 있는 몽파르나스도 100년 전에는 화가, 조각가,
소설가들이 몰려 살았던 변두리였지만 몽마르트르와 달리 현대적 시
가지로 변모했다. 공동묘지와 대학 기숙사, 오래된 카페 등 옛날 흔
적이 전혀 없지는 않지만, 사람들이 이곳을 찾는 것은 파리에서 제일
못난 건물이라는 혹평을 받은 59층짜리 오피스빌딩 몽파르나스 타워
를 중심으로 들어선 쇼핑센터와 극장 때문이다. 그냥 지나치기에는
아깝다는 생각에 타워의 56층에 있는 전망대에서 파리 파노라마를
보았는데, 못생긴 타워가 보이지 않는다는 것을 빼면 별다른 매력이
없었다.

프랑스 사람들이라고 해서 못난 집을 짓지 않는 건 아니라는 사
실은 라 데팡스에서도 확인할 수 있다. 루브르와 개선문을 잇는 축을
따라 북서쪽 순환도로 밖의 센강변에 만든 라 데팡스는 현대적 신도

시이다. 수십 년 장기 구상에 따라 만들었는데 실제 공사를 한 시기는 1981년부터 1995년까지 최초의 사회당 소속 대통령이었던 미테랑 시대였다. 50만 평 정도 되는 신도시에는 금융, 에너지 등 고부가가치 산업 분야의 대기업 사옥과 상업시설, 주거시설이 초고층으로 들어섰으며, 고속도로와 지하철로 편리하게 접근할 수 있다. 서울 강남 풍경에 익숙한 한국인이라면 친근감을 느낄 것이다. 예전에 가본 곳이라 이번 여행에서는 건너뛰었다.

오후에는 대학가인 센강 좌안 라탱지구를 산책했다. 시테섬에서 생 미셸 다리를 건너 센강 서안으로 걸어가면 그곳이 프랑스의 교육과 연구 중심지로 학술원과 파리대학교의 여러 학부가 흩어져 있는 라탱지구다.

'카르티에 라탱'이라는 동네 이름은 13세기 이후 대혁명 전까지 학생과 교수들이 일상생활을 할 때도 프랑스말이 아니라 라턴어를 쓴 데서 생겼다. 생 미셸 거리를 중심으로 서점, 출판사, 카페, 식당, 영화관이 많다. 어떤 곳은 서울대 앞의 신림동 녹두 골목이나 신촌 로터리에서 연세대 가는 길, 홍대 골목 분위기가 났다. 13세기 중반 로베르 드 소르본이라는 부자가 이 동네에 프랑스 최초의 대학을 세웠다. 국립 클뤼니 중세 박물관, 들라크루아 박물관, 생제르맹데프레 수도원, 소르본대학교 등 중세에 지은 건물들이 거대한 박물관을 거니는 기분을 선사해 주었다. 파리에 한 달이라도 머문다면 모를까, 단기 여행자에게는 그 건물들의 내부를 보는 것은 그림의 떡이었다. 하지만 떡 맛을 상상하면서 보니 그림의 떡도 그런대로 좋았다.

라탱지구 소르본대학 근처에는 카페와 서점과 사람이 어울러
편안하고 조화로운 풍경을 빚어낸다.

　　라탱지구에는 팡테옹도 있었다. 루이 15세가 병에 걸렸다가 나은 데 감사하면서 수도원을 개축해 지은 성당인 팡테옹은 코린트식 돌기둥을 세워 둔 파사드와 지붕의 돔이 로마 판테온과 비슷해 보인다. 하지만 십자 모양의 본체에 철골 돔을 씌운 집이라 판테온과는 구조가 완전히 다르고, 건축 기술면에서도 그리 특별하지 않았다. 원래부터 만신전이 아니라 성당으로 지었고, 대혁명 이후에는 세속국가의 공공시설로 바뀌었다. 입구에는 "조국이 위대한 사람들에게 사의를 표하다"라는 글귀가 새겨져 있고, 프랑스 역사의 중요 장면을 그린 모자이크와 그림과 애국자의 조각상 등 내부 시설물도 세속적이며, 지하 묘소 역시 왕이나 종교 지도자가 아니라 프랑스 국민들이 좋아하고 존경하는 역사 인물들의 유해를 품고 있다. 대혁명 초기 국민의회 지도자 오노레 미라보 백작에 이어 작가 빅토르 위고, 철학자 장자크 루소, 과학자 마담 퀴리, 에밀 졸라, 소설가 알렉상드르 뒤마 등 80여 명의 시신이 여기에 모셔졌다. 작은 국립묘지 또는 현충원인 셈이다.

　　팡테옹에서 생 미셸 거리 쪽으로 돌아오니 건너편에 마리 드 메디시스 왕비가 만든 뤽상부르 궁전이 보였다. 앙리 4세가 죽은 후 마리 왕비는 어린 루이 13세를 섭정하면서 외교정책을 망치고 국고를 탕진했다. 아들을 상대로 여러 차례 반란을 획책했다가 추방당해 돌아오지 못하고 죽었지만, 본의 아니게 파리 시민들이 아주 좋아하는 공원을 남겨주었다. 마리 왕비는 루브르를 나와 친정 메디치 가문의 피티 궁전을 닮은 집을 새로 짓고 살았는데, 그 집은 프랑스 상원 의사당이 되었고 정원은 공원으로 변신했다. 연못 끝에 있는 바로크식 분수는 왕비의 고급 취향을 증언한다. 이 공원에는 미술관과 체험 학습장, 미국에 선물한 '자유의 여신상'의 원래 모델이었다는 조각상 등 볼거리도 제법 많았다.

아이들을 데리고 한가로이 거니는 가족, 유모차를 끄는 부부, 벤치에서 햇살을 맞으며 키스하는 연인, 시민들의 안온한 일상을 보니 파리에 살아도 괜찮겠다는 생각이 들었다. 파리가 365일 평화롭고 안전한 도시는 아니라는 사실을 알고 있지만, 적어도 그땐 그랬다. 뤽상부르 공원은 좋은 느낌을 안고 파리를 떠나고 싶은 여행자가 마지막 시간을 보내기에 적절한 곳이 아닐까 싶다.

'프랑스 음식'이란 건 없다

프랑스 음식이 고급스럽다는 소문은 익히 들었다. 푸아그라(거위 간 요리), 코코뱅(채소 닭고기 와인 졸임), 라타투이(모둠 채소볶음), 퐁듀(끓인 치즈를 찍어 먹는 음식), 에스카르고(달팽이 구이), 부야베스(생선 해물 졸임), 크레페(밀가루 전병 쌈 요리), 양파 수프, 크루아상 등 널리 알려진 프랑스 음식은 한둘이 아니다. 그렇지만 이런 것은 우리나라로 치면 김치찌개, 된장국, 제육볶음, 해물 아귀찜, 김치, 밥 같은 표준 메뉴일 뿐이다. 이런 것만 가지고 한국 음식을 평가할 수는 없다.

내 짧은 체험으로는 프랑스 음식에 대해 뭐라 말할 자신이 없다. 지역에 따라 식당에 따라 모두 다른 음식을 파는 것 같았다. 표준 레시피가 있는지도 의문이지만, 있다고 해도 자유와 개성의 나라 셰프들이 표준 레시피를 고분고분 따를 리 없다. 그러니 소감만 이야기해 보겠다. 다만 한 가지, 프랑스 음식의 세계적 명성은 책으로 정리한 레시피 덕분에 생긴 것일 수도 있다. 백년전쟁 이전의 프랑스에는 민족의식이란 것이 없었을 뿐만 아니라 민족 음식이랄 것도 없었다. 소금에 절인 식재료를 흔하게 썼고 별다른 식사 예법도 없이 한꺼번에 차린 음식을 손으로 먹었다.

그런데 14세기 중반의 왕실 주방장 기욤 티렐과 루이 14세의 요리사 프랑수아 피에르 같은 사람들이 레시피를 책으로 정리한 덕에 프랑스 왕실 요리법이 유럽 귀족사회로 퍼져나갔다. 강력한 중앙 권력을 구축하자 파리에서 멀리 떨어진 지중해와 변방의 식재료가 왕궁으로 공급되었고, 베르사유에 모인 부르봉 왕가와 귀족들의 사치가 극에 달하면서 코스 요리와 식탁 매너, 호화로운 테이블 세팅과 식기가 등장했다.

부르봉 왕실의 '과시적 음식 소비' 행태는 산업혁명으로 부를 획득하고 대혁명으로 권력에 접근한 부르주아 계급에 전파되었다. 19세기 말 조르주 오귀스트 에스코피에가 식품 위생과 조리 속도를 획기적으로 개선하는 시스템을 창안했는데, 유럽과 미국의 대형 레스토랑과 특급 호텔 식당들이 그 시스템을 받아들일 때 프랑스 요리도 함께 묻어갔다. 1900년 프랑스 타이어 회사 미슐랭이 발간한 맛집 비평지 〈미슐랭 가이드〉도 프랑스의 '입맛 제국주의'에 강력한 힘을 실어주었다. 맛집을 알려주면 자동차를 몰고 찾아가는 사람이 많아지고, 그러면 타이어 수요가 늘어난다는 게 미슐랭 경영진의 계산이었다. 20세기 후반 민간 항공 산업이 비약적으로 발전하자 프랑스 요리는 그전에는 쓸 수 없었던 식재료까지 활용하면서 더 다양하게 뻗어 나갔다.

하지만 평범한 파리 여행자가 어찌 〈미슐랭 가이드〉의 별을 받은 레스토랑에 감히 발을 들여놓겠는가. 그런 식당에서 한 끼를 먹으려면 예약을 해야 하고, 와인을 포함하면 평소 상상하기 어려운 수준의 돈을 내야 한다. 베르사유 궁전의 레스토랑에서 가볍게 먹었던 점심을 제외하고는 파리를 여행하는 동안 고급 레스토랑에 가지 않았지만 음식에 관해서는 별 불만을 느끼지 않았다. 파리에서 먹은 음식은 다 다르면서 다 맛이 있었기 때문이다.

딱 하나 마음에 들지 않았던 것은 프랑스 사람들이 '영혼의 수프'라고 한다는 양파 수프였다. 버터에 볶은 양파를 고깃국물에 끓이고 치즈 가루로 그라탱을 한 다음 월계수 잎을 띄우고 구운 바게트 한 토막을 올려 주는데, 파리뿐만 아니라 칸에서도 너무 짜서 먹기 힘들었다.

다른 도시에서처럼 파리에서도 잘 먹어보려고 부지런히 발품을 팔았다. 숙소가 있었던 레알지구에는 저렴한 식당이 밀집한 먹자골목이 넓게 포진하고 있었다. 저녁 시간이 다 되어서 인근 퐁피두센터에 갔다. 1960년대와 70년대에 총리와 대통령을 지낸 조르주 퐁피두의 이름을 붙인 이 센터는 1977년 말 개장한 복합 문화시설이다. 전시장과 영화관, 서점, 기념품점, 카페 등 다양한 시설이 있어서 주로 젊은이들이 드나드는데, 화장실을 안내하는 발자국 모양의 화살표가 마음에 들었다. 여러 도시를 다니면서 본 공공 디자인 중 최고였다.

퐁피두센터 옆 언덕에 미니 먹자골목이 있었다. 맥주를 파는 술

퐁피두 센터에서 발자국 모양을 따라 걸으면
화장실 가는 길이 즐거울 수도 있다.

집들은 모두 젊은이들로 만원이었는데, 유독 손님이 없는 집이 하나 보였다. 번역하면 ○○다원(茶園)쯤 될 것 같은 옥호였다. 찻집인가 하고 들여다보니 웬걸, 흰 앞치마를 두른 남자가 보였고 출입문 앞에는 음식 메뉴가 놓여 있는 게 아닌가. 나중에 보니 후식으로 커피 말고 차를 마실 수 있다는 점이 다를 뿐, 파리의 흔한 동네 식당이었다. 아주 다양한 종류의 차를 보유한 식당의 벽에는 알랭 들롱, 장 가뱅 등이 등장하는 옛 영화 포스터가 여럿 있었다. 거기 나오는 배우는 다 죽은 사람들이었고 틀어놓은 음악도 모두 1970년대 이전의 팝송이었다.

훈제오리 샐러드, 야채수프, 그리고 오늘의 요리라고 적어둔 생선구이를 주문했더니 밥과 페페로니, 껍질째 찐 콩과 이름을 알 수 없는 야채 볶음이 딸려 나왔다. 간이 싱거웠고, 강한 향신료를 쓰지 않아 재료 맛이 그대로 살아 있었다. 후식으로 머그잔에 든 초콜릿 케이크와 레몬 타르트를 먹고 홍차와 녹차를 마셨다. 모두가 맛이 훌륭하고 가격도 착했다. 이틀 후 한 번 더 가서 야채수프와 말린 홍합 샐러드를 전채로 하고 연어 스테이크와 오늘의 요리인 토끼 다리살 찜을 먹었다. 토끼고기는 닭가슴살과 맛이 비슷한데 식감은 더 부드러웠다. 그런데 딸려 나온 야채 볶음은 이틀 전과 똑같았다. 파리식 백반집이라고나 할까? 연어구이 백반, 토끼 구이 백반, 생선구이 백반 하는 식으로.

네 번의 저녁 식사 가운데 나머지 두 번은 레알지구 먹자골목에 있는 식당에서 해결했다. 끝도 없이 이어지는 식당들을 보면서 걷다가 옷을 잘 입은 중년 남자와 여자들이 빼곡하게 앉아 있는 집이 눈

'파리식 백반집' 벽에 걸린 장 가뱅 주연 영화
〈진실의 순간〉 포스터를 주인장과 함께 감상했다.

길을 끌었다. 그런데 영어 메뉴가 없었다. 라틴어가 어원인 단어들을 띄엄띄엄 조합해가며 메뉴를 독해하다가 벽에 걸린 칠판에서 '주방장 추천'으로 추정되는 음식 목록 네 가지를 발견했다. 짧은 영어로 웨이터를 불러 설명을 부탁했는데 웨이터의 영어도 나만큼이나 짧았다. 뭐라고 설명을 시도하더니 이내 포기하고 떠나면서 한마디 했다. '웨잇, 아이 윌 쇼 유!' 잠시 후 그는 다른 테이블에 음식을 가져갈 때 우리 곁으로 지나가면서 접시를 슬쩍 보여주고 손가락을 폈다. '디스 이즈 넘버 원, 디스 이즈 넘버 포!' 조금 뒤에는 2번과 3번도 보여주었다.

우리는 그 집에 두 번 가서 네 가지를 모두 먹었다. 소고기찜 비슷한 것도 있었고 재료가 정확히 무엇인지 모를 음식도 있었다. 전식으로 주문한 양파 수프가 너무 짰던 것만 빼면 모두 훌륭했다. 영어로 '클래식(classic)'에 해당하는 단어가 든 음식이 메뉴에 있어서 무척 궁금했는데, 옆 테이블 손님이 먹을 때 보니 소고기 육회 무침이었다. 우리 육회와 달리 채를 썬 소고기에 각종 향신료를 섞어 동그랗게 담아냈다. 옥호에 매우 흔한 프랑스 이름이 들어 있었다. 유명한 극작가를 비롯해 그 이름으로 검색되는 사람이 한둘이 아니었다. 우리말로 하자면 '꼬마 철수'쯤 될 것이다.

파리에 며칠 다녀와서 프랑스 음식을 먹었다고 주장할 수는 없다. 다른 때 파리에서, 또는 프랑스의 다른 도시에서 먹은 음식도 마찬가지다. 푸아그라는 그냥 흔한 간이었다. 간이 부어오르게 하려고 거위를 학대한다는 사실을 알았기에 기분이 찜찜해서 그랬는지도 모른다. 달팽이 구이는 먹을 게 없었다. 내 입맛에는 우리나라 호프집

골뱅이무침이 차라리 낫겠다 싶었다. 생선 요리는 재료 맛으로 먹는 것이라 어디나 비슷했고, 크루아상은 한국 전문점 것보다 더 맛이 좋다고 단언하기 어려웠다.

프랑스는 도버해협과 지중해 사이에 넓게 자리 잡고 있다. 서울 강남의 한정식과 전남 진도의 한정식이 다른 것처럼, 파리 음식과 이탈리아에 인접한 남프랑스 칸의 음식은 달라도 너무 달랐다. 칸 해변의 영화제가 열리는 극장 근처 해산물 전문점에 가면 바다의 향기가 그대로 풍기는 생선회 요리가 나오고, 정통 프랑스 요리를 한다는 식당의 스테이크는 피렌체의 티본스테이크만큼 두껍고 육즙이 줄줄 흘렀다. 나는 파리에서 내가 간 식당 주방장이 만든 음식을 먹었을 뿐, '프랑스 음식'을 먹은 게 아니었다.

여행할 때는 몰랐는데, 글을 쓰면서 알았다. 보고 왔는데 또 보고 싶거나, 이번엔 못 보았지만 다음엔 꼭 가야겠다는 생각이 드는 공간이 파리에 아주 많다는 것을. 그렇지만 다시는 갈 수 없다고 상상해도, 아테네나 이스탄불과는 달리 그저 아쉬울 뿐 다른 감정이 일어나지는 않았다. '내가 아무 소식을 전하지 않아도 개의치 않고 자기 색깔대로 씩씩하게 잘 살아갈 친구인데 슬퍼할 게 무에 있겠는가.' 그런 생각이 들어서 그저 스치듯 가벼운 인사만 남기고 인류 문명의 최전선인 파리를 떠나왔다. '아비엥또(à bientôt, 또 봐)!'

Athenae

Roma

Istanbul

Paris